Gewalt gegen Kinder/ Kindesmißhandlung

Grundlagen für Fortbildungsveranstaltungen und Selbststudium

von

Bernd Sommer

Tectum Verlag
Marburg 2002

Die Deutsche Bibliothek - CIP-Einheitsaufnahme

Sommer, Bernd:
Gewalt gegen Kinder/Kindesmißhandlung.
Grundlagen für Fortbildungsveranstaltungen und Selbststudium.
/ von Bernd Sommer
- Marburg : Tectum Verlag, 2002
ISBN 978-3-8288-8345-1

© Tectum Verlag

Tectum Verlag
Marburg 2002

Für Charlotte Emma Sophie

VORWORT

Den Ausgangspunkt und gleichzeitig den entscheidenden Beweggrund für den Entschluß, einen Einführungsband in den Themenbereich *Gewalt gegen Kinder/Kindesmißhandlung* auszuarbeiten und zu veröffentlichen, stellen folgende Beobachtungen und Erkenntnisse dar:

Wer sich als interessierter Leser einen ersten Einblick in das komplexe Thema verschaffen möchte, steht vor einem schier unüberwindlichen Berg massenhaft produzierter und publizierter Literatur unterschiedlicher Herkunft und auf den ersten Blick nicht einschätzbarer Qualität.

Wer sich als verantwortlicher Leiter in der Aus-, Fort- und Weiterbildung von in der Sozialen Arbeit Tätigen oder als Dozent in der akademischen Ausbildung von Studenten der (Sozial-)Pädagogik mit dem Gedanken beschäftigt, eine Einführungsveranstaltung in den Bereich *Gewalt gegen Kinder/Kindesmißhandlung* anzubieten, sieht sich zum einen der unüberschaubaren Flut von Literatur ausgesetzt, zum anderen aber gleichzeitig dem Fehlen von Arbeitsmaterialien, die auf didaktische Aspekte von Unterrichtung und Lehre abheben.

Es kann also bei der Planung, Konzipierung und konkreten Ausarbeitung von Seminaren von wenigen Ausnahmen abgesehen nicht auf schriftlich ausgeführte Erfahrungsberichte aus der (akademischen) Lehre in dem Bereich *Gewalt gegen Kinder/Kindesmißhandlung* zurückgegriffen werden.

An diesem Punkt setzen nun die Überlegungen des vorliegende Einführungsbandes an: Zum einen, und dies spiegelt sich auch im Untertitel wider, werden Anregungen für ein Selbststudium gegeben, die darauf hinzielen, interessierte Leser auf grundlegende Aspekte des Problembereiches *Gewalt gegen Kinder/Kindesmißhandlung* hinzuweisen, deren Kenntnis wiederum die Voraussetzung für eine erste Sensibilisierung wie auch für die Entwicklung eines tiefergehenden Verständnisses der im Zusammenhang mit *Gewalt gegen Kinder/Kindesmißhandlung* angesprochenen Themen sein kann.

Die Bedeutung des Phänomens *Gewalt gegen Kinder/Kindesmißhandlung* und das Phänomen als solches in seiner Komplexität und seinem Eingebundensein in soziale, gesellschaftliche, politische und kulturelle Entwicklungen auch nur annähernd realitätsnahe einschätzen zu können, setzt eine intensive Auseinandersetzung mit Begriffsbestimmungen, mit Ausdrucks- und Erscheinungsformen, mit Aspekten der (sozial-)wissenschaftlichen Gewaltforschung, mit Erklärungsversuchen, mit von der wissenschaftlichen Forschung bislang vernachlässigten Problembereichen wie z.B. dem der *psychischen Gewalt gegen Kinder* voraus.

Zum anderen wird im vorliegenden Einführungsband eine Abfolge von Veranstaltungssitzungen vorgestellt, die in systematischer und inhaltlich aufeinander aufbauender, unter Zuhilfenahme des Arbeitsansatzes von *Teilnehmer-* und *Prozeßorientiertheit* in didaktischer Hinsicht ausgearbeiteter Weise eine Einführung in das komplexe gesellschaftliche Phänomen *Gewalt gegen Kinder/Kindesmißhandlung* zu leisten vermögen.

Den Hintergrund für dieses Vorgehen stellen Erfahrungen des Verfassers aus Bereichen des „Gewinnens" eigener Erkenntnisse und „Vermittelns" grundlegender Einsichten hinsichtlich des Phänomens *Gewalt gegen Kinder/Kindesmißhandlung* dar: die mittlerweile zwei Jahrzehnte umfassende Auseinandersetzung auf wissenschaftlicher Ebene, die (selbst-)kritische Reflexion von Einführungsseminaren für Studenten der Sozialpädagogik an der Berufsakademie Villingen-Schwenningen, die Auswertung von Fort- und Weiterbildungsveranstaltungen mit professionell in der Sozialen Arbeit Tätigen haben u.a. zu der Erkenntnis geführt, daß erste Schritte auf dem Weg hin zu einem dem Problem angemessenen Verständnis von *Gewalt gegen Kinder/Kindesmißhandlung* über die kritische Lektüre eines Einführungsbandes möglich werden, in dessen Rahmen unterschiedliche (methodische) Zugangsweisen zu dem Themenbereich angeboten werden, auf inhaltlicher Ebene Grundlagen-Wissen vermittelt wird und somit ein erster Einblick in die komplexen Entstehungs- und Wirkungszusammenhänge von *Gewalt gegen Kinder/Kindesmißhandlung* möglich werden kann.

Der vorliegende Einführungsband in den Themenbereich *Gewalt gegen Kinder/ Kindesmißhandlung* wendet sich an zwei unterschiedliche Zielgruppen: an die Leiter von Lehrveranstaltungen in der Aus-, Fort- und Weiterbildung von Sozialen Berufen (wobei auch die akademische Lehre einbezogen werden kann) und diejenigen, die auf Anregungen für ein Selbststudium hoffen.

Die als Grundlagen-Wissen titulierten inhaltlichen Schwerpunkte werden in sieben Unterkapiteln abgehandelt, die als „Seminar-Sitzungen" bezeichnet werden: Einführung mit einem ersten Zugang zum Problembereich *Gewalt gegen Kinder/Kindesmißhandlung*, Definitionen und Ausdrucksformen von *Gewalt* und *Gewalt gegen Kinder/Kindesmißhandlung*, *Psychische Gewalt gegen Kinder*,

Erklärungsmodelle von *Kindesmißhandlung* und *Gewalt gegen Kinder, Gewalt in der Erziehung*, abschließende Diskussion, Auswertung und Reflexion.

Der Autodidakt, der seinen (Erkenntnis-)Interessen vornehmlich über den Weg eines Selbststudiums nachzugehen sucht, müßte in Gedanken den Begriff „Seminar-Sitzung" in den von „Lektion" oder „Einheit" umformulieren.

Trotz dieser begrifflichen Uneindeutigkeit, die wegen der Ausrichtung auf zwei unterschiedliche Zielgruppen kaum aufzulösen ist, sind m.E. die Ausführungen zu den inhaltlichen Schwerpunkt-Themen wie auch die Arbeitsmaterialien und Kommentare sowohl im Rahmen eines Seminars mit einer Gruppe von Teilnehmern wie auch für ein Selbststudium geeignet, um Grundlagen-Wissen erwerben und Ansätze für ein kritisches Verständnis des gesellschaftlichen Phänomens *Gewalt gegen Kinder/Kindesmißhandlung* entwickeln zu können.

An einem Projekt wie dem im folgenden vorzustellenden sind unweigerlich mehrere Personen beteiligt.

An dieser Stelle sei Dank gesagt den Studierenden der Fachrichtungen Sozialwesen und Sozialwirtschaft an der Berufsakademie Villingen-Schwenningen, ohne deren interessierte, konstruktive Mitarbeit, ohne deren kritische Reflexion weder die Einführungsseminare *Gewalt gegen Kinder/Kindesmißhandlung* als solche möglich gewesen wären noch die im Rahmen der vorliegenden Publikation ausgearbeiteten didaktischen Arbeitsmaterialien hätten erstellt werden können.

Auch den Teilnehmerinnen und Teilnehmern von Fort- und Weiterbildungsveranstaltungen (wie z.B. einer Tagung des Deutschen Kinderschutzbundes in Verbindung mit der Europäischen Union in Hannover und einer Regionaltagung von Krankenhaus-Sozialarbeitern im Frühjahr/Sommer des Jahres 2000), in deren Mittelpunkt die intensiv geführte Auseinandersetzung mit dem Problembereich *Gewalt gegen Kinder/Kindesmißhandlung* stand, sei gedankt für Fragen und Anregungen.

Weitere Einführungsseminare in den Themenbereich *Gewalt gegen Kinder/Kindesmißhandlung* im akademischen Ausbildungs- und nicht-akademischen Fortbildungsbereich sind geplant, so daß Rückmeldungen, kritische Anmerkungen und Nachfragen ausdrücklich erwünscht sind, um sie in die laufenden Überlegungen einbeziehen zu können.

Singen/Htwl., im Oktober 2001   Bernd Sommer

INHALTSVERZEICHNIS

1. **EINLEITUNG** 11

   1.1. Einführung 11
   1.2. Problemhintergrund 13
   1.3. Ausgangsbeobachtung und Aufgabenstellung 16

2. **KONZEPTIONELLE GRUNDSATZÜBERLEGUNGEN** 19

   2.1. Einführung 19
   2.2. Zur Formulierung grundlegender und „übergeordneter" Lern-, Lehr- und
        Handlungsziele 21
   2.3. Einführung in Arbeitsformen und erste Annäherung an den Themenbereich
        – Die erste Seminar-Sitzung 26
   2.3.1. Grundlegende didaktisch-konzeptionelle Überlegungen 26
   2.3.2. Erster Zugang zum Problembereich *Gewalt gegen Kinder* – Eine Szene
          aus Ingmar BERGMANs „Fanny und Alexander" (1983) 30
   2.3.3. Zweiter Zugang zum Problembereich *Gewalt gegen Kinder* – Aus dem
          Roman „Lämmer" von Ania CARMEL (1993) 34
   2.3.4. Probleme der Einordnung – Zur Bewertung inhaltlicher Dimensionen der
          Einführungssitzung 38
   2.3.5. Zusammenfassung 43
   2.4. Grundlagen des didaktischen Arbeitsansatzes von *Teilnehmer-* und
        Prozeßorientiertheit 43
   2.5. Zusammenfassung 47

3. ***GEWALT GEGEN KINDER* – ZUR EINFÜHRUNG IN DEN THEMENBEREICH** 49

   3.1. Einführung 49
   3.2. Inhaltliche Schwerpunkte und didaktische Arbeitsmaterialien 51
   3.2.1. Die zweite Seminar-Sitzung „Definitionen und Ausdrucksformen von *Gewalt*
          und *Gewalt gegen Kinder*" 51
       3.2.1.1. Einführung 51
       3.2.1.2. Didaktische Arbeitsmaterialien – Arbeitspapier 2: „Definitionen und
           Ausdrucksformen von *Gewalt* und *Gewalt gegen Kinder*" 53
       3.2.1.3. Zusammenfassung und Einordnung der Ergebnisse 59
   3.2.2. Die dritte Seminar-Sitzung *Psychische Gewalt gegen Kinder* 68
       3.2.2.1. Einführung 68
       3.2.1.2. Didaktische Arbeitsmaterialien – Arbeitspapier 3: *Psychische Gewalt
           gegen Kinder* 71
       3.2.2.3. Zusammenfassung und Einordnung der Ergebnisse 87
   3.2.3. Die vierte Seminar-Sitzung „Erklärungsmodelle von *Gewalt gegen Kinder/
          Kindesmißhandlung*" 92
       3.2.3.1. Einführung 92

	3.2.3.2.	Didaktische Arbeitsmaterialien – Arbeitspapier 4: „Erklärungsmodelle von *Gewalt gegen Kinder/Kindesmißhandlung*" 93
	3.2.3.3.	Zusammenfassung und Einordnung der Ergebnisse 104
3.2.4.	Die fünfte Seminar-Sitzung „Abschließende Diskussion zu Erscheinungsformen und Erklärungsmodellen von *Gewalt gegen Kinder*" 112
	3.2.4.1.	Einführung 112
	3.2.4.2.	Didaktische Arbeitsmaterialien – Arbeitspapier 5: „Fragen zu den Themenbereichen 'Erscheinungsformen und Erklärungsmodelle von *Kindesmißhandlung/Gewalt gegen Kinder*'" 113
	3.2.4.3.	Zusammenfassung und Einordnung der Ergebnisse 114
3.2.5.	Die sechste Seminar-Sitzung *Gewalt in der Erziehung* 116
	3.2.5.1.	Einführung 116
	3.2.5.2.	Didaktische Arbeitsmaterialien – Arbeitspapier 6: *Gewalt in der Erziehung* 116
	3.2.5.3.	Zusammenfassung und Einordnung der Ergebnisse 119
3.2.6.	Die siebente Seminar-Sitzung „Abschließende Diskussion der Schwerpunkt-Themen" 121
	3.2.6.1.	Einführung 121
	3.2.6.2.	Didaktische Arbeitsmaterialien – Arbeitspapier 7: „Thesenpapier zu Schwerpunkt-Themen des Seminars *Gewalt gegen Kinder/Kindesmißhandlung*" 122
	3.2.6.3.	Zusammenfassung und Einordnung der Ergebnisse 124
3.2.7.	Die achte Seminar-Sitzung „Seminar-Kritik" 125
3.3.	Zusammenfassung und Versuch einer kritischen Reflexion 126

4. GRUNDSATZÜBERLEGUNGEN ZU EINEM EINFÜHRUNGSSEMINAR IN DEN THEMENBEREICH *GEWALT GEGEN KINDER* 135

4.1.	Zur Diskussion und Einordnung der Ergebnisse 135
4.2.	Grundlagen für die Entwicklung eines weitgefaßten Verständnisses von *Gewalt gegen Kinder/Kindesmißhandlung* 140
4.3.	Ausblick 147

5. LITERATURVERZEICHNIS 149

5.1.	Literatur 149
5.2.	Literatur 150
5.3.	Verzeichnis der verwendeten/weiterführenden Literatur 151

STICHWORTVERZEICHNIS **209**

PERSONENVERZEICHNIS **213**

ANGABEN ZUM VERFASSER **215**

1. Einleitung

1.1. Einführung

Wer sich von Berufs wegen oder aus persönlichen (Erkenntnis-)Interessen mit dem sozialen und gesellschaftlichen bzw. gesellschaftlich bedingten Phänomen *Gewalt gegen Kinder/Kindesmißhandlung* beschäftigen möchte, sieht sich unweigerlich einer Vielzahl von Problemen gegenüber: Neben der Konfrontation mit didaktischen, methodischen und inhaltlichen Entscheidungssituationen werden Lehrende und Studierende von Ausbildungs- und Studiengängen in Sozialer Arbeit an Fachschulen, Berufsakademien, Fachhochschulen und Wissenschaftlichen Hochschulen (Universitäten) vor allem das Fehlen von wissenschaftlicher Einführungs- und Grundlagenliteratur beklagen (müssen); Teilnehmende an Fort- und Weiterbildungsmaßnahmen für Soziale Berufe wie auch professionelle haupt- und nebenamtliche sowie ehrenamtliche Mitarbeiter in unterschiedlichen Berufsfeldern der Sozialen Arbeit mögen mitunter die besondere Bedeutung von Gewaltphänomenen gegenüber Kindern und Jugendlichen erahnen, werden aber aufgrund einer unüberschaubaren Flut von Veröffentlichungen wissenschaftlicher, populärwissenschaftlicher und belletristischer Art kaum in der Lage sein, Wichtiges von Unwichtigem, grundlegende von speziellen Erkenntnissen, bedeutsames von unbedeutendem Wissen unterscheiden zu können.

Von daher scheinen die Formulierung didaktischer Überlegungen, die Darstellung möglicher methodischer Vorgehensweisen in Verbindung mit der inhaltlichen Gestaltung der Schwerpunkt-Themen bedeutsame Voraussetzungen im Rahmen eines ersten Versuches darzustellen, ansatzweise Grundlagen-Literatur für Einführungsveranstaltungen in Aus-, Fort- und Weiterbildung von Sozialen Berufen zu erarbeiten[1].

Diesen didaktischen, methodischen und inhaltlichen Fragen wird in dem vorliegenden Band nachzugehen sein, wobei die Schwierigkeiten auf seiten des Verfassers deutlich werden, die Komplexität des Gegenstandes zugunsten der

---

[1] Neben dem Ziel der Erarbeitung von Grundlagen-Literatur für Einführungsveranstaltungen besteht die Zielsetzung, am Themenbereich *Gewalt gegen Kinder/Kindesmißhandlung* Interessierten hinsichtlich inhaltlich-fachlicher, didaktischer und methodischer Dimensionen Anregungen für ein grundlegende Aspekte umfassendes Selbststudium zu geben.

Entwicklung eines grundlegenden Verständnisses von *Gewalt gegen Kinder* reduzieren zu müssen.

Es wird nicht möglich sein, im Rahmen dieses Einführungsbandes sozialhistorische, anthropologische, psychiatrische, sozialpsychologische, rechts- und kriminalwissenschaftliche, medizinische, soziologische und i.w.S. (sozial-)pädagogische Hintergründe im Arbeits- und Forschungszusammenhang mit dem Phänomen *Gewalt gegen Kinder/Kindesmißhandlung* vollständig darstellen zu können.

Was jedoch auf der Grundlage der Bearbeitung des vorliegenden Bandes gelingen sollte, ist das Entwickeln eines Problembewußtseins, eine erste Sensibilisierung für grundlegende fachlich-inhaltliche Aspekte des Problembereiches *Gewalt gegen Kinder/Kindesmißhandlung* sowie eine in möglichst hohem Maße ausgeprägte Einsicht hinsichtlich der Tatsache, daß an Körper und Seele erfahrene *Gewalt* eine biographisch nicht zu unterschätzende Bedeutung im weiteren Lebensverlauf von Menschen einnehmen kann.

Nicht die sensationellen, aufsehenerregenden, sich in den vergangenen Jahren scheinbar häufenden „Fälle" von Entführung, Vergewaltigung und Kindesmord sollen im folgenden thematisiert werden, sondern die eher als unspektakulär zu bezeichnenden, „unsichtbaren" Formen von *Gewalt gegen Kinder*.

Während der Aspekt der *körperlichen Mißhandlungen* und der von *sexueller Gewalt gegen Kinder* in der sozialwissenschaftlichen Literatur als qualitativ weit erforscht angesehen wird, kann der Aspekt der *psychischen Gewalt gegen Kinder* als ein in der wissenschaftlichen Lehre und Forschung weitgehend vernachlässigter Bereich angesehen werden, wobei, wie SOMMER (1996) dies bereits im Jahre 1996 beschrieb, der „vielfach zitierte fehlende Nachweis objektiver bzw. objektivierbarer Folgen von *psychischer Gewalt gegen Kinder* sowie das Fehlen von eindeutig als kausal zu bezeichnender Beziehungen (...) zwar die Schwierigkeiten beim Erkennen und möglichen Wahrnehmen *seelischer Gewalt* verständlich werden (ließe, Zusatz d. Verf.), die Unmöglichkeit, bisher fehlende eindeutige Zusammenhänge nachweisen zu können, beweist jedoch nicht deren Nicht-Existenz"[2].

Ein erster Blick auf Ergebnisse der neueren sozialwissenschaftlichen Gewaltforschung legt Zusammenhänge von Gewalterfahrungen aus der Kindheit mit eige-

---

[2] SOMMER 1996 a, 162 (Auslassungen durch d. Verf.).

nem Gewaltverhalten als Erwachsener nahe, ein Phänomen, das im Kontext *familialer Gewalt* vielerorts als „Kreislauf der Gewalt"[3] bezeichnet wird.

So belegte MANTELL bereits im Jahre 1972 in seiner damals aufsehenerregenden Untersuchung „Familie und Aggression – Zur Einübung von Gewalt und Gewaltlosigkeit" anhand der autobiographisch ausgerichteten Nacherzählung von Lebensgeschichten amerikanischer Kriegsfreiwilliger und Kriegsgegner die These, daß *Gewalt* und *Gewaltlosigkeit* bereits in familiären Zusammenhängen (in Erziehung und Sozialisation) eingeübt würden[4].

Wird von der Berechtigung dieser These der Zusammenhänge von Gewalterfahrungen in der Kindheit und möglichem aktiven Gewaltverhalten im weiteren Lebensverlauf ausgegangen, so wird „die Bedeutung von Gewalt im Familienzusammenhang für das mögliche Entstehen von Gewaltphänomenen auf verschiedenen Ebenen sozialen und gesellschaftlichen Zusammenlebens zumindest ansatzweise deutlich"[5].

1.2. Problemhintergrund

Über das Thema *Gewalt gegen Kinder/Kindesmißhandlung* ist in den vergangenen 30 Jahren eine nicht mehr zu überschauende Zahl von Veröffentlichungen unterschiedlicher wissenschaftlicher, populärwissenschaftlicher und belletristischer Herkunft erschienen.

Sich in diesem unübersichtlichen Feld einen Überblick über inhaltliche Schwerpunkte sowie methodische Ansätze der (wissenschaftlichen) Betrachtung von Phänomenen im Zusammenhang mit *Gewalt gegen Kinder/Kindesmißhandlung*

---

[3] vgl. u.a. HONIG 1990 c, SCHNEIDER 1990, SCHWIND/BAUMANN 1990, I, 88 ff., II, 106 f.
Nach Aussagen von BRÜNDEL/HURRELMANN (1994) wirkten sich die „Lebensgeschichte der Eltern mit ihren sozialen und emotionalen Erfahrungen in der eigenen Kindheit und insbesondere die Art und Häufigkeit selbst erfahrener Bestrafung – angefangen von psychischen Verletzungen und Kränkungen über das Erleiden von Gewalttätigkeit als eines Mittels der Konfliktlösung bis hin zum Erleben von Ohnmacht und Abhängigkeit, Feindseligkeit und Unterdrückung – (...) auf die Beziehung zu den Kindern aus und führen zu einer 'sozialen Vererbung' von Gewalt" (BRÜNDEL/HURRELMANN 1994, 98; Auslassungen durch d. Verf.).
vgl. in diesem Zusammenhang auch die Diplomarbeit von GIESE 1999.

[4] vgl. MANTELL 1988 (im Original 1972); vgl. auch BAHR 1994, 60 ff.

[5] SOMMER 1996 a, 11.

verschaffen bzw. bewahren zu wollen, scheint angesichts der vorfindlichen Fülle von Materialien unterschiedlicher Qualität nahezu unmöglich zu sein[6].

Und dennoch ist m.E. eine intensiv geführte inhaltliche Auseinandersetzung mit sozialwissenschaftlichen Grundlagen und methodischen Grundsatzüberlegungen zu den Themenbereichen von *Gewalt gegen Kinder* und *Kindesmißhandlung* unerläßlich, um aktuelle Entwicklungen und grundlegende Ergebnisse der wissenschaftlichen Forschung, aber auch das Erscheinen populärwissenschaftlicher Veröffentlichungen in einer dem Problem angemessenen Weise einordnen zu können.

Für die in der praktischen Sozialen Arbeit professionell Tätigen „vor Ort" scheint das Thema *Gewalt gegen Kinder* in unterschiedlichen Denk- und Handlungszusammenhängen immer wieder von aktueller Bedeutung zu sein: Die Erscheinungs- und Ausdrucksformen von *Gewalt im interpersonalen Bereich* wie *sexueller Mißbrauch, Vergewaltigung,* Vernachlässigung, *Gewalt gegen Frauen, Jugendgewalt, rechtsextremistisch orientierte Gewalt, Gewalt an Schulen* u.ä., und dies stellt eine der Ausgangshypothesen des vorliegenden Bandes dar, lassen sich nur dann in den ihrer wahren Bedeutung entsprechenden Dimensionen thematisieren und analysieren, nachdem grundsätzliche Überlegungen zu dem Themenbereich *Gewalt gegen Kinder/Kindesmißhandlung* angestellt wurden.

Dieser Überlegung folgend könnte ein vorläufiger (Umkehr-)Schluß gezogen werden, wonach Grundkenntnisse hinsichtlich des sozialen und gesellschaftlichen Phänomens *Gewalt gegen Kinder/Kindesmißhandlung* unerläßliche Voraussetzung darstellen, um ein reflektiertes, (selbst-)kritisches und sich auf wissenschaftlichen Erkenntnissen beruhendes Verständnis von *Gewalt gegen Kinder/Kindesmißhandlung* entwickeln zu können.

Nicht nur zur Bildung eines begründeten, nachvollziehbaren Verständnisses des Phänomens *Gewalt gegen Kinder* im engeren Sinne scheint eine intensive, auf wissenschaftlichen Erkenntnissen aufbauende Beschäftigung notwendig und sinnvoll zu sein, sondern auch für ein weitgefaßtes Verständnis von *Gewalt gegen Kinder*.

So beschreibt SOMMER (1996) die sich ihm stellende Ausgangssituation bei der wissenschaftlichen Betrachtung von *Gewalt* in ihren unterschiedlichen Er-

---

[6] vgl. in diesem Zusammenhang die Aufzählung einer Auswahl von Veröffentlichungen wissenschaftlicher, (auto-)biographischer und literarischer Herkunft in SOMMER 1996 a, 13 f. (Anm. 24, 29).

scheinungsformen, in den vergangenen Jahren seien „Gewaltphänomene auf verschiedenen Ebenen menschlichen (Zusammen-)Lebens (...) in verstärktem Maße in den Mittelpunkt öffentlich wie wissenschaftlich geführter Erörterungen gestellt worden. *Gewalt* in Form von Kriminalität (Mord, Geiselnahme und Folter), politisch motivierte Gewalt, gewalttätige Ausschreitungen von Fußballfans, die sich häufenden Berichte über gewalttätiges Verhalten in der Schule, gewaltsame Angriffe auf Asylsuchende, aber auch *Gewalt* in Form von Zerstörung der Lebensgrundlagen, das Entstehen und Sich-Ausweiten von Epidemien und den sogenannten Zivilisationskrankheiten, die Zunahme von psychischen und psychosomatischen Krankheiten, steigender Alkohol- und Drogenmißbrauch immer jünger werdender Konsumenten, Kinderprostitution, Suizide und Selbstmordversuche sowie *Gewalt* in ihren eher als unspektakulär bezeichenbaren, alltäglichen Ausdrucksformen – diese Erscheinungsformen von *Gewalt* werden zunehmend als aktuelle Probleme menschlichen (Über-)Lebens angesehen"[7].

Kenntnisse über sozialhistorische Perspektiven von *Kindheit*, über neuere Aspekte der Kindheitsforschung, über Studien zur aktuellen Lebenssituation von Kindern in der Bundesrepublik Deutschland, über Ergebnisse sozialwissenschaftlicher Forschung zum Themenbereich *Kindheit im Wandel* zum einen, über (sozial-)geschichtlich orientierte Überlegungen der Erforschung von *Gewalt gegen Kinder* und *Kindesmißhandlung*, über Ursachenforschung und Bedeutungswandel von *Gewalt gegen Kinder* zum zweiten und nicht zuletzt die kritische Lektüre ausgewählter literarischer wie (auto-)biographischer Beiträge zum Themenbereich *Gewalt gegen Kinder/Kindesmißhandlung*[8] scheinen unablässige Voraussetzungen darzustellen, aktuelle Entwicklungslinien innerhalb der sozialwissenschaftlichen Gewaltforschung nachzeichnen sowie die Bedeutung populärwissenschaftlicher und belletristischer Literatur wirklichkeitsnah einschätzen zu können.

Ein Blick auf die in den vergangenen Jahren in vielfältiger Zahl veröffentlichten Beiträge zum Themenbereich *Gewalt gegen Kinder/Kindesmißhandlung* läßt das Fehlen von Einführungs- und Grundlagenliteratur deutlich werden.

Dabei scheint es zum einen an einer allgemein verständlichen Einführung in die Grundprobleme der Betrachtung des Phänomens *Gewalt gegen Kinder* zu man-

---

[7] SOMMER 1996 a, 9 (Auslassungen durch d. Verf.).
[8] vgl. u.a. SOMMER 1996 a.

geln, zum zweiten lassen sich bis auf wenige Ausnahmen[9] keinerlei Hinweise auf Möglichkeiten der inhaltlichen und didaktisch-methodischen Gestaltung von Einführungsveranstaltungen in den Themenbereich *Gewalt gegen Kinder/Kindesmißhandlung* für Aus-, Fort- und Weiterbildung von in der Sozialen Arbeit professionell Tätigen finden.

1.3. Ausgangsbeobachtung und Aufgabenstellung

Die Ausgangsbeobachtung im Rahmen des vorliegenden Einführungsbandes besteht in der Feststellung der Existenz der beiden bereits angedeuteten, offensichtlich werdenden Widersprüche: Einerseits steht einer nicht (mehr) überschaubaren Fülle von Literatur wissenschaftlicher wie populärwissenschaftlicher Herkunft das Fehlen von wissenschaftlicher Einführungs- und Grundlagenliteratur gegenüber, andererseits scheint sich die in Publikationen der Massenmedien immer wieder wahrnehmbare Betonung der besonderen Bedeutung von *Gewalt gegen Kinder* und *Kindesmißhandlung* im Ursachenzusammenhang mit anderen sozialen und gesellschaftlichen bzw. gesellschaftlich bedingten Gewaltphänomenen zu widersprechen mit dem Fehlen von didaktischen Arbeitsmaterialien – diese widersprüchlichen Entwicklungen führen zu dem m.E. nachvollziehbaren, notwendigen und sinnvoll erscheinenden Schluß, inhaltliche Schwerpunkte des Themenbereiches *Gewalt gegen Kinder/Kindesmißhandlung* und didaktische Grundsatzüberlegungen für die Vermittlung von Grundlagen-Wissen in Aus-, Fort- und Weiterbildung in einem wissenschaftlichem Projekt zu erar-

---

[9] Diese Ausnahmen sind u.a. WOLFF 1975 b, ESSER 1978, BRÜNINK et al. 1979, SOMMER 1998, SOMMER 2000 b.
In diesem Zusammenhang ist die von SOMMER (2000) angestellte Ausgangsbeobachtung zu verstehen, wenn er zu bedenken gibt, obwohl „in der einschlägigen wissenschaftlichen Literatur eine Vielzahl von Veröffentlichungen zu Frage- und Problemstellungen aus dem Themenbereich *Gewalt gegen Kinder/Kindesmißhandlung* vorliegt, obwohl Vertreter unterschiedlicher wissenschaftlicher Fachdisziplinen wie der Kriminalistik, der Psychiatrie, der Sozialpsychologie, der Soziologie, der Rechtswissenschaften, der Medizin wie auch der Sozialwissenschaften und nicht zuletzt der Sozial- und Behindertenpädagogik die mit dem Themenbereich einhergehenden Probleme aufzuarbeiten suchen, obwohl in den vergangenen zwanzig Jahren ein nicht zu übersehender Sensibilisierungsprozeß der (Fach-)Öffentlichkeit für Probleme im Zusammenhang mit *Gewalt gegen Frauen* und *Gewalt gegen Kinder* auszumachen ist, ist das Fehlen von auf didaktische Aspekte von Unterricht und Lehre abhebender Einführungs- und Standardliteratur zu beklagen, Literatur, die einer didaktisch begründeten, methodisch gezielten Vermittlung von Zugangsformen zu inhaltlichen Dimensionen des Phänomens *Gewalt gegen Kinder* dienen könnte" (SOMMER 2000 b, 13 f.).

beiten und die daraus resultierenden Erkenntnisse einer interessierten (Fach-) Öffentlichkeit zur Diskussion zu stellen.

Für eine realitätsnahe Einschätzung der Problematik und der Aktualität von Phänomenen im Zusammenhang von *Gewalt gegen Kinder/Kindesmißhandlung* scheint das Gewinnen von grundlegenden Erkenntnissen notwendig zu sein, die sich aufgrund fehlender Einführungsliteratur kaum über ein Selbststudium aneignen lassen, andererseits bietet die einschlägige Literatur von wenigen Ausnahmen abgesehen keinerlei Hinweise auf didaktisch-methodische Überlegungen, die interessierten Vertretern der (Fach-)Öffentlichkeit über den Weg der Teilnahme an Aus-, Fort- und Weiterbildungsveranstaltungen Möglichkeiten zum Erwerb dieses Grundlagen-Wissens eröffnen könnten.

Aufgrund der bislang angestellten Überlegungen lassen sich aus dem sich als überaus komplex erweisenden Problembereich *Gewalt gegen Kinder/Kindesmißhandlung* die folgenden Aufgaben formulieren, deren Bearbeitung im Mittelpunkt des vorliegenden Einführungsbandes angesiedelt sein wird:

(1) Didaktische Grundsatzüberlegungen

Es wird aufzuzeigen sein, daß sich im Rahmen von konzeptionellen Überlegungen der didaktische Arbeitsansatz von *Teilnehmer-* und *Prozeßorientiertheit* grundsätzlich als geeignet erweist für das Gewinnen von einführenden Erkenntnissen wie für das Erarbeiten von Grundlagen-Wissen im Zusammenhang mit *Gewalt gegen Kinder/Kindesmißhandlung*[10].

(2) Mögliche inhaltliche Schwerpunkt-Themen in Aus-, Fort- und Weiterbildungsveranstaltungen für Soziale Berufen

Anhand von theoretischen Erörterungen, aber auch aufgrund der Auswertung und Reflexion von Einführungsveranstaltungen in den Themenbereich *Gewalt gegen Kinder/Kindesmißhandlung* für Studenten der Sozialpädagogik wird der Frage nachzugehen sein, welche konzeptionell-inhaltlichen Überlegungen sich im Rahmen von Planung, Durchführung, Auswertung und Reflexion von Einführungsveranstaltungen in den Themenbereich *Gewalt gegen Kinder/Kindesmißhandlung* als sinnvoll erweisen[11].

---

[10] vgl. Kap. 2 des vorliegenden Einführungsbandes.
[11] vgl. Kap. 3 des vorliegenden Einführungsbandes; vgl. auch SOMMER 1998, 2000 b.

In diesem Zusammenhang werden sowohl ein Katalog von Lehr-, Lern- und Handlungszielen erarbeitet, wie auch ein Vorschlag für die Abfolge einer 24-stündigen Einführungsveranstaltung in die Grundprobleme von *Gewalt gegen Kinder/Kindesmißhandlung* unterbreitet wird[12].

---

[12] vgl. SOMMER 1998, 2000 b.

2. KONZEPTIONELLE GRUNDSATZÜBERLEGUNGEN

2.1. Einführung

Für den Studiengang Sozialpädagogik an (Fach-)Hochschulen beschrieb der Berliner Hochschullehrer Reinhart WOLFF bereits im Jahre 1975 im Rahmen eines Aufsatzes mit dem Titel „Unterrichtsplan (Curriculum) für eine soziologische Anfänger-Übung zum Thema: Gewalt gegen Kinder – Kindesmißhandlungen und ihre gesellschaftlichen Ursachen" die Beobachtung, es sei seiner Meinung nach „nicht unproblematisch, angesichts der gegenwärtigen Hochschulsituation der Notwendigkeit der didaktischen Reflexion der universitären Lehre das Wort zu reden. Denn in einer Situation, die durch Überfüllung und wichtiger noch durch einen permanenten Struktur- und Zielkonflikt darüber, was die Universität leisten solle, gekennzeichnet ist, ist Hochschuldidaktik immer mehr zu einem bloßen Moment von Krisenmanagement geworden und in den Umkreis weitgehend repressiver Lern- und Arbeitskonzeption geraten". Andererseits sei, so WOLFF (1975) im weiteren, die Meinung, „ein wissenschaftliches Problem trage sich gewissermaßen von selber vor, man müsse nur recht zuhören, bzw. die Universität stelle die Befähigung zum Lernen nicht her, sondern sie setze sie voraus, nur Ausdruck einer elitären Einstellung, die darauf hinausläuft, hohe Anforderungen zu stellen, aber nicht zu sagen, wie die Studenten sie erfüllen sollen"[13].

Gewisse Parallelen zur aktuellen Situation in Einrichtungen des tertiären Bildungswesens können auch nach 25 Jahren, die seit Veröffentlichung des Aufsatzes von WOLFF (1975) vergangen sind, nicht übersehen werden[14]:

Wer, wie beispielsweise der Verfasser, in der akademischen Ausbildung von Studenten der Sozialpädagogik, zugleich aber auch in der Lehre nichtakademischer Ausbildungsgänge tätig ist, dort u.a. im Bereich der Vermittlung von Grundkenntnissen und -techniken wissenschaftlichen Arbeitens, deren Erlernen und Beherrschen Grundvoraussetzung und gleichzeitig eine der wesentlichen Grundlagen von *Lernen im akademischen* und *nicht-akademischen*

---

[13] WOLFF 1975 b, 357.
[14] In diesem Zusammenhang sei u.a. auf die Veröffentlichungen von JUNNE 1993³, PETERSSEN 1996⁵, ROST 1997, WAGNER 1997⁴ und BADRY et al. 1998³ verwiesen.

Arbeitsbereich darstellt, der wird nicht um die Erkenntnis umhinkommen, daß auf diesen grundlegende Bedeutung für den weiteren Fortgang des Studiums/ der nicht-akademischen Ausbildungsgänge wie auch für die spätere Berufstätigkeit tragenden Bereich akademischer Lehre und schulischer Ausbildung wenig Gewicht gelegt wird.

Die Rückmeldungen von Studenten der Sozialpädagogik wie auch von einzelnen Schülern einer Ergotherapie-Schule und von Teilnehmern der Berufsgruppe der Physiotherapeuten an einer Weiterbildungsveranstaltung zur „Einführung in das Wissenschaftliche Arbeiten" auf die Frage „Haben Sie während Ihrer Schul- oder Studienzeit das 'Lernen' gelernt?", wird erfahrungsgemäß nur von sehr wenigen im positiven Sinne beantwortet[15].

Dieses Versagen der schulischen Bildungseinrichtungen scheint sich aufgrund von Beobachtungen aus der alltäglichen Lehrpraxis auch in dem Bereich der tertiären Bildungs- bzw. in dem von (beruflichen) Ausbildungsinstitutionen fortzusetzen.

Als wesentlich komplexer und damit auch schwieriger zu bearbeiten stellt sich das Einbeziehen nicht-akademischer Ausbildungsgänge dar: In der Regel sind hier Menschen in Ausbildungsgruppen oder Klassen zusammengefaßt, die in bezug auf Lebensalter, in bezug auf Erfahrungen aus vormals besuchten Ausbildungs- und Studiengängen, in bezug auf unterschiedliche Dauer und „Qualität" praktischer Arbeitserfahrungen innerhalb z.T. nicht miteinander vergleichbaren Berufsgruppen als sehr heterogene Lerngruppen zu bezeichnen sind.

---

[15] So wurden beispielsweise im Dezember 1998, nach Ende der Einführungsveranstaltungen *Wissenschaftliches Arbeiten* für Studenten der Fachbereiche Sozialwesen und Sozialwirtschaft an der Berufsakademie Villingen-Schwenningen 92 von 113 Erstsemestern um ihre Meinung zu der Frage gebeten „Haben Sie im Verlaufe Ihrer Schulzeit bzw. während Ihres Studiums an einer Fachhochschule, Pädagogischen Hochschule oder Universität (außerhalb der BA) *gelernt*, wissenschaftlich zu arbeiten?".

69 der 92 befragten Studenten (das entspricht einem prozentualen Anteil von 75%) antwortete mit einem klaren „Nein", während die übrigen 23 der 92 befragten Studenten (das entspricht einem prozentualen Anteil von 25%) mit einem „Ja" stimmten, das jedoch über die Antworten auf die Zusatzfrage „Wenn ja, wie können Sie dieses Lernen in Stichworten beschreiben?" in ihren inhaltlichen Aussagen relativiert wurde.

Dieser Fragebogen wurde als Teil eines Rückmeldebogens für die Teilnehmer der Einführungsveranstaltungen *Wissenschaftliches Arbeiten* an der Berufsakademie Villingen-Schwenningen im Jahre 1998 entworfen. Der Fragebogen wie auch dessen vollständige Auswertung kann beim Verfasser, der gleichzeitig den Veranstaltungsleiter dieser Einführungsseminare darstellt, angefordert werden.

Auf anderer Ebene, und dies läßt sich u.a. bei den Berufsgruppen von Ergotherapeuten und Physiotherapeuten, aber auch zunehmend bei verschiedenen akademischen Berufsgruppen der Sozialen Arbeit (z.B. bei der Berufsgruppe der Sozialpädagogen in der Neurologischen Rehabilitation hirngeschädigter Kinder, Jugendlicher und junger Erwachsener[16]) beobachten, scheint der Legitimationsdruck gegenüber Leistungserbringern (Kostenträgern) zu wachsen, „Erfolge" ihrer Arbeit auf- und nachzuweisen, aber auch fachlich-inhaltliche, didaktische, methodische und kommunikativ-soziale Kompetenzen systematisch zu erlernen und in der beruflichen Alltagspraxis unter Beachten wissenschaftlicher Kriterien umsetzen zu können.

Dies setzt neben dem Erwerben fachlich-inhaltlichen Grundwissens im jeweiligen Ausbildungsbereich/Studiengang auch und besonders ein fächerübergreifendes, didaktisch-methodisches Wissen wie auch das Erlernen und spätere Beherrschen von Grundtechniken und Grundformen wissenschaftlichen Arbeitens voraus.

Dieses fächerübergreifende Wissen wird nicht in allen Curricula von Ausbildungs- und Studiengängen in ausreichendem Maße berücksichtigt werden (können), so daß u.U. die Notwendigkeit besteht, berufsbegleitend Fort- und Weiterbildungsveranstaltungen zur Einführung in die angesprochenen Themenbereiche besuchen zu müssen.

2.2. Zur Formulierung grundlegender und „übergeordneter" Lern-, Lehr- und Handlungsziele

Im Rahmen des komplexen Prozesses der Planung und Konzipierung von Einführungsveranstaltungen in den Themenbereich *Gewalt gegen Kinder/Kindesmißhandlung* lassen sich Lern- und Handlungsziele[17] aus unterschiedlichen Bereichen miteinander in Verbindung bringen, wobei die Handhabung der unterschiedlichen Begrifflichkeiten eng an die Definitionsversuche von SCHILLING (1995) angelehnt ist: Während SCHILLING (1995) die „Ziele des *Lehrenden, Erziehers, Pädagogen, Sozialpädagogen* etc. (..., als, Zusatz d. Verf.) *Lehrziele, Erziehungsziele* oder *Ziele des Pädagogen/Sozialpädagogen*" bezeichnet, faßt er

---

[16] vgl. SOMMER 1997 a, 1997 b, 1998, 1999.
[17] Zur Diskussion der unterschiedlichen Begriffe von Erziehungs-, Handlungs- und Lernziel vgl. die differenzierte Bestandsaufnahme von SCHILLING 1995², 43 f., 120 f.

unter den Begriff *Handlungsziele* die „Ziele des *Lernenden* (Kinder, Jugendliche, junge Erwachsene, Erwachsene, alte Erwachsene)"[18].

Von *Lernzielen* könne nach Aussagen SCHILLINGs (1995) erst dann gesprochen werden, wenn „Ziele (gemeint sind, Zusatz d. Verf.), die aus einer gemeinsamen Sache hervorgehen, in Übereinstimmung stehen, eine Synthese darstellen, ein Eingehen oder Bestehen auf Zielen, Addition von Erziehungs- und Handlungszielen darstellen etc."[19].

Unter den folgenden Überschriften können allgemein formulierte Zielsetzungen entwickelt werden, die für das theoretische Studium/Unterricht und die praktische Ausbildung von akademischen wie nicht-akademischen Berufsgruppen relevant werden können[20].

Andererseits, und dies liegt im Rahmen der Betrachtung von einer auf dem didaktischen Arbeitsansatz von *Teilnehmer-* und *Prozeßorientiertheit* konzipierten Veranstaltung[21] nahe, können Lehr- und Handlungsziele, die im Zuge der in den Veranstaltungsfolgen tatsächlich angewandten Methoden und den ausgewählten inhaltlichen Schwerpunkten realisiert werden sollen, letztlich erst in der gemeinsamen Arbeit von Veranstaltungsleiter und Veranstaltungsteilnehmern formuliert werden.

Dieser Prozeß könnte dann, würde er sich in konstruktiver und letztendlich erfolgreicher Weise entwickeln, auf der Grundlage der gemeinsamen Absprache von Seminarteilnehmern und -leiter über methodische wie inhaltliche Frage- und Problemstellungen zu der Formulierung von *Lernzielen* im Sinne SCHILLINGs (1995) führen[22].

In diesem Zusammenhang sei auf einen Gedanken JUNNEs (1993) verwiesen, der auf die von ihm formulierte Frage, was ein kritisches Studium sei, u.a. antwortet, ein kritisches Studium sei „ein selbstkritisches, relativ selbständiges Stu-

---

[18] SCHILLING 1995^2, 121 (Auslassungen durch d. Verf.).
[19] SCHILLING 1995^2, 121.
[20] Die Formulierung der folgenden Lern- und Handlungsziele bezieht sich auf inhaltlicher Ebene auf die Bearbeitung des Themenbereiches *Gewalt gegen Kinder/Kindesmißhandlung*; Lern- und Handlungsziele hängen u.a. von den gewählten inhaltlichen Schwerpunkten eines Seminars ab, d.h. in diesem Zusammenhang lassen sich zwar auf den Themenbereich *Gewalt gegen Kinder/Kindesmißhandlung* inhaltlich abgestimmte, dennoch in mancherlei Hinsicht auch als allgemeingültig, als „übergeordnet" bezeichenbare Zielsetzungen ableiten.
[21] vgl. Ausführungen in Kap. 2.4. des vorliegenden Einführungsbandes.
[22] vgl. SCHILLING 1995^2, 43 f., 120 f.

dium, das die angebotenen Studieninhalte und -formen nicht sang- und klanglos hinnimmt. Ein kritisches Studium erfordert zunächst, die Konsumenten-Haltung aufzugeben, mit der die meisten Studenten und Studentinnen von der Schule an die Hochschule kommen. Sie müssen lernen, die ihnen angebotenen Lehrinhalte nicht unbefragt aufzunehmen und sich in den Lehrveranstaltungen nicht nur Probleme vorgeben zu lassen, sondern sie besonders interessierende Themenbereiche eigenständig zu erarbeiten. Eine deutliche Formulierung der eigenen Interessensgebiete (die sich im Laufe des Studiums sicher erweitern und verschieben werden) bietet eine Entscheidungshilfe für die Wahl der zu besuchenden Lehrveranstaltungen (soweit diese nicht fest vorgeschrieben sind) sowie bei der Wahl der in ihrem Rahmen zu bearbeitenden Themen"[23].

Im folgenden werden als grundlegend und „übergeordnet" bezeichenbare Lehrziele schriftlich niedergelegt, eine Auflistung grundsätzlicher Art, die jedoch erst über den Weg der gemeinsame Diskussion mit den jeweiligen Seminarteilnehmern die ihrer wahren Bedeutung angemessenen methodischen und inhaltlichen Dimensionen in Form von Lernzielen erreichen kann.

Lernbereich 1: Die grundlegende Sensibilisierung für fachlich-inhaltliche Aspekte des Problembereiches *Gewalt gegen Kinder/Kindesmißhandlung*

Die Seminarteilnehmer sollen im Rahmen der Einführungsveranstaltung *Gewalt gegen Kinder/Kindesmißhandlung*

- Ausdrucksformen von *Gewalt gegen Kinder/Kindesmißhandlung,*
- Ansätze von (sozial-)wissenschaftlicher Ursachenforschung zum Themenbereich *Gewalt gegen Kinder* und *Kindesmißhandlung,*
- Wandlungstendenzen im Rahmen der Betrachtung der Bewertungs- und Beurteilungskriterien von *Gewalt gegen Kinder/Kindesmißhandlung,*
- Formen *psychischer Gewalt gegen Kinder,*
- Formen *alltäglicher Gewalt gegen Kinder,*
- *Gewalt in der Erziehung* und Aspekte des Menschenbildes,
- Möglichkeiten und Grenzen von *Kinderschutz*

---

[23] JUNNE 1993³, 11.

in ihren jeweiligen Grundgedanken kennenlernen, die Bedeutung dieser ausgewählten Aspekte im Rahmen der aktuellen Diskussion des komplexen Phänomens *Gewalt gegen Kinder/Kindesmißhandlung* einordnen sowie Grundzüge (sozial-)historischer, politischer und gesellschaftlicher Entwicklungen im Zuge der Erforschung des anfangs als *Kindesmißhandlung*, später unter dem zunehmenden Einfluß sozialwissenschaftlich orientierter Gewaltforschung als *Gewalt gegen Kinder* bezeichneten Phänomens in ihren wesentlichen Aussagen einschätzen können.

Lernbereich 2: Wahrnehmen und Verfeinern der individuell unterschiedlichen Lern- und Arbeitsstile der Seminarteilnehmer/innen

Ausgehend von der These, wonach am Anfang jeder Übung wissenschaftlichen Arbeitens ein „Mindestmaß an Selbsterfahrung" (SOMMER) stehen sollte, um den eigenen Lern- und Arbeitsstil bewußt kennen- und einschätzen zu lernen, sollen die Seminarteilnehmer zumindest ansatzweise sensibilisiert werden für das Erkennen der besonderen Bedeutung des eigenen Lese-, Lern- und Arbeitsstils, dessen Ausbau und Verfeinerung im Fortgang des Studiums/der Ausbildung insbesondere für Lektüre wissenschaftlicher Literatur wie auch für Ausarbeitung und Niederschreiben wissenschaftlicher Arbeiten (Referat, Seminararbeit, Diplom-/Abschlußarbeit) relevant werden kann.

Lernbereich 3: Erlernen von Grundformen und Anwenden von Grundtechniken wissenschaftlichen Arbeitens

Den Seminarteilnehmern soll im Rahmen von Einführungsveranstaltungen in den Themenbereich *Gewalt gegen Kinder/Kindesmißhandlung* auf vielfältigen Ebenen Möglichkeiten eröffnet werden, anwendungsbezogen und handlungsorientiert

- das Verfassen von schriftlichen Protokollen zu üben,
- i.w.S. wissenschaftliche, populärwissenschaftliche, in Auszügen belletristische und (auto-)biographische Literatur zum Themenbereich *Gewalt gegen Kinder/Kindesmißhandlung* unter Berücksichtigung vorgegebener Fragestellungen zu bearbeiten,

- zu lernen, Ausführungen in Form von Vorträgen und Referaten zu folgen, kritische Anmerkungen anzubringen, sich eine Meinung zu bilden und diese im Rahmen von Diskussionen zu vertreten[24],
- in Kleingruppen themen- und methodenrelevante Literatur zu sichten, zu bearbeiten, Thesenpapiere/Kurzreferate zu erstellen und die Ergebnisse der Arbeitsgruppen im Plenum vorzustellen.

Lernbereich 4: Gewinnen von einführenden Kenntnissen in forschungsmethodologische Fragestellungen

Neben der Lektüre wissenschaftlicher, populärwissenschaftlicher und belletristischer Literatur unter vorgegebenen Fragestellungen soll eine erste Einführung der Seminarteilnehmer in die Methoden der sogenannten *Biographieforschung* erfolgen, wobei der bislang in der (sozial-)wissenschaftlichen Gewaltforschung aufgrund forschungsmethodologisch begründeter Argumente vernachlässigte Problembereich *seelischer Gewalt gegen Kinder* im Mittelpunkt der Betrachtungen stehen wird.

Lernbereich 5: Erwerb von didaktisch-methodischen Kompetenzen

Im Rahmen von Einführungsveranstaltungen in den Themenbereich *Gewalt gegen Kinder/Kindesmißhandlung* soll der Realisierung der folgenden „übergeordneten" Lehrziele aus dem Bereich didaktisch-methodischer Kompetenzen nahegekommen werden:
- Förderung der Erkenntnis, daß das Beherrschen der Grundtechniken wissenschaftlichen Arbeitens nicht nur für den weiteren Verlauf des Studiums, sondern auch als „Handwerkszeug" für die Anforderungen der späteren Berufsausübung angesehen wird.
- Einsicht in didaktisch-methodische Probleme der Konzipierung eines Einführungsseminars in den Themenbereich *Gewalt gegen Kinder/Kindesmißhandlung* sowie in die Möglichkeiten und die Notwendigkeit, von seiten der Seminarteilnehmer in konstruktiver Weise sowohl auf die Gestaltung von Ablauf, Arbeits- und Sozialformen wie auch auf die Auswahl inhaltlicher Schwerpunkte mit der Äußerung eigener Interessen und Bedürfnisse Einfluß nehmen zu können.

---

[24] vgl. WOLFF 1975 b, 360.

- Gewinnen der Erkenntnis, daß der Weg über das Herstellen eines biographischen Bezuges der Teilnehmer einen qualitativ anderen Zugang zum Themenbereich *Gewalt gegen Kinder/Kindesmißhandlung* ermöglicht als über den der ausschließlich erfolgenden Beschäftigung mit der sogenannten einschlägigen wissenschaftlichen Literatur.

- Einsicht in die Möglichkeiten der Lernfelder „Mut zum Experimentieren" und „Entwicklung von Kreativität" (SOMMER) hinsichtlich Methoden und Inhalte, das „Sich-Einlassen auf bisher ungewohnte und für manche/n vielleicht auch als ungewöhnlich zu bezeichnende Arbeitsformen, die zumindest zeitweilige Bereitschaft zu Selbsterfahrung und sich anschließendem Reflektieren über die eigenen (Gewalt-)Erfahrungen"[25].

2.3. Einführung in Arbeitsformen und erste Annäherung an den Themenbereich – Die erste Seminar-Sitzung

2.3.1. Grundlegende didaktisch-konzeptionelle Überlegungen

Die erste Seminar-Sitzung dient von den konzeptionellen und didaktischen Vorüberlegungen her u.a. dazu, die Seminarteilnehmer in die Thematik *Gewalt gegen Kinder/Kindesmißhandlung* in der Weise einzuführen, daß zwar von seiten des Veranstaltungsleiters grob formulierte Lehrziele vorgegeben sind[26], die andererseits jedoch erst über die Äußerung der Teilnehmer hinsichtlich ihrer eigenen Bedürfnisse und Interessen konkretisiert werden können.

Dieser Arbeitsschritt, die gemeinsame Auswahl und Erarbeitung inhaltlicher Schwerpunkte sowie gemeinsam angestellte Überlegungen über mögliche methodische Zugangsweisen zu dem komplexen Phänomen *Gewalt gegen Kinder/ Kindesmißhandlung*, führt letztendlich zu der Formulierung als grundlegend und „übergeordnet" bezeichenbarer Lern- und Handlungsziele.

Die Seminarteilnehmer werden im Rahmen der ersten Veranstaltungssitzung, der konstituierenden Sitzung, anhand eines „Seminar-Ankündigungsblattes" in die Überlegungen der Vorplanung eingeführt.

Neben anderen sei an dieser Stelle explizit auf den didaktisch relevanten Aspekt hingewiesen, daß das Einführungsseminar *Gewalt gegen Kinder/Kindesmiß-*

---

[25] SOMMER 1998, 419.
[26] vgl. Kap. 2.2. des vorliegenden Einführungsbandes.

handlung nicht Vorlesungs-, sondern Seminarcharakter besitzt. D.h. es wird von Anbeginn einer möglichen Erwartungshaltung der Teilnehmer entgegengewirkt, die von einer sich hauptsächlich auf Vorträge und Referate des Veranstaltungsleiters aufbauenden „Methode der Wissenvermittlung" ausgehen.

Stattdessen steht das gemeinsame Erarbeiten in Kleingruppen und Plenum im Mittelpunkt der didaktischen Überlegungen, auch wenn davon ausgegangen werden kann, daß dieser didaktische Ansatz in letzter Konsequenz dazu führen kann, auf Kosten eines breiten Überblicks über den Themenbereich *Gewalt gegen Kinder/Kindesmißhandlung* „nur" vereinzelte, ausgewählte Schwerpunkt-Themen intensiv und ausführlich bearbeiten zu können[27].

Aus-, Fort- und Weiterbildungsveranstaltung
Gewalt gegen Kinder/Kindesmißhandlung
Dr. B. Sommer

Gewalt gegen Kinder/Kindesmißhandlung

Inhalt:
Je nach Interessen und Bedürfnissen der Seminarteilnehmer ist zum einen eine im engeren Sinne „wissenschaftliche" Herangehensweise an das Thema möglich, zum anderen ist der Zugang über das Herstellen eines biographischen Bezugs der Teilnehmer denkbar (biographischer Aspekt, Selbsterfahrungsaspekt). Inhaltliche Schwerpunkte der Veranstaltung könnten u.a. sein:
- (sozial-)geschichtliche Aspekte in der Erforschung von *Kindesmißhandlung* und *Gewalt gegen Kinder*
- Ausdrucksformen von *Gewalt gegen Kinder/Kindesmißhandlung*
- Erklärungsansätze von *Gewalt gegen Kinder/Kindesmißhandlung*
- Zum Wandel der Beurteilungskriterien von *Gewalt gegen Kinder*
- *psychische Gewalt gegen Kinder*
- zur aktuellen Diskussion von *Gewalt gegen Kinder* in den Medien

---

[27] Die Auswahl von inhaltlichen Schwerpunkt-Themen, die Einführung in didaktisch-methodische Überlegungen eines Seminars, die Möglichkeit der Mitbestimmung der Seminarteilnehmer bei sie betreffenden Entscheidungen hinsichtlich Ablauf, inhaltlicher Gestaltung, methodischer Zugangsformen und der Formulierung von Lern- und Handlungszielen sind m.E. „natürliche" Charakteristika von Einführungsseminaren, die auf den Prinzipien von *Teilnehmer-* und *Prozeßorientiertheit* aufbauen.

Zielsetzungen:
werden je nach inhaltlichen Schwerpunkten und ausgewählten methodischen Zugangsweisen mit den Seminarteilnehmern gemeinsam erarbeitet

Arbeitsformen:
Erfahrungsberichte, Protokolle, Thesenpapiere, Referate, Arbeit in Kleingruppen, Lektüre ausgewählter wissenschaftlicher und belletristischer Literatur, Aufarbeiten von biographischen Berichten, Diskussion im Plenum

Methodische Hinweise:
- teilnehmer- und prozeßorientiert angelegte Veranstaltung
- Seminarcharakter (nicht Vorlesung!)
- Begriffsbestimmungen von *Gewalt* und *Gewalt gegen Kinder* unterliegen subjektiven Bewertungs- und Beurteilungskriterien; denkbar ist zum einen der Weg über die Bearbeitung von ausgewählten Beispielen aus der einschlägigen wissenschaftlichen Literatur, zum anderen der über Sichtung und Auswertung (auto-)biographischer Beiträge und literarischer Zeugnisse
- den Teilnehmenden wird in der 24-stündigen Veranstaltung ausreichend Gelegenheit geboten, ausgehend von und aufbauend auf dem eigenen subjektiven (biographischen) Hintergrund ein Verständnis von *Gewalt* und *Gewalt gegen Kinder* zu entwickeln

Wünschenswerte Voraussetzungen für die Teilnahme:
- Interesse am Thema und Bereitschaft, sich konstruktiv am Seminargeschehen zu beteiligen
- Bereitschaft, sich inhaltlich auf die unterschiedlichen Dimensionen von *Gewalt gegen Kinder/Kindesmißhandlung* einzulassen
- Neugierde und „Mut zum Experimentieren" mit Methoden und Inhalten
- Vorkenntnisse sind nicht unbedingt notwendig; Grundlagen werden erarbeitet

Literatur:
Wer sich einen ersten Einblick in den Themenbereich *Gewalt gegen Kinder/ Kindesmißhandlung* verschaffen möchte, dem seien folgende Beiträge zur „Vorab-Lektüre" empfohlen[28].

---

[28] Unter dem Stichwort der „Vorab-Lektüre" sollen u.a. folgende Veröffentlichungen genannt werden: BAST et al. 1975, BERNECKER et al. 1982, GALTUNG 1975, HONIG 1992, PETRI 1989, RAUCHFLEISCH 1992, RUSCH 1993 a, SOMMER 1996 a, 1996 b, 1998, 2000 b, SCHWIND/BAUMANN 1990.

Auf zwei Bereiche, die unter dem Stichwort „Methodische Hinweise" zu finden sind, wird besonderes Augenmerk gelegt: Zum einen sollten sich die Teilnehmer darüber bewußt sein, daß in den Veranstaltungen Seminarcharakter, nicht Vorlesungscharakter vorherrschen wird; zum anderen soll die Bedeutung des im Rahmen des Seminars angewandten didaktischen Arbeitsansatzes der *Teilnehmer- und Prozeßorientiertheit* herausgestellt werden.

Es kann m.E. von der berechtigten Annahme ausgegangen werden, daß die an diesem Einführungsseminar Interessierten unterschiedliche (Vor-)Erfahrungen mit der wissenschaftlichen Durchdringung des Themenbereiches *Gewalt gegen Kinder/Kindesmißhandlung* vorweisen dürften.

Diese Beobachtung stellt einen wichtigen Ausgangspunkt für weitergehende didaktische Überlegungen dar: den Teilnehmern soll in der Veranstaltung ausreichend Gelegenheit geboten werden, sich ausgehend von und aufbauend auf den eigenen Erfahrungen hinsichtlich möglicher inhaltlicher Schwerpunkte, Zielsetzungen, methodischer Vorgehensweisen und Arbeitsformen einzubringen (didaktisches Prinzip der *Teilnehmerorientiertheit*).

Der Aspekt der *Prozeßorientiertheit* deutet auf zu erwartende Entwicklungen gruppendynamischer Art hin, die auf die Seminarteilnehmer im Zuge einer intensiven Auseinandersetzung mit sie nicht nur auf wissenschaftlicher, sondern auch auf subjektiv-persönlicher Ebene betreffenden Fragestellungen aus dem Themenbereich *Gewalt gegen Kinder/Kindesmißhandlung* zukommen werden.

Auch für ein Einführungsseminar in den Themenbereich *Gewalt gegen Kinder/ Kindesmißhandlung* gilt die Aussage, die SOMMER (1999) im Rahmen der Betrachtung von Veranstaltungen zur „Einführung in das Wissenschaftliche Arbeiten" zu beschreiben suchte.

Demnach stellt eine „der wesentlichen Voraussetzungen für das Gelingen einer auf den Prinzipien der *Teilnehmer- und Prozeßorientiertheit* aufbauenden Veranstaltung (...) zum einen die Bereitschaft der Teilnehmenden dar, sich aktiv und konstruktiv am Seminargeschehen zu beteiligen (Lesen und Aufbereiten von Literatur, Erstellen von Protokollen, Erarbeiten von Inhalten, Ausarbeiten, Darstellen und Diskutieren der Arbeitsergebnisse in Kleingruppen und Plenum, Rückmeldungen zu den Referaten, Seminarkritik u.ä.), zum anderen sollten Neugierde und der 'Mut zum Experimentieren' *(Sommer)* mit Methoden und Inhalten auf Seiten der Teilnehmer herausgefordert werden[29]".

---

[29] SOMMER 2000 a, 324 (Auslassungen durch d. Verf.); vgl. auch SOMMER 1998, 414 f.

2.3.2. Erster Zugang zum Problembereich *Gewalt gegen Kinder* – Eine Szene aus Ingmar BERGMANs „Fanny und Alexander" (1983)

Von den konzeptionellen Vorgaben her dient die erste Veranstaltungssitzung zum einen der Einführung in die dem Seminar *Gewalt gegen Kinder/Kindesmißhandlung* zugrundeliegenden inhaltlichen, didaktischen und methodischen Überlegungen; zum anderen, und dies scheint im Rahmen der Betrachtung des vom Veranstaltungsleiter gewählten didaktischen Ansatzes her begründet, bedarf es der inhaltlichen Abstimmung vorab formulierter Lehrziele mit den noch zu äußernden Bedürfnissen und (Erkenntnis-)Interessen der Teilnehmer, so daß erst nach Ende der konstituierenden Sitzung entschieden werden kann, welche inhaltlichen Schwerpunkte bestimmt, welche methodischen Zugangsweisen ausgewählt und welche Lern- und Handlungsziele im Rahmen des Einführungsseminars letztendlich formuliert werden können.

Aufgrund der Komplexität des Gegenstandes *Gewalt gegen Kinder/Kindesmißhandlung*, aufgrund des „vorab kaum einzuschätzenden Wissens- und Erfahrungsstandes der Teilnehmer sowie zu erwartenden individuell unterschiedlichen Lernvoraussetzungen"[30] wird es von den konzeptionellen Vorüberlegungen her als sinnvoll angesehen, daß sich die Teilnehmer nach der Seminar-Einführung in aus dem Plenum zu bildenden Arbeitsgruppen mit der Frage auseinandersetzen, welche Assoziationen sie mit dem Thema *Kindesmißhandlung* und *Gewalt gegen Kinder* verbänden.

Die Ergebnisse der Arbeitsgruppen sollen dann im Plenum vorgestellt, sich daraus ableitende Fragen und Probleme angesprochen werden mit dem Ziel, inhaltliche Schwerpunkte aus dem Themenbereich *Gewalt gegen Kinder/Kindesmißhandlung* aufgrund der von den Seminarteilnehmern geäußerten Interessen und Bedürfnisse zu bestimmen.

Alternativ bzw. ergänzend scheint die Lektüre eines Auszuges aus „Fanny und Alexander", einem Roman von Ingmar BERGMAN (1983), als Einführung geeignet zu sein, den Seminarteilnehmern statt eines theoretischen Diskurses in den Themenbereich *Gewalt gegen Kinder/Kindesmißhandlung* die Möglichkeit zu eröffnen, sich in unmittelbarer Weise mit unterschiedlichen Ausdrucksformen von *Gewalt* und *Gewalt gegen Kinder* wie auch mit möglichen (sozial-)

---

[30] SOMMER 1998, 414.

geschichtlichen, gesellschaftlichen, politischen und kulturellen Entwicklungen konfrontiert zu sehen.

Die an die Seminarteilnehmer gerichtete Aufgabe im Zuge der Bearbeitung dieses Textauszuges besteht darin, aus ihrer jeweils subjektiven Sicht das zusammenzutragen, was ihrer Meinung nach das komplexe Phänomen *Gewalt gegen Kinder/ Kindesmißhandlung* ausmache.

Aus-, Fort- und Weiterbildungsveranstaltung
Gewalt gegen Kinder/Kindesmißhandlung
Dr. B. Sommer

Arbeitspapier 1
Erste Zugänge zum Thema: Literarische Vorlagen

Arbeitsauftrag an die Seminarteilnehmer:
Bitte bearbeiten Sie den folgenden Textauszug vor dem Hintergrund der Zielsetzung, inhaltliche Schwerpunkte für das Seminar zu bestimmen, unter den Fragestellungen
a) Welche Erscheinungs- und Ausdrucksformen von *Gewalt gegen Kinder/ Kindesmißhandlung* können Sie wahrnehmen?
b) Welche Gedanken und Gefühle, welche Assoziationen verbinden Sie mit den im Text beschriebenen Situationen und Verhaltensweisen der Handelnden?

In seinem Roman „Fanny und Alexander"[31] schildert Ingmar BERGMAN (1983) die Geschichte der Großfamilie Ekdahl:
In einer kleinen schwedischen Provinzstadt heiratet um die Jahrhundertwende die verwitwete Schauspielerin Emilie Ekdahl den Bischof Edvard Vergerus und zieht mit ihren drei Kindern aus erster Ehe, Amanda, Fanny und Alexander, in die bischöfliche Residenz.
Wegen der Schilderungen Alexanders, er habe „im Traum" erfahren, daß der Bischof seine erste Frau und seine Kinder „ohne etwas zu essen oder Wasser eingeschlossen"[32] habe, sie zwar versuchten, durch ein Fenster zu entfliehen, dabei jedoch ertrunken seien, wirft Bischof Vergerus seinem Stiefsohn Alexander vor, er beschuldige ihn in Gegenwart seiner Geschwister und des Dienstmädchens Justina des Mordes an seiner ersten Frau und den Kindern.

---

[31] BERGMAN, I., Fanny und Alexander. Roman in sieben Bildern. München, Wien 1983.
[32] BERGMAN 1983, 146.

Vergerus strengt, der Wahrheitsfindung dienend, einen Prozeß an, in dem die Aussagen der Hauptzeugin Justina denen des der Lüge und des Meineides beschuldigten Alexander gegenübergestellt werden[33].

Vergerus: Jetzt will ich dir einmal etwas sagen, mein Junge. Etwas, was dich vielleicht erstaunen wird. Ich hasse dich nicht. Ich liebe dich. Aber die Liebe, die Liebe, die ich für dich und deine Mutter hege, ist nicht blind, und sie sieht nicht alles nach. Sie ist stark und streng, Alexander. Wenn ich dich bestrafen muß, leide ich mehr, als du ahnst. Aber meine Liebe zu dir zwingt mich, aufrichtig zu sein. Sie zwingt mich, dich zu erziehen und dich zu formen, auch wenn es weh tut. Hörst du, was ich sage, Alexander?
Alexander: Nein.
Vergerus: Du verhärtest dich. Außerdem beurteilst du die Situation falsch. Ich bin nämlich viel stärker als du.
Alexander: Das bezweifle ich überhaupt nicht.
Vergerus: Seelisch stärker, mein Junge. Das liegt daran, daß ich die Wahrheit und die Gerechtigkeit auf meiner Seite habe. Ich weiß, daß du nach einiger Zeit gestehen wirst. Du wirst dein Geständnis und deine Strafe als eine Erleichterung erleben, und wenn deine Mutter heute abend wiederkommt, ist alles aus der Welt, Alexander, du siehst selbst ein, daß das Spiel verloren ist, aber du bist stolz und hartnäckig, und dann schämst du dich natürlich.
Alexander: Einer von uns sollte sich schämen. Das ist richtig.
Vergerus: Du mußt verstehen, daß deine Unverschämtheiten deiner Sache nicht dienen. Sie bestärken nur meinen Verdacht.
Alexander: Ich habe vergessen, was ich gestehen soll.
Vergerus: Aha. So ist das.
Alexander *(nach einer langen Pause)*: Was, Herr Bischof, soll ich gestehen?
Vergerus: Du weißt, daß mir Mittel zur Verfügung stehen.
Alexander: Das habe ich nicht gewußt, aber jetzt weiß ich es.
Vergerus: Wirkungsvolle Mittel.
Alexander: Das klingt nicht lustig.
Vergerus: In meiner Kindheit war man nicht so gefühlsduselig. Kleine Schurken wurden exemplarisch, aber liebevoll bestraft. Damals gab es den Rohrstock, den gibt es hier auch, er liegt da auf dem Tisch; es ist ein ganz gewöhnlicher Teppichklopfer, aber er kann recht gut tanzen. Dann hatten wir noch ein Mittel, das wirklich durchschlagend war, nämlich das Rizinusöl.

---

[33] BERGMAN 1983, 148-152.

Siehst du, Alexander, da steht die Flasche, und da steht ein Glas. Man wird ziemlich klein und häßlich, wenn man ein paar Schlucke getrunken hat. Und wenn das Rizinusöl nicht half, gab es da noch ein dunkles und ziemlich kaltes Kabuff, in dem man ein paar Stunden sitzen durfte, bis die Ratten anfingen, einem im Gesicht herumzuschnuppern.
Siehst du, da unter der Treppe, Alexander, dort ist ein ziemlich geräumiges Loch, das auf dich wartet.
Dann gibt es natürlich noch andere, barbarischere Methoden, aber die mißbillige ich, sie waren demütigend und gefährlich und kommen nicht mehr in Frage – heutzutage nicht mehr.

Alexander: Was bekomme ich für eine Strafe, wenn ich gestehe?
Vergerus: Das darfst du selber bestimmen, Alexander.
Alexander: Warum muß ich bestraft werden?
Vergerus: Das ist vollkommen selbstverständlich, mein Junge. Du hast eine Charakterschwäche, du kannst Lüge nicht von Wahrheit trennen. Noch bist du ein Kind, und deine Lügen sind die Lügen eines Kindes (wie entsetzlich sie auch sein mögen). Aber bald bist du ein erwachsener Mann, und das Leben straft Lügner ohne Liebe und Rücksicht. Die Strafe soll dich lehren, die Wahrheit zu lieben.
Alexander: Ich gestehe, daß ich diese Geschichte, daß Sie die Frau Bischof und die Kinder eingeschlossen haben, erfunden habe.
Vergerus: Gestehst du auch, daß du einen Meineid geschworen hast?
Alexander: Na schön, das gestehe ich auch.
Vergerus: Jetzt hast du einen großen Sieg über dich errungen, mein Junge. Einen Sieg über dich selbst. Welche Strafe wählst du?
Alexander: Wieviele Schläge mit dem Rohrstock bekomme ich?
Vergerus: Nicht weniger als zehn Schläge.
Alexander: Dann wähle ich den Rohrstock.
Vergerus: Knöpf die Hose auf und zieh sie runter. Stell dich ans Sofa und beuge dich nach vorn. Schieb dir eines der Kissen unter den Bauch.

Jetzt folgen zehn nicht allzu harte Schläge mit dem Rohrstock. Alexander schweigt, beißt sich in die Hand, die Tränen laufen aus Augen und Nase, er ist dunkelrot im Gesicht, und unter der aufgerissenen Haut sickert Blut hervor.

Vergerus: Steh auf Alexander.

Alexander steht auf.

Vergerus: Du hast mir etwas zu sagen.
Alexander: Nein.

Vergerus: Du sollst mich um Verzeihung bitten.
Alexander: Niemals.
Vergerus: Jetzt mußt du dich auspeitschen lassen, bis du auf bessere Gedanken kommst, Alexander. Kannst du uns beiden ein derart unangenehmes Erlebnis nicht ersparen?
Alexander: Ich werde niemals um Verzeihung bitten.
Vergerus: Du bittest nicht um Verzeihung?
Alexander: Nein.
Vergerus: Zieh die Hosen runter. Leg dich vornüber. Schieb das Kissen unter den Bauch.

Er gedenkt zu schlagen.

Alexander: Schlag nicht mehr!
Vergerus: Dann bittest du also um Verzeihung?
Alexander: Ja.
Vergerus: Knöpf dir die Hose zu. Putz dir die Nase. Gib ihm ein Taschentuch, Justina. Was hast du zu sagen?
Alexander: Ich bitte Sie um Verzeihung, Herr Bischof.
Vergerus: - für die Lügen und den Meineid.
Alexander: - für die Lügen und den Meineid.
Vergerus: Du verstehst, daß ich dich aus Liebe bestraft habe?
Alexander: Ja.
Vergerus: Küß mir die Hand, Alexander!
Alexander *(küßt dem Bischof die Hand)*: Darf ich jetzt schlafen gehen?
Vergerus: Das darfst du, mein Junge. Aber um dir Gelegenheit zu geben, die Ereignisse des Tages in aller Ruhe zu überdenken, sollst du auf dem Boden schlafen. Justina wird dir eine Matratze und eine Wolldecke raufbringen. Morgen früh um sechs Uhr schließt Henrietta die Tür auf, und du bist frei. Ist das gut so, Alexander?
Alexander: Ja, Hochwürden.

2.3.3. Zweiter Zugang zum Problembereich *Gewalt gegen Kinder* – Aus dem Roman „Lämmer" von Ania CARMEL (1993)

Diesen in Form eines Romans ausgearbeiteten Schilderungen Ingmar BERG-MANs (1983) aus der Zeit der Jahrhundertwende wird im folgenden die literarische Bearbeitung des Themenbereiches *familialer Gewalt* von Ania CARMEL (1993)[34] gegenübergestellt, anhand derer ein Eindruck dessen vermittelt werden

---

[34] CARMEL, Ania, Lämmer. Roman. Zürich 1993.

kann, wie sich das Problem *familialer Gewalt* unter gegenwärtigen Bedingungen darstellen kann.

In ihrem Roman „Lämmer" beschreibt CARMEL (1993) die z.T. widersprüchlich erfahrene Lebenswirklichkeit zweier Geschwister, die einerseits unter von ihrem Vater ausgehendem *physischen* und *psychischen Gewalthandeln* zu leiden haben, die sich aber andererseits von der sich des Widerstandes gegenüber ihrem Ehemann unfähig erweisenden Mutter rückhaltlos geliebt fühlen.

Im folgenden werden einige Ausschnitte aus dem Roman „Lämmer" (1993) zitiert, die zwar aus ihrem unmittelbaren Zusammenhang herausgerissen, dennoch verständlich werden (erzählt wird dabei aus der Sicht der Schwester):

„Wir sind zu dritt im Wohnzimmer. Der da herumfuchtelt, schreit, sich erregt: unser Vater, und wir, seine Schachfiguren. Uns vorzustellen hat keinen Sinn. Was wir denken, ist ihm gleichgültig; was wir tun müssen, bestimmt er.

(...)

Die Schachfiguren haben ein Geschlecht. Männlich mein älterer Bruder, und ich weiblich.

Unser Vater ist ein Geschenk, das uns die Vorsehung irrtümlicherweise aufzwang. Wir, wir sind das Ergebnis eines Rechenfehlers im Menstruationszyklus unserer Mutter.

(...)

Er gerät außer sich, ohrfeigt uns. Sein Schlag ist kraftlos geworden, er hat sich durch die Gewohnheit abgenutzt.

(...)

Die Gewalt kennt uns. Und von Tränen mochten wir nur das Salz. (...) 'Seid ihr verrückt geworden?' Sie ist hereingekommen, ohne anzuklopfen. Unsere Mutter. (...) Wir geben ihr keine Antwort. Sie würde nicht begreifen wollen. Sie hat nie den Mut gehabt, sich aufzulehnen, ihre Koffer zu packen und uns mitzunehmen. Sie ist eine Schachfigur ohne Zukunft. (...) Von ihr wissen wir, dass es die Liebe gibt. (...) Wir lieben sie für alles, was sie mit einer Geste zu geben vermag, und verachten sie dafür, sich nicht scheiden zu lassen. Eines Tages werden wir ihre Koffer packen und sie mitnehmen.

(...)

Unsere Mutter hat Angst. Sie kennt solche Szenen, die mit einem trockenen Lachen beginnen, gefolgt von einem Löffel Suppe. Unser Vater ist laut beim Essen. Wird immer lauter, ein Zeichen seiner Erregung. Ein alltäglicher Vorgang. (...) Er erhebt sich und fordert uns auf, ihm in unser Zimmer zu folgen. Eine Stunde später ist unser Zimmer leer. Er hat alles aus dem Fenster geworfen.

(...)

Wir begegnen dem Herrn Pfarrer. 'Guten Tag, meine Kinder'. Dieses Wort besagt nichts. Wir sind niemandes Kinder. Wir antworten höflich: 'Guten Tag, Herr Pfarrer.'

Er will uns über das Haar streichen. Wir weichen zurück. Seine Hand versucht noch immer, uns zu erreichen. Er verzichtet ebensowenig auf seine Autorität wie wir auf unsere Unabhängigkeit.

'Wir mögen Ihre Geste nicht, Herr Pfarrer.' Dieser Widerstand verletzt ihn, aber er lässt sich nichts anmerken.

'Habt keine Angst, ich will nur euer Bestes. Es ist eine Geste der Liebe.'

Wie das glauben? Die Gesten ähneln sich alle. Auch unser Vater fährt uns zärtlich durch die Haare, dann über den Nacken, den er immer kräftiger massiert, bis uns angst wird.

(...)

Unsere Mutter. (...) Sie spricht. Sie sieht uns nicht, dennoch richtet sich ihre Stimme an uns, sie aber weilt woanders (...). 'Euer Vater ist ein Kind, das nur mich hat, um sich seine Schwächen verbinden zu lassen. Und jene Momente, in denen ich in seinen Augen existiere, genügen mir.' (...) 'Ich habe es nicht verstanden, euch meine Liebe zu zeigen.'

'Aber du hast doch alles für uns getan.'

'Gewiss ... Ich habe die Arme für euch geöffnet, und ihr habt euch daran geklammert, aber sie waren nicht stark genug, um euch Vertrauen in eure eigenen Schritte zu geben, und ihr seid hingefallen. Als ihr wieder aufgestanden seid, ist euer Panzer so fest geworden, dass euch kein Schlag mehr verletzt und keine Träne mehr über eure Wangen läuft.'

(...) Mein ganzes Leben lang habe ich gespürt, dass meine Existenz erst bei meinem Tod einen Sinn bekommen würde, aber ich habe nie gewusst, warum, und wem es nützen könnte. Jetzt weiß ich, dass es euch gewidmet ist und dass ich euch aus der Welt, die bald die meine sein wird, wieder weinen und lieben lehren kann.'

(...)

Unser Vater ist ruhig. Er streckt beide Hände aus, viel zu weit geöffnet, um etwas entgegenzunehmen; Hände, die vorrücken und kaum zittern, sanfter als eine Gewalt, die sich versteckt.

'Gebt mir dieses Photo.'

Er wiederholt sich nicht. Erst ist es die Warnung gewesen, und jetzt die Drohung, ausgesprochen mit derselben gezügelten Ungeduld. Es sind seine Hände, die uns warnen. Sie legen sich auf unsere Köpfe. Langsam. Sie verlassen unser Haar, gleiten unseren Nacken entlang und schlängeln sich auf einem Finger zu unseren Kehlen. Dort drücken sie zu. Sie ziehen sich noch etwas zusammen (...). Wir könnten uns mit Fusstritten und Fausthieben wehren. Wir widersetzen uns durch unser Schweigen. Er spannt seine Muskeln, wir die unseren. (...) 'Hör auf!' Unsere Mutter hat sich auf ihn gestürzt.

'Hör endlich auf!'

Sie schreit und kratzt ihn. Er stösst sie heftig zurück. Sie prallt gegen die Wand. Unser Vater erstarrt. Es ist das erste Mal, dass er ihr gegenüber handgreiflich wird. Es ist auch das erste Mal, dass sie ihm dazu Anlaß gibt. Die Schachfigur revoltiert. Sie ist nicht den Hausmeister holen gegangen, sie hat uns nicht beschworen nachzugeben, sie hat gehandelt. Die Schachfigur stirbt. Es ist Zeit, ihr den Koffer zu packen und sie mitzunehmen. Unser Vater geht aus dem Zimmer. Er hat gezögert. Ein Blick zuviel auf unsere Mutter hat ihm ein Gewissen zurückgegeben. Sie, sie hat Tränen zu vergiessen. Bedauert schon, vergessen zu wollen."[35]

---

[35] CARMEL 1993, 7-95 (Auslassungen durch d. Verf.).

2.3.4. Probleme der Einordnung – Zur Bewertung inhaltlicher Dimensionen der Einführungssitzung

Im Rahmen der Betrachtung der Szene aus dem Roman „Fanny und Alexander" kommen m.E. einige der das Phänomen *Gewalt gegen Kinder* charakterisierenden Verhaltensweisen, Einstellungen und Gefühle von Erwachsenen gegenüber Kindern zum Ausdruck, wie sie in der Zeit um die Jahrhundertwende üblich gewesen sein mögen.

Bei dem Versuch einer kritischen Reflexion dieser Szene darf jedoch nicht vergessen werden, daß es sich, gemessen an den zu dieser Zeit vorherrschenden Normen und Wertvorstellungen, keineswegs um *Gewalt gegen Kinder* im heutigen Sinne gehandelt hat.

Wahrnehmbar werden in der Szene aus „Fanny und Alexander" u.a. das auf Ungleichheit aufbauende Machtverhältnis des Stiefvaters seinem vermeintlich renitenten Stiefsohn gegenüber, das vor allem auf körperlicher Gewaltausübung beruhende Erziehungs- und Bestrafungsmonopol Erwachsener (Eltern) und das aus heutiger, aus aktueller Sicht grausam und unmenschlich anmutende Verhalten des Bischof Vergerus, das jedoch, aus zeitgenössischer Sicht betrachtet, durchaus in den Bereich des üblichen Verhaltensstandards, gängiger Erziehungspraktiken und entsprechender Wertvorstellungen einzuordnen ist.

Erahnbar werden in den Beschreibungen dieser Szene zum einen Einstellungen zu Moral und Religion, zu Strafe und Autorität, zu Schuld und Verantwortung, zu Liebe und Wahrheit, zu Hilflosigkeit und Ohnmacht, zu Scham und Verletztheit, zu Demütigung und Schmerz, zu Macht und Machtlosigkeit, zu unterschiedlicher Wahrnehmung und Deutung von Sachverhalten durch Kinder und Erwachsene, zum anderen schwingen Erinnerungen an die Gefühle während der eigenen Kindheit und die damit verbundene Erziehung in den beschriebenen Verhaltensweisen des Bischof Vergerus mit.

Dieser literarischen Vorlage aus „Fanny und Alexander" (1983) können Auszüge aus dem Roman „Lämmer" (1993) gegenübergestellt werden, anhand derer aktuelle, heute beobachtbare Formen *körperlicher* und *seelischer/emotionaler Gewalt* sowie deren Wechselbeziehungen deutlich werden.

Mit dem Begriff der Gegenüberstellung wird dabei nicht die Vorstellung verbunden, die Gewaltförmigkeit innerhalb sozialer Beziehungen und aktives Gewalthandeln früherer Zeiten, die in unmittelbarer Weise sinnlich wahrnehmbar waren, mit den eher subtil wirkenden (modernen) Formen von *Gewalt gegen Kinder* zu vergleichen.

Dies bedeutete nämlich, historisch und kulturell vergleichend zu argumentieren, ein Versuch, bei dem der Gewaltbegriff als Kriterium des Vergleiches dienen soll; bei diesen Bemühungen müßte die Frage offenbleiben, ob diese verschiedenen Formen von *Gewalt* überhaupt miteinander verglichen werden könnten[36].

Während die Szene aus „Fanny und Alexander" aus heutiger Sicht grausam und unmenschlich erscheint, stellen diese Beschreibungen für Zeitgenossen gängige Lebenswirklichkeit dar, die aufgrund von traditionellen Umgangsformen zwischen den Generationen, der vor allem auf *körperlicher Gewalt* aufbauenden Autorität der Erwachsenen gegenüber Kindern und entsprechenden Wertvorstellungen legitimiert war.

Bevor solche Verhaltensweisen als soziales Elend wahrgenommen und erkannt werden konnten, mußten, wie es KEMPE und KEMPE (1980) beschreiben, „sich die Sensibilitäten und Perspektiven unseres Kulturkreises ändern"[37].

In dem Roman „Lämmer" (1993) wird in eindrucksvoller atmosphärischer Dichte ein Ausschnitt aus der Lebenssituation einer Familie mit zwei Kindern beschrieben, die durch latent vorhandene, für die Kinder spürbare Angst vor den verbalen Attacken wie physischen und psychischen Gewalttätigkeiten des Vaters gekennzeichnet ist.

Während die Kinder den körperlichen Gewalttätigkeiten und den ständig erfolgenden Beleidigungen, Drohungen, Einschüchterungsversuchen, Demütigungen und dem „alltäglichen Klima" der Ablehnung und Diffamierung von seiten des Vaters wehrlos ausgesetzt scheinen, erleben sie von seiten ihrer Mutter rückhaltlose Liebe, die jedoch besetzt ist mit der Unfähigkeit, sich gegen die erfahrenen Ungerechtigkeiten und die demonstrativ zur Schau gestellte körperliche Überlegenheit des Vaters wehren zu können.

Was an den ausgewählten Szenen dieser Romanvorlagen u.a. deutlich werden soll, ist die Beobachtung, daß sich die „Sensibilitäten und Perspektiven unseres Kulturkreises"[38] tatsächlich geändert haben: Die Beurteilungskriterien dessen,

---

[36] vgl. SOMMER 1995.
[37] KEMPE/KEMPE 1980, 11.
[38] KEMPE/KEMPE 1980, 11.

was im weitesten Sinne als *Gewalt* und *Gewalt gegen Kinder* bezeichnet werden kann, haben sich gewandelt.

Einige der wesentlichen Tendenzen dieses Wandels werden im folgenden in zusammengefaßter Form dargestellt[39]:

- Das Phänomen *Gewalt gegen Kinder* erscheint in der Geschichte der Zivilisation zwar als ein allgegenwärtiges, jedoch erst in der Gegenwart als Problem sozialer Wirklichkeit „entdecktes" Phänomen.

Über den Einfluß der insbesondere in den 70er Jahren blühenden *Gesellschaftskritik* wie auch über den der *Neuen Sozialen Protestbewegungen* der 70er und 80er Jahre (Kinderrechtsbewegung, Frauenbewegung, Friedensbewegung und Ökologiebewegung[40]) werden Fragen nach dem Verhältnis zur

---

[39] vgl. SOMMER 1996 a, 141 f.

[40] Zum Hintergrund der *Sozialen Protestbewegungen* der 70er und 80er Jahre: Die Vertreter der sogenannten *Antipädagogik* verstehen sich als die deutsche Variante der Internationalen Kinderrechtsbewegung, die wiederum auf Aktivitäten der „Children's Right Movement" Ende der 60er Jahre in den Vereinigten Staaten von Amerika begründet liegt.
In der Bundesrepublik Deutschland der 70er Jahre etablierte sich eine Form von *Gesellschaftskritik*, die beispielsweise die Kinderfeindlichkeit bzw. Menschenfeindlichkeit der bundesdeutschen Gesellschaft anprangerte
Kinderfeindlichkeit war dabei einer der Kampfbegriffe der sich seit Mitte der 70er Jahre formierenden *Kinderrechtsbewegung* in der Bundesrepublik Deutschland.
Die Anhänger der *Antipädagogik* forderten beispielsweise die „Abschaffung der Erziehung", die „Gleichberechtigung des Kindes" in gesellschaftlicher, sozialer, rechtlicher und politischer Hinsicht sowie die Veränderung bestehender Beziehungen zwischen Erwachsenen und Kindern in Richtung auf eine gleichberechtigte Kommunikation und Achtung der Eigenarten und Rechte junger Menschen (vgl. u.a. BRAUNMÜHL 1975, BRAUNMÜHL/ KUPFFER/OSTERMEYER 1976, KUPFFER 1980, SCHOENEBECK 1980, SCHOENEBECK 1982, SCHOENEBECK 1985; vgl. auch die kritischen Anmerkungen von FLITNER 1982, OELKERS/LEHMANN 1983, WINKLER 1982, WÖLFEL-SCHRAMM 1992).
Die Protestbewegungen der 70er und 80er Jahre, die *Frauenbewegung*, die *Friedensbewegung* und die *Ökologiebewegung*, stellten u.a. Fragen nach dem Verhältnis zur *Gewalt*, zur *Gewalt in zwischenmenschlichen Beziehungen* sowie zur *Gewalt gegen die Natur* in den Mittelpunkt ihrer kritischen Betrachtungen (vgl. u.a. NICKLAS 1988, RASCHKE 1988[2]).
NICKLAS (1984) geht noch einen Denkschritt weiter, wenn er in diesem Zusammenhang die Behauptung aufstellt, die neuen Protestbewegungen, deren zentrales Problem „die Neubestimmung unseres Verhältnisses zur Gewalt" (NICKLAS 1984, 241) gewesen sei, könnten als „Neubeginn eines Wertwandels in unserer Gesellschaft, als Anzeichen eines Paradigma-Wechsels" (NICKLAS 1984, 240 f.) interpretiert werden.
Im Zuge dieses Prozesses der Sensibilisierung wurde die Erkenntnis gewonnen, daß, wie NICKLAS (1984) es beschreibt, „das Gewaltpotential heute immer mehr seine sinnlich

Gewalt neu formuliert, anfangs zu Gewaltthemen in zwischenmenschlichen Beziehungen und zur Umwelt, später dann, im umfassenderen Sinne, zu Gewaltphänomenen in Gesellschaft und (internationaler) Politik.

- Über den Prozeß der *Wiederentdeckung familialer Gewalt* und der damit einhergehenden politischen Initiative zur Ent-Tabuisierung und Skandalisierung der Phänomene *Gewalt gegen Frauen* und *Gewalt gegen Kinder* wird ein oftmals als beispiellos bezeichneter Sensibilisierungsprozeß für Gewaltphänomene in Erziehung, Gesellschaft und Politik sichtbar, in dessen Zuge auch die bis dahin tabuisierten Probleme *familialer Gewalt* öffentlich diskutiert wurden.

In der Zwischenzeit wurde eine nahezu unüberschaubare Flut von (auto-)biographisch ausgerichteten Veröffentlichungen zu den Themenbereichen subjektiver Gewalterfahrungen und insbesondere zum Problem des sexuellen Mißbrauchs herausgegeben.

- Subjektiv gehaltene Berichte aus Frauenhäusern, Kinderschutzzentren und die Schilderungen von sensibilisierten Professionellen stellen qualitativ andere, in der bisher veröffentlichten wissenschaftlichen Literatur nicht oder nur in unzureichendem Maße rezipierte Quellen zur Erhellung verschiedener Phänomene *familialer Gewalt* dar[41].

- Obwohl das Problem der *körperlichen* und *seelischen/emotionalen Kindesmißhandlung* bereits um die Jahrhundertwende vereinzelt in wissenschaftli-

---

wahrnehmbare Qualität" verlöre, daß „direkte körperliche Gewalt immer mehr ersetzt wird durch subtilere, psychologisierte Formen der Gewalt" (NICKLAS 1984, 245).

Die Problembereiche *Gewalt gegen Frauen* und *Gewalt gegen Kinder* wurden von auf subjektiven Erlebnissen mit *Gewalt* aufbauenden Veröffentlichungen betroffener Frauen und Kinder in Form von Berichten aus Frauenhäusern und Kinderschutz-Zentren (vgl. u.a. ERNST/STAMPFEL 1991, JUNGJOHANN 1991, NAWRATH 1990, WINKELS/ NAW-RATH 1990) aus den bis dahin geltenden Tabuzonen befreit und öffentlich skandalisiert (vgl. u.a. HONIG 1992).

In einem zunächst die Angehörigen sozialer Berufsgruppen, später dann weite Teile der interessierten Öffentlichkeit umfassenden, oftmals als beispiellos bezeichneten Sensibilisierungsprozeß wurden die bis dahin tabuisierten Probleme *familialer Gewalt* öffentlich diskutiert.

Mit steigendem Sensibilisierungsgrad für Gewaltphänomene in Familie, Erziehung, Gesellschaft und Politik wird die Komplexität gesellschaftlicher, sozialer und politischer Einflußfaktoren in die Entwicklung multidimensionaler Erklärungsansätze von *Gewalt gegen Kinder* einbezogen.

[41] vgl. HONIG 1990 c, 354.

chen Kreisen diskutiert wurde[42], konnten die dabei gewonnenen, z.T. unsystematisch aufbereiteten Erkenntnisse nicht in eine öffentliche Diskussion einmünden.

Die Gefahr der „Verletzung des Wohles Minderjähriger (... und, Zusatz d. Verf.) die gesunde Entwicklung des Minderjährigen"[43] wurde bereits von DUENSING (1903) thematisiert und in der Folgezeit auch von modernen Autoren übernommen, „häufig allerdings, ohne diese Arbeit als Quelle zu nennen"[44].

In diesem Zusammenhang sei auch auf den allerdings beschränkten Einfluß der sogenannten *Antipädagogik* hingewiesen, die sich als deutsche Variante der Internationalen Kinderrechtsbewegung verstanden wissen will.

Eines ihrer programmatischen Ziele ist die „Abschaffung der Erziehung", die nach Meinung der *Antipädagogen* durch eine auf Gleichberechtigung aufbauende gesellschaftliche und rechtliche Stellung von Kindern und Jugendlichen ersetzt und durch einen partnerschaftlichen Umgang zwischen Erwachsenen und Heranwachsenden abgelöst werden soll.

Trotz aller berechtigten Kritik an den z.T. exzentrisch anmutenden Vorstellungen der *Antipädagogen* bleibt ihnen dennoch zumindest teilweise der Verdienst zuzuschreiben, auf Mißstände im Bereich kindlicher Lebensbedingungen hingewiesen zu haben[45].

- Der aktuelle Forschungsstand des bisher lediglich phänomenologisch bzw. philosophisch-theoretisch aufgearbeiteten Problemfeldes der *seelischen Gewalt gegen Kinder* konnte seit der Dissertation von LEVETZOW (1934) um keine wesentlichen neuen Erkenntnisse bereichert werden.

Dies liegt offensichtlich in bestehenden methodischen und methodologischen Problemen begründet; die Folgen *psychischer Gewalt* sind weder objektivierbar, noch lassen sich eindeutig als kausal zu bezeichnende Beziehungen zwischen „mißhandelten Personen" und beispielsweise psychischen Störungen von Kindern erkennen.

---

[42] vgl. z.B. die Dissertationen von DUENSING (1903) und LEVETZOW (1934) sowie „Das Jahrhundert des Kindes" von KEY (1902).
[43] DUENSING 1903, 10 f. (Auslassungen durch d. Verf.).
[44] GRIES/VOIGT 1989, 44; in diesem Zusammenhang nennen GRIES/VOIGT (1989) als „moderne" Autoren BIERMANN 1969 und TRUBE-BECKER 1982.
[45] vgl. Literatur der *Antipädagogen* wie z.B. BRAUNMÜHL/KUPFFER/OSTERMEYER 1976.

2.3.5. Zusammenfassung

Die konstituierende erste Seminar-Sitzung dient zum einen der Vorstellung konzeptioneller und dem Austausch inhaltlicher Überlegungen zum Themenbereich *Gewalt gegen Kinder/Kindesmißhandlung*, zum anderen der behutsamen Einführung der Seminarteilnehmer in die Besonderheiten von durch „Methodenpluralismus" (SOMMER) kennzeichenbaren, „kollegialen" Lern- und Arbeitsformen, in deren Rahmen „Mut zum Experimentieren, das Sich-Einlassen auf bisher ungewohnte und für manche/n vielleicht auch als ungewöhnlich zu bezeichnende Arbeitsformen, die zumindest zeitweilige Bereitschaft zu Selbsterfahrung und sich anschließendem Reflektieren über die eigenen (Gewalt-)Erfahrungen"[46] als wesentliche Voraussetzungen für den erfolgreichen Verlauf eines Einführungsseminars in den Themenbereich *Gewalt gegen Kinder/Kindesmißhandlung* angesehen werden.

Als konkreter Einstieg in die inhaltliche Diskussion bietet sich im Rahmen der ersten Seminar-Sitzung entweder die Auseinandersetzung mit den von den Teilnehmern geäußerten Assoziationen zum Begriff *Gewalt gegen Kinder/Kindesmißhandlung* an oder die Lektüre von Ausschnitten aus Romanen wie beispielsweise „Fanny und Alexander" von Ingmar BERGMAN (1983) oder „Lämmer" von Ania CARMEL (1993).

Ausgehend von diesen Aufgaben und aufbauend auf den zu erwartenden Diskussionsbeiträgen der Teilnehmenden lassen sich erste Dimensionen des komplexen Phänomens *Gewalt gegen Kinder/Kindesmißhandlung* erörtern.

2.4. Grundlagen des didaktischen Arbeitsansatzes von *Teilnehmer-* und *Prozeßorientiertheit*

Obwohl die wesentlichen Aspekte des didaktischen Arbeitsansatzes von *Teilnehmer-* und *Prozeßorientiertheit* bereits im Rahmen der konzeptionellen Überlegungen dargestellt wurden[47], wird an dieser Stelle, der besonderen Bedeutung dieser didaktischen Prinzipien für die Gestaltung, Durchführung und Auswertung einer Einführungsveranstaltung in den Themenbereich *Gewalt gegen Kinder/Kindesmißhandlung* entsprechend, eine detaillierte Beschreibung und explizit erfolgende Begründung für den Einsatz des übergeordneten Arbeitsansatzes von *Teilnehmer-* und *Prozeßorientiertheit* erfolgen.

---

[46] SOMMER 1998, 419.
[47] vgl. Kap. 2.3. des vorliegenden Einführungsbandes.

Unter *Teilnehmerorientiertheit* kann in Anlehnung an die Ausführungen von SOMMER (1998, 2000) die grundsätzliche Ausrichtung eines Seminars an den von den Teilnehmern geäußerten (Erkenntnis-)Interessen verstanden werden, wobei besonderer Wert gelegt wird auf „die Bereitschaft der Teilnehmenden (...), sich aktiv und konstruktiv am Seminargeschehen zu beteiligen (Lesen und Aufbereiten von Literatur, Erstellen von Protokollen, Erarbeiten von Inhalten, Ausarbeiten, Darstellen und Diskutieren der Arbeitsergebnisse in Kleingruppen und Plenum, Rückmeldungen zu den Referaten, Seminarkritik u.ä.), zum anderen sollten Neugierde und der 'Mut zum Experimentieren' *(Sommer)* mit Methoden und Inhalten auf Seiten der Teilnehmer herausgefordert werden"[48].

Zusätzlich zu dem Aspekt der zu ergründenden (Erkenntnis-)Interessen beinhaltet das Konzept der *Teilnehmerorientiertheit* das gezielte Eröffnen von Möglichkeiten, das auf seiten der Seminarteilnehmer auf unterschiedlichem Niveau anzusiedelnde theoretische (Vor-)Wissen und die aufgrund von Erfahrungen aus vielfältigen Feldern der praktischen Sozialen Arbeit gewonnenen Erkenntnisse in die inhaltliche, didaktische und methodische Ausrichtung der Veranstaltung einzubringen.

Mit dem Begriff *Prozeßorientiertheit* wird die Vorstellung von möglichen Entwicklungen auf Gruppen- und gruppendynamischer Ebene verbunden, „die im Zuge einer intensiven Auseinandersetzung der Seminarteilnehmer mit sie nicht nur auf wissenschaftlicher, sondern auch auf subjektiv-persönlicher Ebene betreffenden Fragestellungen"[49] aus dem Themenbereich *Gewalt gegen Kinder/ Kindesmißhandlung* zu erwarten sind.

In diesem Denkzusammenhang kommt den Aussagen von drei von SOMMER (2000) im Rahmen eines Forschungsprojektes zum Themenbereich „Gewalt gegen Kinder/Kindesmißhandlung – Didaktische Überlegungen zu Konzeption, Durchführung und Auswertung von Einführungsseminaren für Studenten der Sozialpädagogik" formulierten Hypothesen besondere Bedeutung zu, wonach

- „Einführungsveranstaltungen in den Themenbereich *Gewalt gegen Kinder/ Kindesmißhandlung* (...) Studenten der Sozialpädagogik neben einer ersten Sensibilisierung für grundlegende inhaltlich-fachliche Aspekte der auf unterschiedlichen Ebenen menschlichen (Zusammen-)Lebens beobachtbaren

---

[48] SOMMER 2000 a, 324 (Auslassungen durch d. Verf.); vgl. auch SOMMER 1998, 414 f., SOMMER 2000 b, 38 ff.
[49] SOMMER 2000 b, 39.

Gewaltproblematik vielfältige Möglichkeiten (eröffnen, Zusatz d. Verf.), Grundformen wissenschaftlichen Arbeitens zu erlernen, ihre individuell unterschiedlichen Lern- und Arbeitsstile wahrzunehmen und zu verfeinern, einführende Kenntnisse in forschungsmethodologische Fragestellungen zu gewinnen sowie didaktisch-methodische Kompetenzen (sozial-)pädagogischen Denkens und Handeln zu erwerben" (Hypothese 1);

- die „Bearbeitung (auto-)biographisch ausgerichteter und literarisch aufgearbeiteter Beiträge subjektiv von *Gewalt* Betroffener sowie das Herstellen eines *biographischen Bezugs* der Seminarteilnehmer zu inhaltlichen Schwerpunkt-Themen der Veranstaltung (...) qualitativ andere Zugangsformen zum Problembereich *Gewalt gegen Kinder/Kindesmißhandlung* eröffnet als die, die über den Weg in Lehre und Ausbildung oftmals getroffener didaktischer Entscheidungen wie auch i.w.S. von in der wissenschaftlichen Gewaltforschung angewandten Methoden der Erkenntnisgewinnung und -vermittlung begründet werden können" (Hypothese 2);

- im „Rahmen konzeptioneller Überlegungen eines explizit auf Praxisnähe ausgerichteten Studiengangs der Sozialpädagogik (...) theoretische Kenntnisse über und praktische Arbeits- und Lebenserfahrungen mit unterschiedlichen Formen von *Gewalt* und *Gewalt gegen Kinder/Kindesmißhandlung* neben der Beschäftigung mit Beiträgen aus der wissenschaftlichen Literatur den biographischen Bezug der Seminarteilnehmer nahezu heraus(fordern, Zusatz d. Verf.).

Auf theoretischer Ebene erarbeitete Inhalte erfahren über das Herstellen eines *biographischen Bezugs* der Seminarteilnehmer grundlegende Bedeutung für das Aufbauen eines tiefergehenden Verständnisses von Phänomenen *körperlicher, seelischer* und *alltäglicher Gewalt*"[50] (Hypothese 3).

Einführungsveranstaltungen in den Themenbereich *Gewalt gegen Kinder/Kindesmißhandlung* eröffnen den Seminarteilnehmern demnach unter Beachtung von Grundzügen des didaktischen Arbeitsansatzes von *Teilnehmer-* und *Prozeßorientiertheit* Möglichkeiten, aufbauend auf und ausgehend von dem eigenen subjektiv-biographischen und berufsbiographischen Hintergrund Ansätze für ein umfassendes Verständnis von *Gewalt* und *Gewalt gegen Kinder* zu entwickeln, mit dessen Hilfe qualitativ andere Zugangsformen zu dem Themenbereich *Ge-*

---

[50] SOMMER 2000 b, 24 (Auslassungen durch d. Verf.).

walt gegen Kinder/Kindesmißhandlung möglich werden als über den Weg als „traditionell-wissenschaftlich" bezeichenbarer (Vermittlungs-)Methoden.

Spätestens an dieser Stelle wird deutlich, daß dieser didaktische Arbeitsansatz im Bereich der Erwachsenenbildung anzusiedeln ist. Dabei scheint es nicht von wesentlicher Bedeutung zu sein, ob die Veranstaltung im Rahmen einer (Fach-) Hochschule oder als Fort- und Weiterbildungsveranstaltung angeboten wird, eine bedeutsame Voraussetzung für das Gelingen einer derart konzipierten Veranstaltung besteht vielmehr darin, daß die Seminarteilnehmer zumindest in Ansätzen vorhandene Fähigkeiten entdecken, das eigene Wissen, die eigenen Lebens- und Arbeitserfahrungen, Erinnerungen an die eigene Kindheit und Erziehung wie auch ihr Verhalten als Erwachsene in sozialen und kommunikativen Zusammenhängen (selbst-)kritisch reflektieren zu können.

Wie bereits im Rahmen der „Seminar-Ankündigung" beschrieben, baut eine Veranstaltung auf der Grundlage von *Teilnehmer-* und *Prozeßorientiertheit* vor allem auf der aktiven und konstruktiven Mitarbeit der Teilnehmer auf, die mit über die Fragen zu bestimmen haben, welche inhaltlichen Schwerpunkte bearbeitet und welche methodischen Zugangsweisen gewählt werden.

Diese Veranstaltung ist nicht als Vorlesung bzw. „Einbahnstraßen"-Veranstaltung angelegt, in deren Rahmen der Veranstaltungsleiter größtenteils Wissen in Form von Vorträgen und Referaten zu vermitteln sucht, sondern als Seminar, in dessen Zuge grundlegende Erkenntnisse gemeinsam erarbeitet werden.

Daß dieses Vorgehen zu Lasten eines breit angelegten Überblickes über den Themenbereich *Gewalt gegen Kinder/Kindesmißhandlung* gehen muß, gleichzeitig aber zugunsten einer intensiven Diskussion, zu einer tiefgehende Dimensionen des Problems einschließenden Bearbeitung führen kann, wird aufgrund der angestellten Überlegungen nachvollziehbar sein[51].

---

[51] Wer sich einen Überblick über die vielfältigen Dimensionen von *Gewalt* und ihrer Ausdrucksformen wie auch von Erklärungsversuchen, Interventions- und Präventionsmaßnahmen unterschiedlicher Wissenschaftsdisziplinen verschaffen möchte, der sei u.a. auf die Veröffentlichungen der sogenannten „Gewaltkommission" (vgl. SCHWIND/BAUMANN 1990) verwiesen.
vgl. in diesem Zusammenhang u.a. auch BERNECKER/MERTEN/WOLFF 1982, BUJOK-HOHENAUER 1982, RAUCHFLEISCH 1992, SOMMER 1996 b.

2.5. Zusammenfassung

Ein Einführungsseminar in den Themenbereich *Gewalt gegen Kinder/Kindesmißhandlung* eröffnet Veranstaltungsteilnehmern und Veranstaltungsleiter Möglichkeiten, Lehr-, Handlungs- und Lernziele in Hinblick auf inhaltliche, methodische und didaktische Aspekte wie auch in Hinblick auf das Erlernen und Anwenden wissenschaftlichen Denkens und Handelns zu realisieren.

Im Rahmen von konzeptionellen Überlegungen für die Planung einer Einführungsveranstaltung in den Themenbereich *Gewalt gegen Kinder/Kindesmißhandlung* werden Perspektiven aufgezeigt, Lernbereiche mit unterschiedlichen inhaltlichen Schwerpunkten in als notwendig und sinnvoll erachteter Weise miteinander in Verbindung zu bringen: „Die grundlegende Sensibilisierung für fachlich-inhaltliche Aspekte des Problembereiches *Gewalt gegen Kinder/Kindesmißhandlung*" (Lernbereich 1), das „Wahrnehmen und Verfeinern der individuell unterschiedlichen Lern- und Arbeitsstile der Seminarteilnehmer/innen" (Lernbereich 2), das „Erlernen von Grundformen und Anwenden von Grundtechniken wissenschaftlichen Arbeitens" (Lernbereich 3), das „Gewinnen von einführenden Kenntnissen in forschungsmethodologische Fragestellungen" (Lernbereich 4) und der „Erwerb von didaktisch-methodischen Kompetenzen" (Lernbereich 5)[52].

Unabdingbare Voraussetzung für die Formulierung konkreter Lernziele stellt die gemeinsam erfolgende, inhaltliche Auseinandersetzung der Seminarteilnehmer und des Veranstaltungsleiters über die Auswahl möglicher Schwerpunkt-Themen dieser Veranstaltung, über die Wahl methodischer Zugangsformen und das Abstimmen der gegenseitigen Erwartungen dar.

Von didaktisch-konzeptioneller Seite aus bestehen neben anderen die beiden folgenden Möglichkeiten, die Seminarteilnehmer zu der Äußerung ihrer Interessen und Vorstellungen hinsichtlich Verlauf und Inhalt der Veranstaltung *Gewalt gegen Kinder/Kindesmißhandlung* zu bewegen: Je nach bereits vorhandenem Sensibilisierungsgrad für die Wahrnehmung von z.T. subtil wirkenden Gewaltphänomenen, je nach ausgeprägtem Maß an Bewußtheit über die Möglichkeiten der Einflußnahme auf inhaltliche wie methodische Dimensionen betreffende Abläufe des Seminars kann der eher als „offen" denn von der Planung her als „geschlossen" zu bezeichnende methodische Zugang gewählt werden, in dessen Rahmen die Teilnehmer ihre Assoziationen zum Themenbereich *Gewalt gegen*

---

[52] vgl. Kap. 2.2. des vorliegenden Einführungsbandes.

Kinder zum Ausgangspunkt ihrer Überlegungen wählen[53]; ein anderer, didaktisch eher als „(an-)geleitet" bezeichenbarer Zugang zu dem komplexen Phänomen *Gewalt gegen Kinder/Kindesmißhandlung*, der gleichsam in die unterschiedlichen inhaltlichen Ebenen des Phänomens als solche wie auch in die verschiedenartigen Möglichkeiten der Betrachtung einführt, besteht in der Lektüre und Bearbeitung eines Textauszugs aus BERGMANs „Fanny und Alexander" (1983) unter vorgegebenen Fragestellungen.

Beide Ansätze dienen letztendlich dazu, am Ende der einführenden ersten Seminar-Sitzung zu der von den Teilnehmern wie von dem Veranstaltungsleiter gleichermaßen getragenen Entscheidung zu gelangen, die inhaltlichen Schwerpunkte (und damit eng verbunden die methodischen Zugangsformen) unter Berücksichtigung gemeinsam formulierter Zielsetzungen für den weiteren Verlauf des Einführungsseminars *Gewalt gegen Kinder/Kindesmißhandlung* zu bestimmen.

Bereits in der einführenden Sitzung werden Elemente deutlich, die auf *Teilnehmer-* und *Prozeßorientiertheit* als grundlegende didaktische Prinzipien hinweisen: Die Seminarteilnehmer sind von der ersten Sitzung an (auf-)gefordert, ihre Interessen an Schwerpunkt-Themen zu äußern, sich konstruktiv in die Prozesse um Auswahl der Inhalte, Bestimmung der Handlungs- und Lernziele wie um die Ausarbeitung methodischer Zugangsweisen einzubringen, sich auf diese Weise letztendlich als selbstbestimmt und eigenverantwortlich auftretende Teilnehmer Möglichkeiten zu eröffnen, ihre jeweils individuell unterschiedlichen Formen aktiven akademischen bzw. nicht-akademischen Lernens zu praktizieren.

---

[53] In diesem Zusammenhang ist nicht nur das „freie Assoziieren" von Bedeutung, sondern auch die Bearbeitung von Fragen im Rahmen eines sogenannten „Selbsterhebungsbogens", mit dessen Hilfe das Vorwissen und die Vorerfahrungen der Seminarteilnehmer zu dem Themenbereich *Gewalt gegen Kinder/Kindesmißhandlung* erhoben werden können.

3. *Gewalt gegen Kinder* – Zur Einführung in den Themenbereich

3.1. Einführung

Obwohl in Veranstaltungen der Aus-, Fort- und Weiterbildung sozialer Berufsgruppen von jeweils unterschiedlicher Teilnehmerschaft und dementsprechend vielfältig vorhandenen Interessen und Bedürfnissen auszugehen ist, obwohl zudem Uneinheitlichkeit hinsichtlich des Standes von absehbarem (Vor-)Wissen und (Vor-)Erfahrungen der Seminarteilnehmer zum Problembereich *Gewalt gegen Kinder/Kindesmißhandlung* zu erwarten ist, obwohl von der Tatsache der der Teilnehmerzahl entsprechend sich individuell unterscheidenden Lern- und Arbeitsstilen der einzelnen Seminarteilnehmer auszugehen ist, kann ein Katalog von Mindestkriterien aufgestellt werden, der als Grundlagen-Wissen hinsichtlich der Auswahl und Bearbeitung inhaltlicher Schwerpunkte, aber auch hinsichtlich der Wahl der jeweiligen methodischen Zugangsformen dienen kann.

Sowohl über den methodischen Weg der „offenen" Frage, welche Assoziationen die Seminarteilnehmer mit den Begriffen *Gewalt gegen Kinder* und *Kindesmißhandlung* verbänden, wie auch über den eher als „(an-)geleitet" bezeichenbaren Weg der Lektüre eines Auszuges aus BERGMANs „Fanny und Alexander" (1983)[54] können Schwerpunkt-Themen als zentrale Interessen der Teilnehmer formuliert werden, die beispielsweise folgende Themen umfassen:

- Ausdrucksformen von *Gewalt* und *Gewalt gegen Kinder*
- Typologisierungsversuche von *Gewalt* und *Gewalt gegen Kinder*
- Ergebnisse (sozial-)wissenschaftlicher Gewaltforschung
- wissenschaftliche Erklärungsansätze von *Gewalt gegen Kinder* und *Kindesmißhandlung*
- *Gewalt in der Erziehung*
- *psychische Gewalt gegen Kinder*
- charakteristische Züge in der Biographie von „Opfern" und „Tätern"
- Interventionsmöglichkeiten

---

[54] vgl. Kap. 2.3. des vorliegenden Einführungsbandes.

Die Komplexität des Phänomens *Gewalt gegen Kinder/Kindesmißhandlung* wie auch die beobachtbaren gegenseitigen Wechselwirkungen von (sozial-)geschichtlichen, gesellschaftlichen und politischen Entwicklungen, von sich verändernden (wissenschafts-)theoretischen Erkenntnisinteressen und sich fortschreitend entwickelnder forschungsmethodologisch differenzierter Zugangsformen zu Problemen aus der sozialen Lebenswirklichkeit können ein Einführungsseminar *Gewalt gegen Kinder/Kindesmißhandlung*, Teilnehmer und Veranstaltungsleiter gleichermaßen, vor die für den weiteren Veranstaltungsverlauf und -erfolg richtungsweisende Entscheidung stellen, welche der benannten Interessensschwerpunkte im einzelnen bearbeitet werden sollen.

Als Grundlagen für die Entwicklung eines tiefergehenden Verständnisses von *Gewalt gegen Kinder/Kindesmißhandlung* sowie der auf unterschiedlichen Ebenen beobachtbaren Abhängigkeiten und Wechselbeziehungen können folgende Themenbereiche als notwendige und sinnvolle, somit als grundlegende Seminar-Themen ausgewählt werden[55]:

- Ausdrucksformen und Typologisierungsversuche von *Gewalt* und *Gewalt gegen Kinder*

- wissenschaftliche Erklärungsansätze von *Gewalt gegen Kinder* und *Kindesmißhandlung*

- *Gewalt in der Erziehung*

- *psychische Gewalt gegen Kinder*

Um diese m.E. für die Entwicklung eines tiefgehenden Verständnisses von *Gewalt gegen Kinder/Kindesmißhandlung* notwendigerweise zu bearbeitenden Themenstellungen im Seminar in sinnvoller Weise abhandeln zu können, bedarf es in bezug auf den zeitlichen Umfang der Fortbildung außerhalb der Einführungssitzung mindestens sieben weiterer dreistündiger Veranstaltungsfolgen; zudem muß von konzeptionell-organisatorischer Seite aus die Bereitschaft der Teilnehmer sichergestellt sein, Arbeitsaufträge außerhalb der Seminar-Sitzung auszuführen, die beispielsweise das Lesen und Aufbereiten von Auszügen aus der wissenschaftlichen und populärwissenschaftlichen, aber auch der belletristischen Literatur umfassen, Arbeitsaufträge, deren gewissenhafte Ausführung wiederum die wesentliche Voraussetzung für eine konstruktive Zusammenarbeit innerhalb des Seminars darstellt.

---

[55] vgl. SOMMER 1998, 416.

Auf der Grundlage dieser Überlegungen kann davon ausgegangen werden, daß ein zeitlicher Rahmen von 24 Stunden (d.h. acht Seminar-Einheiten mit drei jeweils 45-minütigen Sitzungen) vonnöten ist, sollte die Zielsetzung auch nur annähernd realisiert werden (können), eine erste Sensibilisierung der Teilnehmer für den Themenbereich erreichen und erste Schritte zum Erwerben von Grundlagen-Wissen über das Phänomen *Gewalt gegen Kinder/Kindesmißhandlung* beschreiten zu können.

3.2. Inhaltliche Schwerpunkte und didaktische Arbeitsmaterialien

Auch wenn das folgende Vorgehen auf den ersten Blick betrachtet als umständlich anmuten mag, wird das Bemühen um eine möglichst systematische Darstellung von inhaltlichen Dimensionen, methodischen Zugangsformen sowie didaktischen Grundsatzüberlegungen zu jeder einzelnen Seminar-Folge in Form der Gliederungspunkte (1) Einführung, (2) Didaktische Arbeitsmaterialien und (3) Zusammenfassung und Einordnung der Ergebnisse ausgearbeitet[56].

3.2.1. Die zweite Seminar-Sitzung „Definitionen und Ausdrucksformen von *Gewalt* und *Gewalt gegen Kinder*"

3.2.1.1. Einführung

Im Mittelpunkt der zweiten dreistündigen Seminar-Sitzung steht die gedankliche Auseinandersetzung mit „Ausdrucksformen und Typologisierungsversuchen von *Gewalt* und *Gewalt gegen Kinder*".

Um einen ersten, sich auf wissenschaftlichen Grundlagen berufenden Diskurs über den Themenbereich *Gewalt gegen Kinder/Kindesmißhandlung* ermöglichen zu können, wird zum einen auf die Lektüre des Textauszuges von BERGMANs „Fanny und Alexander" (1983) zurückgegriffen, zum anderen werden didaktisch

---

[56] Für einen potentiellen Leiter von Aus-, Fort- oder Weiterbildungsveranstaltungen in den Themenbereich *Gewalt gegen Kinder/Kindesmißhandlung* bietet dieses Vorgehen nicht zu unterschätzende Vorteile: zum einen wird eingeführt in die jeweilige Seminar-Folge, zum zweiten werden didaktische Arbeitsmaterialien im Zusammenhang dargestellt, zum dritten findet zumindest ansatzweise eine (selbst-)kritische Reflexion des gewählten Arbeitsansatzes in Verbindung mit dem jeweiligen inhaltlichen Schwerpunkt statt.

Für diejenigen, die weder als Leiter noch als Teilnehmer in ein Einführungsseminar *Gewalt gegen Kinder* einbezogen sind, sondern als am Themenbereich bzw. an dem gewählten didaktischen Ansatz interessierte Einzelpersonen, sei angemerkt, daß sie die didaktischen Arbeitsmaterialien auch als „Aufforderung" zum Selbststudium ansehen können.

aufbereitete Arbeitsmaterialien zu den Themenbereichen „Definitionen von *Gewalt* und *Gewalt gegen Kinder*" wie auch „Ausdrucksformen von *Gewalt* und *Gewalt gegen Kinder*" ausgearbeitet und der Lerngruppe mit Arbeitsaufträgen versehen zur Verfügung gestellt.

Im Rahmen des Arbeitspapiers 2 werden demnach drei unterschiedliche methodische Verfahrensweisen angewendet: zum einen „Lektüre wissenschaftlicher Literatur unter vorab formulierten Fragestellungen (wissenschaftlicher Aspekt), zum zweiten Lektüre von Auszügen literarischer Texte und (auto-)biographischer Schriften und zum dritten die Frage nach eigenen Erfahrungen und Erlebnissen mit den jeweils beschriebenen Gewaltformen (biographischer Aspekt, Selbsterfahrungsaspekt)"[57].

Diese in dem vorliegenden didaktischen Arbeitsansatz gewählte Verbindung unterschiedlicher, qualitative Momente betreffender Zugangsweisen zum Themenbereich *Gewalt gegen Kinder/Kindesmißhandlung* kann sich im Verlaufe des Einführungsseminars als sinnvolle und dem Gegenstand angemessene Alternative zu „traditionell"-wissenschaftlichem Vorgehen erweisen[58].

---

[57] SOMMER 1998, 416.
[58] Die Bezeichnung „traditionell"-wissenschaftliches Vorgehen soll in diesem Zusammenhang als Gegensatz zu qualitativen Methoden der Sozialforschung gesehen werden. Die unterschiedlichen Phänomene aus dem Bereich *Gewalt gegen Kinder/Kindesmißhandlung* lassen sich mit Hilfe ausschließlich quantitativer Methoden nicht bzw. nicht in ausreichendem Maße erforschen. Hinsichtlich der Probleme *seelischer Gewalt gegen Kinder* und *alltäglicher Gewalt gegen Kinder* bieten sich biographische Forschungsmethoden an, die i.w.S. der Methodik Qualitativer Sozialforschung entlehnt sind (vgl. dazu u.a. SOMMER 1996 a, 129 ff.).

3.2.1.2. Didaktische Arbeitsmaterialien – Arbeitspapier 2: „Definitionen und Ausdrucksformen von *Gewalt* und *Gewalt gegen Kinder*"

Aus-, Fort- und Weiterbildungsveranstaltung
Gewalt gegen Kinder/Kindesmißhandlung
Dr. B. Sommer

Arbeitspapier 2
zu den Themenbereichen
„Definitionen von *Gewalt* und *Gewalt gegen Kinder*"
„Ausdrucksformen von *Gewalt* und *Gewalt gegen Kinder*"

Arbeitsauftrag:
Bearbeiten Sie das Arbeitspapier 2 unter folgenden Fragestellungen:
- Welche Aspekte der beschriebenen Begriffsbestimmungen von *Gewalt* und *Gewalt gegen Kinder* scheinen Ihnen besonders bedeutsam zu sein?
- Läßt sich Ihrer Meinung nach aufgrund der vorgenommenen Begriffsbestimmungen und der in der einschlägigen Literatur vorfindlichen Ausdrucksformen eine Typologie von *Gewalt* und *Gewalt gegen Kinder* ableiten?
  Wenn ja, welche Dimensionen könnte diese Typologie beinhalten?
- Welche Aspekte muß Ihrer Meinung nach eine Sie zufriedenstellende Begriffsbestimmung von *Gewalt gegen Kinder* umfassen?

(1) Begriffsbestimmungen von *Gewalt*
Nach MEYERs Enzyklopädischem Lexikon (1980) bedeutet *Gewalt*
„1. Macht, Befugnis, das Recht und die Mittel, über jemanden, etwas zu bestimmen, zu herrschen (...).
2. a) unrechtmäßiges Vorgehen, wodurch man jemanden zu etwas zwingt (...).
   b) gegen jemanden, etwas rücksichtslos angewendete physische Kraft, mit der man etwas erreicht (...).
3. elementare Kräfte von zwingender Wirkung: die Gewalt des Sturms, der Wellen (...)"[59].

In MEYERs Großem Universal-Lexikon (1982) läßt sich unter dem Begriff *Gewalt* u.a. folgendes finden:

---

[59] MEYERs Enzyklopädisches Lexikon Bd. 31, Mannheim, Wien, Zürich 1980, 1027 (Auslassungen durch d. Verf.; Abkürzungen wurden ausgeschrieben).

„ ... im deutschen Sprachgebrauch Bezeichnung sowohl für die (zerstörende) Gewalttätigkeit ('vis violentia') als auch für die (ordnende) Macht im Sinne von Herrschaftsbefugnis ('potestas', 'imperium')"[60].

In der Brockhaus Enzyklopädie (1989) wird unter *Gewalt* die „Anwendung von physischen und psychischem Zwang gegenüber Menschen" verstanden; dabei umfaßt *Gewalt*
„1) die rohe, gegen Sitte und Recht verstoßende Einwirkung auf Personen (lat. violentia),
2) das Durchsetzungsvermögen in Macht- und Herrschaftsbeziehungen (lat. potestas).

Während z.B. das Englische (violence/power) und das Französische (violence/pouvoir) der sprachlichen Unterscheidung des Lateinischen folgen, vereinigt das Deutsche beide Aspekte. Die Schwierigkeiten im deutschen Sprachgebrauch liegen besonders in der vielfältigen Möglichkeit von Wortzusammensetzungen mit dem Begriff Gewalt: dadurch werden grundlegende Unterschiede zwischen staatlicher Machtbefugnis und Amtsausübung einerseits und über sie hinausgehender Gewalt-Herrschaft und individueller Gewalttätigkeit andererseits verwischt"[61].

In dem Politik-Lexikon von HOLTMANN (1991) wird unter *Gewalt* die „Anwendung physischen und/oder psychischen Zwanges gegenüber Personen mit dem Ziel (verstanden, Zusatz d. Verf.), diesen Schaden zuzufügen oder ihnen gegenüber den eigenen Willen durchzusetzen, insbesondere um andere der eigenen Herrschaft zu unterwerfen, bzw. sich selbst einem solchen Fremdanspruch zu entziehen"[62].

In dem von LIPPERT und WACHTLER (1988) herausgegebenen „Handwörterbuch Frieden" unternimmt NARR den Versuch, das Phänomen *Gewalt* zu typologisieren. Die von ihm dabei getroffene Unterscheidung der verschiedenen Gewalt-Arten besitze nach seinen Aussagen „analytischen Sinn, sie darf aber nicht eine Sekunde lang als 'die' Wirklichkeit selber mißverstanden werden"[63].

---

[60] MEYERs Großes Universal-Lexikon Bd. 5, Mannheim, Wien, Zürich 1982, 567 (Auslassungen durch den Verf.; Abkürzungen wurden ausgeschrieben).
[61] Brockhaus Enzyklopädie Bd. 8, Mannheim 1989, 453 (Auslassungen durch den Verf.; Abkürzungen wurden ausgeschrieben).
Bei weitergehendem Interesse hinsichtlich der Schwierigkeiten von Begriffsbestimmungen von *Gewalt* vgl. u.a. FORSCHNER 1985, FRINDTE 1993, NEIDHARDT 1986, NICKLAS 1984, RÖTTGERS 1974.
[62] HOLTMANN 1991, 214.
[63] NARR 1988, 166.

NARR (1988) unterscheidet zwischen *physischer Gewalt* (als unmittelbar sinnlich erfahr- und faßbarer Form von *Gewalt*), *psychischer Gewalt* (als schwer oder nicht eindeutig faßbarer Form von *Gewalt*), *ökonomischer Gewalt* (im Sinne von sozialer Ungerechtigkeit) und *bürokratisch-technischer Gewalt* (im Sinne einer Bürokratisierung aller Lebensbereiche)[64].

GALTUNG (1975) unterscheidet in seiner „Typologie der Gewalt" u.a. zwischen *physischer* und *psychischer Gewalt*, zwischen *personaler* oder *direkter Gewalt* (mit handelndem, Gewalt ausübendem Subjekt) und *struktureller* oder *indirekter Gewalt* (system-immanent, ungleiche Machtverhältnisse und ungleiche Lebenschancen)[65].

(2) Begriffsbestimmungen von *Gewalt gegen Kinder*
In Anlehnung an WITTENHAGEN/WOLFF (1980) kann unter *Gewalt gegen Kinder* in Abgrenzung zu Unfällen als nicht zufällig bezeichenbare, bewußte oder unbewußte, das körperliche und/oder seelische Wohlergehen von Kindern in Familien und/oder Institutionen (z.B. Kindergarten, Schule, Heime) beeinträchtigende gewaltsame Handlungen oder Unterlassungen verstanden werden, die zu Verletzungen und Entwicklungshemmungen führen sowie die Rechte von Kindern verletzen können[66].
Einen Typologisierungsversuch von *Gewalt gegen Kinder* unternimmt ENGFER (1986), wobei sie die Unterscheidung trifft in „körperliche Mißhandlung ('child abuse')", „Vernachlässigung ('neglect')", „psychische Mißhandlung ('emotional abuse')" und „sexuellen Mißbrauch ('sexual abuse')"[67].

(3) Erscheinungsformen von *Gewalt gegen Kinder*
Gewalt aus der Sicht von Kindern und Jugendlichen – Ausgewählte Beispiele von Kinderbriefen zum Schreib-Wettbewerb „Gewalt überall"
Die Redaktion der Gewerkschaftszeitung METALL hat im Jahre 1992 zu einem Schreib-Wettbewerb zu dem Thema „Gewalt überall" aufgerufen, in dessen Rahmen Kinder zwischen acht und vierzehn Jahren Beiträge einsenden konnten. RUSCH, die eine Auswahl dieser Beiträge im Jahre 1993 veröffentlichte[68], schreibt in der Einleitung u.a., wer „die Kinderbriefe gelesen hat, versteht vielleicht besser als nach mancher wissenschaftlichen Untersuchung oder Analyse, wo die Wurzeln der zunehmenden Gewaltbereitschaft und Gewalttätigkeit zu finden" seien.

---

[64] vgl. NARR 1988, 158-175.
[65] vgl. GALTUNG 1975.
[66] vgl. WITTENHAGEN/WOLFF 1980, 7.
[67] ENGFER 1986, 10 ff.
[68] vgl. RUSCH, R. (Hrsg.), Gewalt. Kinder schreiben über Erlebnisse, Ängste und Auswege. Frankfurt/Main 1993.

Dabei kämen Kinder „gewöhnlich nur selten selbst zu Wort. (...) Die Schreibwettbewerbe der Zeitung sind der Versuch, Kindern Gehör zu verschaffen"[69].

In ihren Beiträgen erweisen sich die Kinder in der Lage, Gewaltphänomene des Alltagslebens z.T. sehr genau beschreiben zu können. Es werden u.a. die Bereiche Schule, Straßenverkehr, Fernsehen und Video, *Gewalt* im Krieg, *Gewalt* gegen Ausländer, *Gewalt* gegen Behinderte und gegen vermeintlich Schwächere, *Gewalt* gegen Umwelt und Natur, aber auch *Gewalt in der Familie* thematisiert.

Unter der Überschrift „Mir tat das Auge weh" schreibt der achtjährige Markus Vöse[70]:
„Gewalt ist nicht schön. Gewalt ist böse. Ich finde Gewalt schrecklich. Einmal wollten Stefan, Hendrik und ich nach Hause gehen. Aber da kam Christof mit seinen beiden Freunden. Einer von denen hob eine Eichel auf und warf sie Hendrik an den Hals. Nach einer Weile warf er mir eine Eichel ins Auge. Naja, mir tat das Auge weh. Und da wurde ich wütend und gab es ihm wieder."

Der zehnjährige Patrick Vitt beschreibt eine kurze Szene aus seiner Begegnung mit *Gewalt* unter dem Titel „Der Weg ist gefährlich"[71]:
„Gewalt ist sehr schlimm. Ich habe es schon einmal erlebt. Bei uns ist ein Weg, der kürzt einen längeren Weg ab. Aber er ist gefährlich. Ich bin einmal da durchgegangen, weil ich es eilig hatte. Plötzlich war ein Mann gekommen. Dann ist er wieder weggerannt. Nach ein paar Sekunden ist er wiedergekommen. Ich habe gar nicht mehr gewußt, was los war. Es hatte so ausgesehen, als ob er mich was fragen wollte. Plötzlich schlug er mir an den Arm, nahm meine Uhr und lief weg."

Der achtjährige Paul Hrapek schildert eine Gewaltszene aus der Schule, überschrieben mit dem Titel „Ich hasse Gewalt"[72]:
„Manche Kinder haben Taschenmesser und Gaspistolen. Ein Junge aus der 4. Klasse hat mit der Gaspistole auf einen Erstklässler geschossen. Dem Erstklässler haben die Augen gebrannt. Zum Glück konnte er noch sehen!
Die Viertklässler drohen den jüngeren Kindern mit den Messern und wollen Geld. Wenn die Jüngeren das Geld nicht geben, schlagen die Viertklässler sie zusammen.
Ich hasse Gewalt."

---

[69] RUSCH 1993 a, 21 (Auslassungen durch d, Verf.).
[70] In: RUSCH 1993 a, 44.
[71] In: RUSCH 1993 a, 31.
[72] In: RUSCH 1993 a, 65.

Auch auf das Problemfeld *Gewalt gegen Ausländer* wird eingegangen. So erzählt die neunjährige Desiree Wolter von einem Klassenkameraden „Er wird immer verprügelt"[73]:
„Vor einem Jahr haben wir einen neuen Klassenkameraden bekommen. Er war Ausländer. Er hatte eine Klasse noch mal machen müssen.
Bloß, weil er nicht gut ist, wird er auch heute immer noch verprügelt. Die das machen, gehen eine Klasse höher. Er bekommt andauernd einen Stempel, auf dem steht, daß er die Hausaufgaben nicht gemacht hat. Und schnell genug ist er auch nicht. Und in der Pause hat er meistens niemanden zum Spielen.
Das ist Gewalt in der Schule."

Die zwölfjährige Tanja Schöpper beantwortet die von ihr selbst aufgeworfene Frage „Was ist Gewalt?"[74] folgendermaßen:
„Wenn man sich prügelt, weil man sich uneinig ist, wenn man sich das Zeug kaputt macht, dann ist das Gewalt. Es kommt dazu, indem man sich gegenseitig ärgert, an den Haaren zieht, sich streitet oder Lügen über den anderen erzählt."

Während es für die neunjährige Dana Ralf *Gewalt* darstellt, „wenn ich gezwungen werde, etwas zu tun, was ich nicht will"[75], so stellt die dreizehnjährige Kathleen Alisch *Gewalt* in einen umfassenderen Zusammenhang, wenn sie unter dem Titel „Wer will schon anders sein?"[76] folgendes schreibt:
„Ich hatte noch keine Erfahrungen mit körperlicher Gewalt – und das ist auch gut so. Aber es ist sehr oft so, daß viele einfach Angst haben, sich gegen die allgemeine Meinung zu stellen. Auch, wenn man recht hat. Da ordnet man sich eben einfach unter. Ich kenne eine ganze Menge Kinder in meinem Alter, die so sind. Das finde ich furchtbar.
Es wird viel seelische Gewalt auf Kinder ausgeübt, die anders sind und sich nicht anpassen wollen. Wegen ihrer Sprache, ihrer Kleidung und ihrer Ausstrahlung. Die Ausdrücke und Gemeinheiten sind meist ganz furchtbar und schmerzlich. Manchmal werden sie verprügelt.
Ich kann mir einfach nicht vorstellen, warum man so etwas macht. Ich versuche, Gewalt zu vermeiden, indem ich immer ich bleibe und versuche, die anderen zu überzeugen. Aber eigentlich müßten sie es von alleine einsehen. Genauso wehre ich mich auch. Ich halte nichts von Karate usw., weil es so brutal ist. Damit kann man sich auch nicht gegen körperliche Gewalt schützen."

---

[73] In: RUSCH 1993 a, 50.
[74] In: RUSCH 1993 a, 90.
[75] In: RUSCH 1993 a, 28.
[76] In: RUSCH 1993 a, 67 f.

Und schließlich kommt der zwölfjährige Clemens Seifert in seinem Beitrag zu dem Schluß, „Ein blauer Fleck heilt wieder"[77]:

„Seelische Gewalt ist in meiner Sicht die schlimmere Gewalt, denn sie hinterläßt mehr als nur einen blauen Fleck oder eine Prellung. Diese Gewalt hinterläßt Spuren, im schlimmsten Fall Selbstmord. Der Normalfall ist, daß sich ein Betroffener seelisch zurückzieht, so daß man vielleicht echten Freunden keine Chance mehr gibt. Und es ist ein lustloses Dasein, das sich gegen alles und jeden abschirmt."

Die elfjährige Vanessa Renner beschäftigt sich in ihrem Beitrag „Fragen, Fragen, Fragen" in fast schon als philosophisch zu bezeichnender Weise mit dem Themenbereich *Gewalt*.
In ihrer Geschichte beschreibt die Autorin das Vorhaben eines Mädchens namens Katrin, die, ausgehend von einem Gespräch zwischen den Eltern über das Ausmaß von *Gewalt*, in der Schule und in der Nachbarschaft verschiedene Menschen befragte, was sie unter *Gewalt* verstünden.
In diesem Zusammenhang beschreibt Vanessa Renner die folgende Szene[78]:
„Am Abend legte sich Katrin unzufrieden ins Bett. Als die Mutter kam, sagte sie: 'Du wolltest doch noch etwas mit mir besprechen!' Und so erzählte Katrin ihr alles, von der Frage beim Frühstück bis zu den Fragen an die vielen Leute.
Die Mutter sagte: 'Ich werde versuchen, es dir zu erklären. Also: Gewalt kann vieles sein und deswegen ist es leicht, viele Arten von Gewalt aufzuzählen. Schwieriger ist es, sie zu beschreiben. Gewalt ist nicht unbedingt etwas Bösartiges. Und man wird nie gewalttätig, ohne einen Grund zu haben. Wenn jemand gewalttätig wird, ist er in einer Situation, aus der er sich nicht anders herauszuhelfen weiß.' Katrin fragte: 'Und was kann man dagegen tun? Wie findet man einen Ausweg?'
'Am besten ist es, dann gleich mit jemandem über sein Problem zu reden und es gar nicht erst zu groß werden zu lassen', meinte die Mutter. Katrin hatte noch eine Frage: 'Du hast doch gesagt, daß es immer mehr Gewalt gibt. Warum?' Die Mutter antwortete: 'Ich weiß nicht, ob es immer mehr Gewalt gibt. Manchmal sagt man das aus der Bestürzung heraus. Gewalt gab und gibt es schon immer, aber ich denke, in geringem Maße vermehrt sie sich doch. Etwas erscheint mir besonders wichtig: Gewalt ist nie ohne Grund!'"

---

[77] In: RUSCH 1993 a, 86.
[78] In: RUSCH 1993 a, 103.

3.2.1.3. Zusammenfassung und Einordnung der Ergebnisse

Während im Rahmen der ersten Seminar-Sitzung inhaltlich in das Thema *Gewalt gegen Kinder/Kindesmißhandlung* mit einem Auszug aus dem Roman „Fanny und Alexander" von Ingmar BERGMAN (1983) eingeführt wird, damit die Seminarteilnehmer u.a. zur Formulierung ihrer subjektiven Bewertungs- und Beurteilungskriterien von *Gewalt* und *Gewalt gegen Kinder* herausgefordert werden (sollen), stehen zu Beginn der zweiten Seminar-Sitzung „offizielle" Begriffsbestimmungen von *Gewalt* und *Gewalt gegen Kinder* im Mittelpunkt der Betrachtungen.

Es bietet sich aufgrund einer nicht ausschließlich auf theoretische Aspekte, sondern auch auf praktische Alltagsbezüge abhebenden Betrachtungsweise des Phänomens *Gewalt gegen Kinder/Kindesmißhandlung* an, einschlägige Lexika und Enzyklopädien nach ersten Begriffsbestimmungen zu durchforsten.

Für eine Einführungsveranstaltung in den Themenbereich *Gewalt gegen Kinder/ Kindesmißhandlung* ist u.a. die Erkenntnis bedeutsam, daß neben unterschiedlichen Bedeutungsnuancen auch der körperliche und seelische Aspekt von *Gewalt* angesprochen wird.

In Fachlexika und Handwörterbüchern mit fachspezifischer und fachdisziplinärer Ausrichtung wie beispielsweise dem von HOLTMANN (1991) aus dem Bereich der Politischen Wissenschaften, dem von LIPPERT und WACHTLER (1988) sowie dem von GALTUNG (1975) aus dem Bereich der Konflikt- und Friedensforschung werden neben dezidierten Begriffsbestimmungen auch erste Typologisierungsansätze von *Gewalt* entwickelt: Neben Formen *physischer Gewalt* werden auch Formen *psychischer Gewalt* deutlich, neben der Aufteilung in Formen *personaler* oder *direkter* werden auch Formen *indirekter* oder *struktureller Gewalt* (GALTUNG) angesprochen, wobei die grundsätzliche Kritik von NARR (1988) beachtet werden sollte, wonach die Unterscheidung von Gewalt-Arten in Typologien „analytischen Sinn (besitze, Zusatz d. Verf.), sie darf aber nicht eine Sekunde lang als 'die' Wirklichkeit selber mißverstanden werden"[79].

Die Begriffsbestimmung von WITTENHAGEN und WOLFF (1980), die unter *Gewalt gegen Kinder* in Abgrenzung zu Unfällen als nicht zufällig bezeichenbare, bewußte oder unbewußte, das körperliche und/oder seelische Wohlergehen von Kindern in Familien und/oder Institutionen (z.B. Kindergarten, Schule, Heime) beeinträchtigende gewaltsame Handlungen oder Unterlassungen ver-

---

[79] NARR 1988, 166.

standen wissen wollen, die zu Verletzungen und Entwicklungshemmungen führen sowie die Rechte von Kindern verletzen können[80], stellt eine sehr weitgefaßte Definition dar, bei der die Gefahr der „begrifflichen Entgrenzung" besteht; d.h. dadurch daß „sehr viele unterschiedliche Einzelphänomene unter den Begriff *Gewalt gegen Kinder* gefaßt werden können, verlieren Begriffsbestimmungen dieser Art die für eine notwendige Abgrenzung von anderen Konzepten bedeutsam werdenden klaren Konturen"[81].

Andererseits besteht bei eher weitgefaßten Definitionen von *Gewalt gegen Kinder* nicht die Gefahr, von vornherein Dimensionen des Phänomens zu vernachlässigen, die aufgrund eines einseitig auf den körperlichen Aspekt von *Kindesmißhandlung* abhebenden Gewaltbegriffes bedingt sind[82].

Einen völlig anderen Betrachtungsansatz als den der kritischen Lektüre von Auszügen aus der einschlägigen wissenschaftlichen Literatur stellen Aufsätze von Kindern und Jugendlichen zu den sie in ihrer Lebenswirklichkeit beeinflussenden Problemen dar.

Im Rahmen von Textsammlungen und Schreib-Wettbewerben drücken Kinder und Jugendliche ihre Meinung nicht in der „trockenen", nüchtern gehaltenen Sprache von Wissenschaft, sondern in der ihrem Alter und ihrem jeweiligen Entwicklungsstand entsprechenden Ausdrucksformen wie Geschichten, Gedichten, Erzählungen von Träumen, Zeichnungen, Bildern u.ä. aus.

So beschreibt beispielsweise RUSCH (1986) in der Einleitung des von ihr herausgegeben Sammelbandes „Kinder schreiben über Arbeit", die „Schicksale und Erfahrungen, von denen die Kinder berichten, sind teilweise erschütternd. Keine soziologische Abhandlung und keine Statistik kann Probleme so deutlich machen, wie die Kinder das mit ihren Worten tun. So schreibt die Türkin Emine

---

[80] vgl. WITTENHAGEN/WOLFF 1980, 7.
[81] SOMMER 1996 a, 167.
[82] In diesem Zusammenhang sei auf eine These von SOMMER (1995) im Rahmen seiner Dissertation zum Themenbereich „Bedeutungswandel von *Gewalt gegen Kinder*" hingewiesen, wonach das „Phänomen *Gewalt gegen Kinder* (...) als Problem sozialer Wirklichkeit mehr als *körperliche Kindesmißhandlung* (umfaßt, Zusatz d. Verf.), wobei mit 'mehr' die Vielfalt sich in qualitativer Hinsicht unterscheidender Formen von *Gewalt* (im Sinne einer 'qualitativen Andersartigkeit') verstanden wird" (SOMMER 1996 a, 21; Auslassungen durch d. Verf.; vgl. im Original SOMMER 1995, 26).

über die Ausländerfeindlichkeit, unter der ihr Vater am Arbeitsplatz besonders zu leiden hat: 'Das finde ich unmenschlich, weil sie ihn ausgenutzt haben und jetzt wie ein ausgebranntes Streichholz wegwerfen wollen'"[83].

In der Literatur lassen sich auch andere, von Kindern und Jugendlichen bearbeitete Themen finden, die der interessierten Öffentlichkeit zugänglich sind: Umweltängste[84], Vorstellungen zur eigenen Zukunft[85] sowie Gedanken zu Fragen des Friedens und der Friedenssicherung[86].

Ähnlich schwierig, wie sich die allmählich sich entwickelnde Aufarbeitung latent vorhandener Gewaltphänomene in der wissenschaftlichen Literatur gestaltet, stellen sich Versuche dar, Meinungen, Gedanken und Gefühle von Kindern und Jugendlichen zu dem Themenbereich als „alltäglich" zu bezeichnender Gewaltphänomene aufzuarbeiten.

Eine der wenigen, einer breiten Öffentlichkeit zugänglichen Darstellungen subjektiv gehaltener Beiträge über Gewalterfahrungen von Kindern und Jugendlichen stellt der von RUSCH (1993) veröffentlichte Sammelband dar[87].

Die Redaktion der Gewerkschaftszeitung METALL rief im Jahr 1992 zu einem Schreib-Wettbewerb mit dem Thema „Gewalt überall" auf, in dessen Rahmen Kinder zwischen acht und vierzehn Jahren Beiträge einsenden konnten.

RUSCH, die eine Auswahl dieser Beiträge im Jahre 1993 veröffentlichte, schreibt in der Einleitung u.a., wer „die Kinderbriefe gelesen hat, versteht vielleicht besser als nach mancher wissenschaftlichen Untersuchung oder Analyse, wo die Wurzeln der zunehmenden Gewaltbereitschaft und Gewalttätigkeit zu finden" seien, dabei kämen Kinder „gewöhnlich nur selten selbst zu Wort. (...) Die Schreibwettbewerbe der Zeitung sind der Versuch, Kindern Gehör zu verschaffen"[88].

In manchen ihrer Beiträge erweisen sich die Kinder in der Lage, Gewaltphänomene des Alltaglebens sehr genau beschreiben zu können. Es werden u.a. die Bereiche Schule, Straßenverkehr, Fernsehen und Video, *Gewalt* im Krieg, *Ge-*

---

[83] RUSCH 1986, 8.
[84] vgl. u.a. GREFE/JERGER-BACHMANN 1992, PETRI 1992.
[85] vgl. u.a. MEINERZHAGEN 1988, Mut zum Träumen 1987, RUSCH 1989.
[86] vgl. u.a. ALLERT-WYBRANIETZ 1988, Peace Bird 1989, ZDF 1991.
[87] RUSCH, R. (Hrsg.), Gewalt. Kinder schreiben über Erlebnisse, Ängste und Auswege. Frankfurt/Main 1993 (1993 a).
[88] RUSCH 1993 a, 21 (Auslassungen durch d. Verf.).

walt gegen Ausländer, *Gewalt* gegen Behinderte und gegen vermeintlich Schwächere, *Gewalt* gegen Umwelt und Natur, aber auch *Gewalt in der Familie* thematisiert, wobei qualitativ andere Bewertungsmaßstäbe und Beurteilungskriterien der Kinder im Vergleich zu denen der Erwachsenen deutlich werden.

Die im Sammelband von RUSCH (1993) veröffentlichten Beiträge von Kindern zu ihnen in ihrem Lebensalltag begegnenden Gewaltphänomenen zeugen von dem Einfluß gesellschaftlicher, kultureller und politischer Entwicklungen der vergangenen Jahre auf die aktuelle Diskussion von *Gewalt*.

So scheint es kaum verwunderlich, daß Kinder zu der relativ offen gehaltenen Themenstellung „Gewalt – überall" zu einem großen Teil Beiträge mit den Schwerpunkten *Gewalt* gegen Ausländer, Ausländerfeindlichkeit und gewaltsamen Übergriffen von Skinheads einsandten, allesamt Themen, die in den vergangenen Jahren (und auch heute noch) von jäher Aktualität sind.

Die Kinder und Jugendlichen schreiben ihre Geschichten aus der Sicht von Betroffenen: Entweder sind sie selbst Opfer von Gewalttätigkeiten oder sie waren in solchen Situationen als Beobachtende anwesend.

Unter *Gewalt* verstehen die Kinder, die an dem Schreib-Wettbewerb der Zeitung METALL im Jahre 1992 teilnahmen, zum einen, und das scheint naheliegend, An- und Übergriffe körperlicher Art auf Menschen: in der Familie, in der Schule, im Straßenverkehr, in alltäglichen Situationen wie dem Nachhauseweg, aber auch im Bereich von Fernseh- und Videofilmen.

Zum anderen berichten Kinder, die als Angehörige von Asylbewerbern bzw. Umsiedlerfamilien unter ausländerfeindlichen Einstellungen ihrer Umwelt wie auch konkreten ausländerfeindlichen Verhaltensweisen ihrer Mitmenschen zu leiden hatten, über nicht-körperliche Formen von *Gewalt*, wie dies u.a. Peter Kusch eindrucksvoll verdeutlicht, wenn er schreibt, „Gewalt ist, wenn jemand von irgendwo ausgeschlossen wird. Aber auch, wenn sehr viele Leute in Lager und Turnhallen gequetscht werden"[89].

Auch scheint es nicht verwunderlich, daß sich ein Teil der eingesandten Beiträge mit den Themen *Gewalt* gegen Tiere und *Gewalt* gegen die Umwelt beschäftigt: Umweltverschmutzung sowie Möglichkeiten und Grenzen des Umwelt- und

---

[89] Peter Kusch, Ein Tag im Lager. In: RUSCH 1993 a, 51.
Der elfjährige Peter Kusch ist im Jahre 1987 mit seiner Familie von Polen nach Deutschland umgesiedelt und lebte zwei Jahre im Übergangsheim Gießen. Seine Schilderungen stellen eigene Erfahrungen mit *Gewalt* dar.

Naturschutzes sind hierzulande seit Jahren aktuelle, in der Schule, in den Medien und in der Politik vieldiskutierte Themen.

Was jedoch erstaunt, ist die Beobachtung eines ausgeprägten Grades an Sensibilität, mit dessen Hilfe sich Kinder von konkret-gegenständlichen Erfahrungen mit sinnlich wahrnehmbaren Formen von *Gewalt* lösen und sich auf die Ebene der Betrachtung eher abstrakter, sich zumindest der unmittelbaren sinnlichen Wahrnehmung entziehender Gewaltphänomene begeben können.

In diesem Zusammenhang sei auf den Beitrag von Marjana Zigun verwiesen, der sich mit *Gewalt* durch Worte, einem nächtlichen Streit zweier Erwachsener, beschäftigt. So schreibt sie u.a. „Als ich einmal bei Bekannten übernachtete, hörte ich plötzlich laute Stimmen aus dem Wohnzimmer. Die Frau und der Mann stritten sich. Ich hörte, wie der Mann ihr lauter Vorwürfe machte und viele Beschuldigungen vorbrachte. Die Frau weinte und weinte, bis sie endlich aus dem Wohnzimmer ging und sich in ihrem Schlafzimmer einschloß. Ich hatte aus Mitleid auch Tränen in den Augen. Das ist doch auch Gewalt – Gewalt mit Worten!"[90].

Explizit auf den Themenbereich *seelischer Gewalt gegen Kinder*, der in der wissenschaftlichen Forschung aufgrund methodologischer und konkreter forschungsmethodischer Begründungen als nahezu unbearbeitet anzusehen ist, gehen schließlich zwei Beiträge ein. Zum einen wird das Sich-Anpassen an bzw. das Sich-Nicht-Wehren gegen als ungerecht und schmerzlich empfundene „Gemeinheiten"[91] genannt; zum anderen wird auf mögliche Folgen *psychischer Gewalt* hingewiesen, unter die Phänomene wie Selbstmord und das Sich-Zurückziehen verstanden werden[92].

Die Beobachtung, daß die herangezogenen Beiträge über subjektive Gewalterfahrungen bzw. Erlebnisse mit *Gewalt* von einer stark ausgeprägten Sensibilität für nicht-gegenständliche Formen von *Gewalt* zeugen, stellt ein auffallendes Phänomen dar.

Um diese Erscheinung angemessen einschätzen zu können, sei in der erforderlichen Kürze auf die im Rahmen der Bearbeitung sozialgeschichtlicher Aspekte der *Entdeckung der Kindheit* formulierte These zurückgegriffen, wonach „einige Wurzeln des Phänomens *Gewalt gegen Kinder* in historischen Dimensionen be-

---

[90] Marjana Zigun, Ein Streit in der Nacht. In: RUSCH 1993 a, 45.
[91] Kathleen Alisch, Wer will schon anders sein? In: RUSCH 1993 a, 67 f.
[92] vgl. Clemens Seifert, Ein blauer Fleck heilt wieder. In: RUSCH 1993 a, 86.

gründet lägen, deren Kenntnis eine wichtige Voraussetzung für eine angemessene Einschätzung der gegenwärtigen Bedeutung dieses Problems sozialer Wirklichkeit darstellt"[93].

Trotz der bis heute währenden unzureichenden Forschungslage zur *Geschichte und Sozialgeschichte der Kindheit* können einige Erkenntnisse als gesichert angesehen werden, die insbesondere im Zusammenhang mit der Bearbeitung von Fragestellungen subjektiver Gewalterfahrungen Bedeutung erfahren:

- Im Laufe der Geschichte waren Kinder (und sind es vielfach auch heute noch) den Einflüssen vielfältiger Formen von *Gewalt* ausgesetzt.

  Vor allem in Forschungsberichten aus den 70er Jahren, als das Thema *Sozialgeschichte der Kindheit* in unterschiedlichen Wissenschaftsdisziplinen von aktueller Bedeutung war[94], wird immer wieder auf Phänomene wie Kindestötung aufgrund unterschiedlicher Motive (wie beispielsweise als Methode der Geburtenkontrolle, schwierige wirtschaftliche Existenz der Familien, Krankheit oder Tod der Mutter, Machtintrigen bei königlicher Thronfolge, Ritualopfer u.ä.), Verstümmelung von Kindern (zur Einschränkung sexueller Triebkräfte, Verfügbarkeit als Diener, Eunuchen und Lustknaben), Kinderarbeit (im Bergbau, in Handwerksbetrieben und in der Heimarbeit) mit z.T. schwerwiegenden Folgeschäden für die physische und psychische Gesundheit sowie auf harte körperliche Züchtigungen verwiesen.

- Das Interesse an Kindern als eigenständige, von den Erwachsenen losgelöste Persönlichkeiten mit eigenen Bedürfnissen und Entscheidungsmöglichkeiten setzte sich erst im Verlaufe der Geschichte allmählich durch, das Recht von Kindern „auf Unversehrtheit, Förderung und Entfaltung"[95] bildete sich erst im Zuge eines z.T. widersprüchlichen historischen Prozesses heraus.

- Als ein „klassisch" zu bezeichnendes Aufgabenfeld sich allmählich entwickelnder Kinderschutzorganisationen kann die Kinderarbeit im 19. Jahrhundert angesehen werden.

---

[93] SOMMER 1996 a, 32 f.
[94] vgl. u.a. ARIES 1975, DeMAUSE 1977, ZENZ 1979.
[95] WOLFF 1975 a, 16.

Seit Beginn des 20. Jahrhunderts „erfuhren Kinder- und Jugendprobleme eine wachsende Aufmerksamkeit durch Staat und Gesellschaft. Gewalt gegen junge Menschen wurde unter physischem, strafrechtlichem, sozialem und geistig-seelischem Aspekt erkannt"[96].

Im Mittelpunkt der Bestrebungen stehen seitdem der Schutz von Kindern vor akuter *Kindesmißhandlung* und *Vernachlässigung*, nach dem Zweiten Weltkrieg insbesondere Hilfe für notleidende, sich selbst überlassene Kinder.

Bis in die Gegenwart hat sich der Kinderschutzgedanke erweitert, so daß sich der Schutz von Kindern vor akuter Gefahr und Not nicht mehr nur zu einer humanitären, sondern auch zu einer gesellschaftlichen Aufgabe entwickelte[97].

Kinderschutz, das läßt sich zusammenfassend formulieren, hat im Verlaufe seiner geschichtlichen Entwicklung verschiedene Formen angenommen:

Ging es in den Gründungszeiten organisierten Kinderschutzes vornehmlich um die Erhaltung des Lebens von Kindern bzw. um den Schutz vor ausbeuterischer Kinderarbeit, vor *Mißhandlung* und *Vernachlässigung*, so widmen sich aktuelle Bestrebungen des Kinderschutzes, der wachsenden Komplexität seiner Aufgabenbereiche entsprechend, u.a. den Aufgaben von Hilfs- und Beratungsangeboten bei Konflikten in Familien für Eltern und Kinder sowie der Bewältigung präventiv ausgerichteter Aufgabenfelder und öffentlichkeitswirksamer Aufklärungsarbeit, aber auch der kritischen Bestandsaufnahme kindlicher Lebensbedingungen in einer vielfach als *kinderfeindlich* bezeichneten Umwelt[98].

---

[96] KUPFFER 1983, 26.
[97] vgl. u.a. BÄRSCH 1983 a, 1990, KUPFFER 1983.
[98] Nach Aussagen von KINTZER (1986) habe sich in der Bundesrepublik Deutschland als Gegenbewegung zur konventionellen Interventionspraxis bei *Kindesmißhandlung* (d.h. medizinische, staatliche soziale Dienste einschließende sowie polizeiliche Interventionspraxis) eine nicht unumstrittene alternative Kinderschutzbewegung (vgl. KINTZER 1986, 148 ff.) entwickelt, die ihren äußeren Ausdruck fand in der Einrichtung von Kinderschutz-Zentren (vgl. ABELMANN 1984).
Diese alternative Kinderschutz-Arbeit geht von einem explizit gesellschaftlichen Verständnis von *Gewalt* und *Gewalt gegen Kinder* aus und versucht mit Hilfe dieser weitgefaßten Gewaltkonzeption (gewalttätig handelnde Personen und Gewaltförmigkeit gesellschaftlicher Systeme) im Rahmen einer sozialen Kommunalpolitik Einfluß zu nehmen auf als notwendig angesehene Veränderungen gesellschaftlicher Lebensbedingungen (vgl. u.a. BRINKMANN/HONIG 1984).

Während sich der überwiegende Teil von Kindern und Jugendlichen in den westlichen Industrienationen der Gegenwart vor dem Phänomen der Kindestötung geschützt weiß, während Heranwachsende heute im Vergleich zu Altersgenossen anderer geschichtlicher Epochen weitgehend vor *körperlicher Gewalt*, zumindest den Bestimmungen bestehender Rechtsgrundlagen (Grundgesetz, Bürgerliches Gesetzbuch, Strafgesetzbuch u.a.) und den sich wandelnden Kanons veränderter Generationsbeziehungen entsprechend, abgesichert sein sollten, werden in den angeführten (auto-)biographischen Beiträgen von Kindern und Jugendlichen Spuren sinnlich nicht oder nicht mehr wahrnehmbarer Formen von *Gewalt* erkennbar, die die emotionalen, sozialen und psychischen Entwicklungsmöglichkeiten von Heranwachsenden nachhaltig behindern und zu schweren Beeinträchtigungen der seelischen Gesundheit führen können.

Gewalt, und dies zeigt sowohl der Blick auf die Geschichte dieses Begriffes als auch die Betrachtung unterschiedlicher, ihm zugeschriebener Bedeutungsfelder, ist dabei nicht als ahistorische Konstante zu bezeichnen, vielmehr unterliegen vorgenommene Begriffsbestimmungen wie auch die Auswahl der Erscheinungen, die unter das Phänomen *Gewalt* gefaßt werden, subjektiven Bewertungsmaßstäben und Beurteilungskriterien.

Diese Beobachtung wird besonders deutlich an den Beispielen der in der Veröffentlichung von RUSCH (1993) zitierten Beiträge von Kindern und Jugendlichen, die kaum die wissenschaftliche Diskussion um den Begriff *Gewalt* in all ihrer Widersprüchlichkeit verfolgt haben dürften.

Die Tatsache aber, daß Kinder und Jugendliche neben körperlichen Aspekten auch Phänomene alltäglicher Erziehungspraxis wie Anschreien, Einsperren, Vorwürfe und Beleidigungen unter einen weitgefaßten Begriff von *Gewalt* einordnen, zeugt u.a. von dem sich in der Öffentlichkeit entwickelnden zunehmenden Sensibilisierungsgrad für subtil wirkende Formen von *Gewalt*.

Über die Bearbeitung subjektiver Gewalterfahrungen werden Dimensionen des Phänomens *Gewalt gegen Kinder* sichtbar, die in der einschlägigen wissenschaftlichen Literatur bisher nicht oder nur in untergeordneter Weise Beachtung finden konnten[99].

---

[99] Ausnahmen zu dieser bisher in der wissenschaftlichen Dokumentation gängigen Praxis zum Themenbereich *Gewalt gegen Kinder* stellen m.E. die Versuche dar, die Lebensschicksale von Jürgen Bartsch, Fritz Mertens und Thomas Wagner auf der Grundlage (auto-)biographischer Zeugnisse nachzuzeichnen.

Auf Spuren eines weit über den körperlichen Aspekt hinausgehenden Verständnisses von *Gewalt gegen Kinder* deuten einzelne der zitierten Beiträge von Kindern und Jugendlichen hin.

Daraus kann jedoch nicht der Versuch der verallgemeinernden Aussage unternommen werden, alle von *Gewalt* betroffenen Kinder und Jugendlichen seien in der Lage, die alltägliche, z.T. als repressiv erlebte Erziehungswirklichkeit von *Mißhandlung* bzw. *Gewalt gegen Kinder* abzugrenzen.

Dieses Vorhaben würde ein einheitliches Verständnis von *Gewalt* voraussetzen, ein Unterfangen, das bisher nicht einmal in wissenschaftlichen Kreisen verwirklicht werden konnte.

Insbesondere bei Jürgen Bartsch und Fritz Mertens kamen zu den Interessen einer anfangs eher auf Sensationslüsternheit ausgerichteten Presseberichterstattung später wissenschaftlich formulierte Erkenntnisinteressen und publizistisch-medienwirksame Zielsetzungen hinzu.

Obwohl die Lebensschicksale Bartsch, Mertens und Wagner in ihrer Einzigartigkeit nicht als stellvertretend für mögliche Folgen einer auf Gewalterfahrungen auf verschiedenen Ebenen menschlicher Beziehungen geprägten Lebensgeschichte angesehen werden können, die ihren Höhepunkt jeweils in der Ermordung eines oder mehrerer Menschen fand, lassen sich dennoch insbesondere in Teilen autobiographisch verfaßter Dokumente Hinweise auf subjektive Verarbeitungsformen während der Kindheit und Jugend erfahrener *Gewalt* finden, die denen der in der Öffentlichkeit verbreiteten Vorurteile z.T. widersprechen.

Zum Lebensschicksal von Jürgen Bartsch vgl. u.a. BROCHER 1972, FÖSTER 1984, MEINHOF 1980, MILLER 1980, MOOR 1972, 1991, RASCH 1984; vgl. auch die ausführliche Dokumentation des Lebensschicksals von Jürgen Bartsch in SOMMER 1991, 100-113.

Zum Lebensschicksal von Fritz Mertens vgl. MERTENS 1984, 1985; vgl. auch den Briefwechsel des Verf. mit Prof. Dr. R. LEMPP vom April 1993.

LEMPP war im Sommer 1983 als gerichtlicher Sachverständiger der Staatsanwaltschaft angewiesen worden, über Fritz Mertens ein Gutachten zu erstellen (vgl. Vorwort zu MERTENS 1984).

LEMPP ermutigte den in Untersuchungshaft sitzenden Fritz Mertens, die Geschichte seiner Kindheit niederzuschreiben. Aus diesen Bemühungen sind dann die beiden Veröffentlichungen von Mertens 1984 und 1985 hervorgegangen.

In dem Briefwechsel des Verf. mit Prof. Dr. R. LEMPP aus dem Jahre 1993 heißt es u.a., „zunächst muß ich Ihnen sagen, daß ich von Fritz Mertens nichts Weitergehendes weiß. Außer dem 'Ich wollte Liebe ...' (MERTENS 1984, Anm. d. Verf.) hat er ja auch noch 'Auch du stirbst, einsamer Wolf' (MERTENS 1985, Anm. d. Verf.) veröffentlicht (...). Das ist gewissermaßen die Fortsetzung. Ich habe schon lange nichts mehr von ihm gehört, was ich als gutes Zeichen ansehe. Ich weiß nur, daß er nach seiner Haftentlassung geheiratet und den Namen der Ehefrau angenommen hat (Mertens ist ein Pseudonym)" (Aus einem Briefwechsel des Verf. mit Prof. Dr. R. LEMPP, Stuttgart, vom April 1993; Auslassungen durch d. Verf.).

Zum Lebensschicksal von Thomas Wagner vgl. u.a. LEMPP 1992, LINDEMANN 1992.

Dennoch leisten die einzelnen Berichte von Gewalterfahrungen und deren subjektive Verarbeitungsformen einen bedeutenden Beitrag für die Entwicklung eines die engen Grenzen von wissenschaftlichen Teildisziplinen überschreitenden Verständnisses von *Gewalt gegen Kinder:* Was sowohl in den literarischen Beiträgen von BERGMAN (1983) und CARMEL (1993) als auch in den im Rahmen des Schreib-Wettbewerbes eingesandten Texten von Kindern und Jugendlichen zum Thema *Gewalt gegen Kinder* zum Ausdruck kommt, ist u.a. die Beobachtung, daß die aus phänomenologisch-analytischen Gründen gesondert betrachteten „Unterformen" von *Gewalt gegen Kinder,* die *körperliche, seelische* und *emotionale Gewalt,* Aspekte des *sexuellen Mißbrauchs* und verschiedene Formen *körperlicher* und *emotionaler Vernachlässigung* in ihrer Gesamtheit mit all ihren auf verschiedenen Ebenen beobachtbaren Wechselwirkungen eingebettet zu sein scheinen in alltäglich erfahrene Lebenswirklichkeit von Kindern und Jugendlichen.

Auch wenn es bisher nicht oder nur in Ansätzen möglich war, eindeutige Beurteilungskriterien von *psychischer Gewalt gegen Kinder* auszuarbeiten[100], werden in den herangezogenen Beiträgen der Kinder und Jugendlichen dennoch Spuren nicht-körperlich wirkender, sondern Kinder beispielsweise in dem Ausbilden ihres Selbstwertgefühls beeinträchtigender und, auf allgemeiner Ebene betrachtet, in der Entwicklung und Ausprägung persönlichkeitsbildender Eigenschaften behindernder Gewaltformen sichtbar.

3.2.2. Die dritte Seminar-Sitzung *Psychische Gewalt gegen Kinder*

3.2.2.1. Einführung

Im Mittelpunkt der dritten Seminar-Sitzung steht der nachfolgend vollständig wiedergegebene Aufsatz zum Themenbereich *Seelische Gewalt gegen Kinder*[101], der aus unterschiedlichen Gründen als ein Grundlagen-Text für die Bearbeitung übergeordneter Themen aus dem Bereich *Gewalt gegen Kinder/Kindesmißhandlung* bezeichnet werden kann: Neben den Grundproblemen des in der (sozial-)wissenschaftlichen Forschung bis zum heutigen Tage vernachlässigten Phänomens der *seelischen Gewalt gegen Kinder* werden Entwicklungslinien der wissenschaftlichen Gewaltforschung von den 60er bis zu den späten 80er Jahren in

---

[100] vgl. Kap. 3.2.2. des vorliegenden Einführungsbandes.
[101] vgl. SOMMER 1996 b.

Grundzügen dargestellt, Entwicklungen, deren Kenntnis für ein tiefergehendes Verständnis von *Gewalt gegen Kinder* und *Kindesmißhandlung* unerläßlich ist.

Auch der Tatsache wird Rechnung getragen, daß dem Einfluß der sogenannten *Neuen Sozialen Protestbewegungen*, der *Frauenbewegung*, der *Friedensbewegung* und der *Ökologiebewegung*, die Feststellung und Beschreibung der Beobachtung zu verdanken ist, daß anfangs die Vertreter sozialer Berufe, später auch die der interessierten (Fach-)Öffentlichkeit in zunehmender Weise für bis dahin eher unbekannte und unbenannte, subtil wirkende Gewaltphänomene in Familie, Erziehung, Gesellschaft und Politik sensibilisiert wurden.

In diesem Zusammenhang sei auf eine besondere methodische Zugangsform zum Problembereich *Gewalt gegen Kinder* verwiesen, die sich über die Erkenntnisse der (sozial-)geschichtlichen Entwicklung der Erforschung von *Gewalt gegen Frauen* und *Gewalt gegen Kinder* definieren läßt: Während autobiographische Dokumente und literarische Zeugnisse subjektiv erlebter *Gewalt* aus Frauenhäusern und Kinderschutz-Zentren den Zugang zu den bisher tabuisierten Problembereichen von Gewaltphänomenen gegenüber Frauen und Kindern erst ermöglichten, wird diesem subjektorientierten Ansatz hinsichtlich didaktisch-methodischer Grundgedanken in der Planung und Konzipierung von Einführungsseminaren in den Bereich *Gewalt gegen Kinder* wie auch hinsichtlich forschungsmethodologischen Überlegungen in der einschlägigen wissenschaftlichen Literatur nicht die ihr zustehende Bedeutung beigemessen.

In diesem Zusammenhang, so beschreibt SOMMER (1996) diese Beobachtung, ließen sich trotz des Fehlens „wissenschaftlich-systematische(r) Untersuchungen (...), mit deren Hilfe die Sichtweisen von Betroffenen thematisiert werden könnten, (...) anhand im weitesten Sinne biographischer Zeugnisse aussagekräftige Beiträge von Kindern und Jugendlichen zu den sie in ihrer Lebenswirklichkeit beeinflussenden Gewaltphänomenen finden"[102].

Dieses Forschungsdefizit stelle nach Einschätzung von SOMMER (1996) „insofern ein erstaunliches Phänomen dar, als insbesondere die subjektiven Äußerungen der von *Gewalt* betroffenen Frauen und Kinder aus Frauenhäusern und Kinderschutz-Zentren den Prozeß der *Wiederentdeckung familialer Gewalt* mitbeeinflußten, in dessen Zuge u.a. die Erkenntnis eindeutiger Zusammenhänge

---

[102] SOMMER 1996 a, 129 (Auslassungen und Veränderungen durch d. Verf.).

zwischen der *Mißhandlung von Frauen* und *Kindern* gewonnen"[103] werden konnte.

Wenn also erst über den Weg der Veröffentlichung subjektiver, autobiographisch ausgerichteter und literarisch aufgearbeiteter Berichte vernachlässigte Bereiche des Phänomens *Gewalt gegen Kinder/Kindesmißhandlung* als solche „enttarnt" werden (konnten), dann bietet sich die didaktisch-methodische Überlegung nahezu an, subjektiv gehaltene, autobiographische Dokumente zum Ausgangspunkt auf i.w.S. qualitative Methoden der Erkenntnisgewinnung aufbauender Gewaltforschung in dem Bereich *Gewalt gegen Kinder/Kindesmißhandlung* zu wählen[104].

Aber nicht ausschließlich aufgrund methodischer bzw. didaktisch-methodischer (also aufgrund von Fragen der Vermittlung in Seminaren betreffender) Gründe, sondern auch und vor allem aufgrund inhaltlich-fachlicher Argumente wird der Aufsatz von SOMMER (1996) in seiner Gesamtheit angeführt, da er in für das Verständnis des komplexen Phänomens *Gewalt gegen Kinder/Kindesmißhandlung* grundlegende Bedeutung gewinnende Themenbereiche einführt:

- Ansätze von Begriffsbestimmungen und Grundzüge (sozial-)wissenschaftlicher Gewaltforschung,

- kritische Reflexion des aktuellen Forschungsstandes zum Themenbereich *Psychische Gewalt gegen Kinder*,

- sich aus dieser Reflexion ergebende Forschungsperspektiven und Möglichkeiten der Anwendung biographischer Methoden,

- erste literarische Vorlagen als ausgewählte Beispiele aus der (auto-)biographischen Literatur zur Verdeutlichung unterschiedlicher Aspekte von *Gewalt*,

- Beschreibung von Tendenzen gesellschaftlicher und politischer Entwicklungsprozesse vor dem Hintergrund ihrer Auswirkungen auf die wissenschaftliche Betrachtung und den zu beobachtenden Wandel der Beurteilungskriterien von *Gewalt gegen Kinder*.

---

[103] SOMMER 1996 a, 129.

[104] vgl. den methodischen Ansatz „(auto-)biographische Zeugnisse und das Phänomen *Gewalt gegen Kinder/Kindesmißhandlung*" in SOMMER 1996 a, 129 ff.

3.2.1.2. Didaktische Arbeitsmaterialien – Arbeitspapier 3: *Psychische Gewalt gegen Kinder*

Aus-, Fort- und Weiterbildungsveranstaltung
Gewalt gegen Kinder/Kindesmißhandlung
Dr. B. Sommer

Arbeitspapier 3
zum Aufsatz
„Anmerkungen zum aktuellen Forschungsstand über *psychische Gewalt gegen Kinder* – Subjektive Gewalterfahrungen und (auto-)biographische Literatur"[105]

Arbeitsauftrag:
Bitte bearbeiten Sie den Aufsatz unter folgenden Fragestellungen
(1) Welche Erscheinungsformen von *Gewalt (gegen Kinder)* werden angesprochen?
(2) Worin liegen die Schwierigkeiten beim Erkennen subtiler Formen von *Gewalt gegen Kinder* begründet?
(3) Welche historischen, gesellschaftlichen und politischen Entwicklungen begünstigten den Wandel der Beurteilungskriterien von *Gewalt gegen Kinder*?

Der Aufsatz von SOMMER (1996), der die wenigen wissenschaftlich als gesichert bezeichenbaren Erkenntnisse zu dem bis in die heutige Zeit hinein vernachlässigten Problembereich der *seelischen Gewalt gegen Kinder* in Verbindung mit gesellschaftlichen und politischen Entwicklungstendenzen sowie den sich wandelnden wissenschaftstheoretischen Forschungsmethoden vorstellt, sollte vor dem Hintergrund der in Arbeitspapier 3 formulierten Fragestellungen als häuslicher Arbeitsauftrag gelesen werden.

Die dabei erarbeiteten Antworten werden im Plenum vorgestellt, die wiederum als Grundlage der sich anschließenden Diskussion dienen.

---

[105] vgl. SOMMER 1996 b.

Anmerkungen zum aktuellen Forschungsstand über *psychische Gewalt gegen Kinder*
Subjektive Gewalterfahrungen und
(auto-)biographische Literatur

1. Einleitung
1.1. Einführende Bemerkungen

Anhand der Beobachtung, daß *Gewalt* in ihren vielfältigen Erscheinungsformen in Familie, Erziehung, Gesellschaft und Politik in den vergangenen Jahren zunehmend zum Gegenstand populärwissenschaftlicher und wissenschaftlicher Erörterungen wurde, sich auf anderer Ebene zu einem vieldiskutierten Thema in den Massenmedien entwickelte und sich nicht zuletzt in inzwischen nahezu unüberschaubarem Ausmaß als Ausdruck subjektiv erlebter *Gewalt* in (auto-)biographischen und literarischen Zeugnissen niederschlägt, läßt sich die Aktualität dieses Problembereiches ablesen.

Die Forschung zum Problem *Gewalt gegen Kinder* weist trotz zahlreicher ernstzunehmender Versuche, verläßliche Aussagen hinsichtlich Formen, Ausmaß und Verteilung von Gewaltphänomenen zu gewinnen sowie zur Erhellung möglicher Ursachen *familialer Gewalt* beizutragen, auf das Problem unbefriedigend geklärter Begriffe wie nicht allgemein anerkannter Ergebnisse hin.

Die Palette der unterschiedlichen Bewertungen inhaltlicher Dimensionen von *Gewalt gegen Kinder* reicht von „kinderfeindlichen Lebensbedingungen"[1], über die These einer wachsenden Gewaltförmigkeit innerhalb menschlicher Interaktionsformen[2] bis hin zu der einseitig ausgerichteten Betonung rein körperlicher Aspekte von *Gewalt*[3].

WITTENHAGEN und WOLFF (1980) ist in einer ihrer grundlegenden Erkenntnisse zuzustimmen, wenn sie schreiben, „eine allgemein gültige Definition von Kindesmißhandlung gibt es nicht, nur mehr oder weniger brauchbare"[4], zu sehr unterliegen Begriffsbestimmungen subjektiven Wertentscheidungen, sie erweisen sich als abhängig von theoretischen Vorannahmen und Erkenntnisinteressen. In der sozialwissenschaftlich ausgerichteten Gewaltforschung scheinen sich mehr und mehr Aspekte eines Gewaltbegriffes herauszukristallisieren, die sowohl auf körperliche wie seelisch-emotionale Dimensionen von *Gewalt* abheben[5].

Während der Bereich der *körperlichen Gewalt gegen Kinder* in der jüngsten Vergangenheit zunehmend erforscht wurde, stellt das Phänomen der *psychischen Gewalt gegen Kinder* einen in der wissenschaftlichen Forschung weitgehend vernachlässigten Problembereich dar[6].

Es lassen sich zwar vereinzelt Äußerungen zu diesem Themenbereich finden[7], die jedoch weder als systematisch angesehen werden können noch der ihr immer wieder zugeschriebenen besonderen Bedeutung entsprechend thematisiert werden.

1.2. Problemhintergrund

Erkenntnisse der neueren sozialwissenschaftlichen Gewaltforschung weisen sowohl individuelle Persönlichkeitsfaktoren als auch gesellschaftliche, kulturelle und soziale Lebensbedingungen und deren vielfältige Wechselbeziehungen als mögliche Ursachengefüge von *Gewalt* aus[8].
Ergebnisse sozialwissenschaftlich ausgerichteter Ursachenforschung aus dem Bereich *familialer Gewalt* legen den Zusammenhang zwischen Gewalterfahrungen in der Kindheit und dem eigenen Gewaltverhalten als Erwachsene nahe, ein Phänomen, das in der einschlägigen Literatur als *Kreislauf der Gewalt*[9] bezeichnet wird.
Wenn von der Berechtigung dieser These ausgegangen wird, so wird die Bedeutung von *Gewalt* im Familienzusammenhang für das mögliche Entstehen von Gewaltphänomenen auf verschiedenen Ebenen sozialen und gesellschaftlichen Zusammenlebens zumindest ansatzweise sichtbar.
Die in der Bundesrepublik Deutschland seit Mitte der 70er Jahre zu beobachtende Entwicklung der *Wiederentdeckung familialer Gewalt*[10], die nach Aussagen HONIGs (1992) vor allem „auf einer politischen Initiative zur Enttabuisierung und Skandalisierung von 'Gewalt gegen Kinder' und 'Gewalt gegen Frauen'"[11] begründet läge, führte zu einem die Öffentlichkeit in beispielloser Weise beeinflussenden Sensibilisierungsprozeß für die sozialen Probleme *Gewalt gegen Kinder* und *Gewalt gegen Frauen*, in dessen Zuge innerhalb der vergangenen zwanzig Jahre eine inzwischen kaum mehr zu überblickende Flut von vor allem autobiographisch ausgerichteten Zeugnissen zu Gewalterfahrungen und sexuellem Mißbrauch veröffentlicht wurde.
Diese Entwicklung kann nur verstanden und in ihrer Bedeutung eingeschätzt werden vor dem Hintergrund einer ausreichend erscheinenden Berücksichtigung der ab Anfang der 70er Jahre beobachtbaren wachsenden Sensibilität für Gewaltphänomene, in deren Rahmen den *Neuen Sozialen Protestbewegungen* eine entscheidende Bedeutung beigemessen werden kann.

Die *Neuen Sozialen Protestbewegungen* der 70er und 80er Jahre, die *Frauenbewegung*, die *Friedensbewegung* und die *Ökologiebewegung*, stellten Fragen nach dem Verhältnis zur *Gewalt*, zur *Gewalt in zwischenmenschlichen Beziehungen* sowie zur *Gewalt gegen die Natur* in den Mittelpunkt ihrer kritischen Betrachtungen[12].

Die Beobachtung, daß die vielfältigen Erscheinungsformen von *Gewalt* in Familie und Erziehung keine Ausnahmephänomene, sondern eher alltäglich erfahrene Lebenswirklichkeit darstellten[13], konnte insbesondere über die Rezeption subjektiv gehaltener Berichte aus Frauenhäusern und Kinderschutz-Zentren gewonnen werden.
Um so erstaunlicher ist die Tatsache, daß die Selbstaussagen von Kindern und Jugendlichen sowie (auto-)biographisch ausgerichtete und literarisch aufgearbeitete Beiträge Erwachsener zu dem Themenbereich subjektiver Gewalterfahrungen im Rahmen wissenschaftlicher Forschungsansätze bisher nicht bzw. nur in unzureichendem Maße die ihnen zustehende Berücksichtigung finden konnten.

1.3. Fragestellungen

Im Zuge einer kritischen, (sozial-)geschichtliche, kulturelle, gesellschaftliche und politische Dimensionen von *Kindesmißhandlung* und *Gewalt gegen Kinder* berücksichtigenden Betrachtung wird die Beobachtung von Veränderungstendenzen qualitativer Aspekte deutlich, wie auch die der sich wandelnden Wahrnehmung und die der unterschiedlichen Bedeutungszuschreibung sichtbar wird.
Bei einer sorgfältigen Betrachtung der bislang in der wissenschaftlichen Forschung zumeist vernachlässigten Dimension des psychischen Aspektes von *Gewalt gegen Kinder* wird die Verwobenheit von Gewaltphänomenen in den Lebensalltag von Menschen (Kindern) in verschiedenen Zusammenhängen deutlich.

Im alltäglichen Bereich erscheint *Gewalt* oftmals in subtiler Form, so daß erst durch eine genaue Analyse die Gewaltförmigkeit gesellschaftlicher (Sub-)Systeme wie auch die Gewalttätigkeit in den sozialen Handlungen einzelner Personen oder Personengruppen erkennbar wird.
In diesem Zusammenhang lassen sich die folgenden Fragestellungen formulieren, an deren Beantwortung sich schrittweise angenähert werden soll:

(1) Lassen sich über den Weg der Bearbeitung (auto-)biographisch ausgerichteter und literarisch aufgearbeiteter Beiträge subjektiv von *Gewalt* Betroffener Hinweise auf die in der bisherigen Forschung vernachlässigten Dimensionen *psychischer Gewalt gegen Kinder* finden?
(2) Welche Konsequenzen können sich aus der Aufarbeitung subjektiv gehaltener Beiträge von *Gewalt* Betroffener für die aktuelle Diskussion um das Phänomen *Gewalt gegen Kinder* ergeben?

2. Psychische Gewalt gegen Kinder
2.1. Zum aktuellen Forschungsstand

Obwohl in der sozialwissenschaftlichen Gewaltforschung vielerorts auf die besondere Bedeutung psychischer Aspekte von *Gewalt* und *Gewalt gegen Kinder* hingewiesen wird[14], stellt das Phänomen der *psychischen Gewalt gegen Kinder* einen in der wissenschaftlichen Literatur weitgehend vernachlässigten Problembereich dar.

Die im Jahre 1934 veröffentlichte Dissertation von LEVETZOW (1934) stellt die bisher einzige, sich wissenschaftlicher Methoden bedienende Untersuchung dar, die sich explizit mit dem Thema der *seelischen Kindesmißhandlung* auseinandersetzt.

Die Verfasserin stellt sich darin die Aufgabe, „die einschlägigen theoretischen Probleme zu erörtern, sodann sich der praktischen Frage der Bekämpfung der seelischen Kindermißhandlung zuzuwenden"[15].

LEVETZOW (1934) versteht unter *seelischer Kindermißhandlung* ein „schweres Schädigen des seelischen Wohlbefindens eines Wehrlosen, welches ohne vernünftigen Zweck oder außer jedem Verhältnis zu einem vernünftigen Zweck geschieht"[16].

Als Formen *seelischer Kindermißhandlung* führt LEVETZOW u.a. „verächtliche Behandlung, Zwang zu demütigender oder ekelerregender Tätigkeit, Einjagen von Furcht und Schrecken, Verbot des Umgangs mit anderen Kindern"[17] an. Auch spricht LEVETZOW (1934) bereits die Frage an, welches Verhalten „noch als berechtigte Erziehungsmaßnahme, welche(s) schon als seelische Mißhandlung anzusehen" sei, wie sie auch eine ihrer Beobachtungen beschreibt, wonach lediglich die *körperliche Mißhandlung*, im Gegensatz zu der *seelischen Mißhandlung*, „einigermaßen greifbares Material für eine Ableitung (d.h. für eine Begriffsbestimmung, Anm. d. Verf.) bietet"[18].

Die erste Veröffentlichung im deutschsprachigen Raume, in der sich „zum ersten Mal die Erwähnung seelischer Mißhandlung von Kindern"[19] finden läßt, stellt die Dissertation von DUENSING aus dem Jahre 1903 dar.

DUENSING spricht unter dem übergeordneten Thema der „Verletzung der Fürsorgepflicht gegenüber Minderjährigen" u.a. auch von *psychischer Züchtigung*[20]. Auch DUENSING (1903) beklagt das Nicht-Vorhandensein eindeutiger Beurteilungskriterien zur Bestimmung der Frage, wann das „Wohl eines Kindes" gefährdet sei; ihrer Meinung nach werde „in den meisten Fällen (...) eine Züchtigung körperlich-psychischer Natur sein, also zugleich einen Angriff auf das körperliche Wohlbefinden, wie eine unmittelbare Einwirkung auf die Psyche durch psychische, in der Züchtigungshandlung enthaltene Momente darstellen"[21].

Unter dem Stichwort „Formen von Kindesmißhandlung" lassen sich in der einschlägigen (modernen) wissenschaftlichen Literatur Versuche erkennen, vor dem Hintergrund theoretisch-analytischer Zielsetzungen Unterscheidungen verschiedener Mißhandlungsformen vorzunehmen:
So nennt beispielsweise ENGFER (1986) in diesem Zusammenhang drei zentrale Momente der *psychischen Mißhandlung*: Ablehnung des Kindes, Terrorisieren des Kindes und Isolieren des Kindes[22].
Unter Bezugnahme auf die Untersuchungsergebnisse von ERNST und STAMPFEL (1991)[23] führt BUSKOTTE (1992) Beispiele für „ein weites Spektrum problematischer Verhaltensweisen" an, die sie im weitesten Sinne unter den Begriff der *psychischen Gewalt gegen Kinder* faßt: Ablehnen, Isolieren, Demütigen, Terrorisieren und Bedrohen, Ignorieren, Überfordern, Korrumpieren und Erpressen[24].
HERZKA (1989) sieht *psychische Gewalt gegen Kinder* in dem „Kontrast begründet, der zwischen den Gewohnheiten und den Bedürfnissen der Erwachsenen und den altersgemäßen Bedürfnissen des Kindes besteht, die weitgehend durch seinen Entwicklungsstand bedingt"[25] seien, und spricht damit als übergeordnete Themen das der Erziehung und des Verhältnisses der Generationen an. *Seelische Gewalt gegen Kinder* sei seiner Meinung nach „Ausdruck des Machtkampfes zwischen Erwachsenen und Kindern", wobei dieser Machtkampf „in der Einstellung (begründet läge, Zusatz d. Verf.), das Kind habe nur vom Erwachsenen zu lernen und sich ihm anzupassen"[26].
Zwischen gesellschaftlich noch akzeptiertem Erziehungsverhalten und Verhaltensweisen, die im weitesten Sinne unter den Begriff *psychische Gewalt gegen Kinder* gefaßt werden können, bestehen fließende Übergänge[27].
Nach Aussagen von RAUCHFLEISCH (1992) sei der Nachweis psychischer Gewaltanwendung u.a. deshalb so schwierig, da „die Folgen ebenfalls nicht leicht zu 'objektivieren' sind. Das seelisch mißhandelte Kind läßt häufig keine deutlich sichtbaren Verletzungen erkennen, sondern zeigt etwa ein Fehlverhalten (beispielsweise besondere Angst oder ein trotziges Verhalten), das auf die verschiedensten Ursachen zurückgeführt werden kann und nicht zwangsläufig auf eine psychische Gewaltanwendung hinweist"[28].
Auf den Mißstand, daß sich nur schwerlich eindeutig als kausal zu bezeichnende Beziehungen zwischen einem bestimmten Verhalten der Erziehungspersonen und den psychischen Auffälligkeiten des Kindes oder späteren Erwachsenen herstellen ließen, wird u.a. auch von BUSKOTTE (1992) hingewiesen, nach deren Beobachtung *seelische Gewalt* zu den Gewaltfaktoren gehöre, „bei denen es schwer fällt, sie als solche zu erkennen und wahrzunehmen. Das liegt vor allem daran, daß diese subtilen Formen von Gewaltanwendung keine deutlich sichtbaren Spuren hinterlassen wie z.B. die körperliche Gewalt"[29].

2.2. Forschungsperspektiven

Die unzureichende Forschungslage weist auf Unzulänglichkeiten methodischer und methodologischer Strategien hin, das Phänomen der *psychischen Gewalt gegen Kinder* beschreiben und erklären zu können. Während es unmöglich erscheint, über Verbreitung und Ausmaß *seelischer Gewalt gegen Kinder* verläßliche Aussagen zu erhalten, statistische Hinweise wie beispielsweise Polizeiliche Kriminalstatistiken erweisen sich in diesem Zusammenhang als wenig aussagekräftig, zeigen (auto-)biographische Berichte von Frauen und Kindern aus Frauenhäusern und Kinderschutz-Zentren Möglichkeiten auf, ausgehend von den subjektiven Perspektiven Betroffener im weitesten Sinne biographische Forschungsansätze zu entwickeln, die das bisher lediglich phänomenologisch bzw. philosophisch-theoretisch behandelte Problemfeld der *seelischen Gewalt gegen Kinder* auch inhaltlich in der der Bedeutung dieses Phänomens angemessenen Weise thematisieren können.

Als ein erstes Beispiel subjektiver Perspektiven Betroffener sei aus der Untersuchung von ERNST und STAMPFEL (1991) der Beitrag von vier zwölfjährigen Mädchen angeführt, der auf qualitativ andere Dimensionen subtiler Formen *nicht-körperlicher Gewalt* abhebt.

> *„Gewalt???*
> *Als ich dich fragte, was Gewalt ist,*
> *sagtest Du, schlagen und geschlagen werden.*
> *Wenn Du oft über mein Aussehen klagst und*
> *wenn Du so tust, als ob wir nicht zusammengehören,*
> *wenn Du mich nicht mit zu Deinen Freunden nimmst,*
> *wenn Du sagst, ich bin zu nichts zu gebrauchen,*
> *merke ich, daß Du nicht weißt, was Gewalt ist."*[30]

Selbst bei vorsichtiger Interpretation dieses Beitrages wird deutlich, daß es eine Frage der Wertung darstellt, ob ein Verhalten als gewalttätig oder gewaltsam beurteilt wird oder nicht.

Die Wert- und Bewertungsmaßstäbe von *Gewalt gegen Kinder* verändern sich in dem Maße, wie sich ein Wandel innerhalb der Betrachtung erkennen läßt: Kindesmißhandlung war bis in die 70er Jahre hinein Gegenstand vor allem gerichtsmedizinischer und strafrechtlich-kriminologischer Untersuchungen[31].

Obwohl ab Mitte der 70er Jahre sozialwissenschaftlich ausgerichtete Untersuchungsansätze ausgearbeitet wurden[32], wurde der Entwicklung nicht Rechnung getragen, daß grundlegende Erkenntnisse im Rahmen der Betrachtung von Phänomenen *familialer Gewalt* aufgrund von nicht-wissenschaftlichen, eher der subjektiven Verarbeitung erfahrener *Gewalt* dienenden, literarisch dokumentierten Bemühungen gewonnen werden konnten.

Die Beachtung der Tatsache, daß Selbstaussagen von Kindern und Jugendlichen in den (auto-)biographisch ausgerichteten und literarisch aufgearbeiteten Zeugnissen bisher nicht oder nur in unzureichendem Maße im Rahmen (sozial-)wissenschaftlicher Forschungsansätze Berücksichtigung fanden, läßt die Beobachtung verständlich(er) werden, daß sich der aktuelle Forschungsstand zum Problembereich *seelischer Gewalt gegen Kinder* in qualitativer Hinsicht nicht bzw. nur kaum zu unterscheiden scheint vom dem des von DUENSING bereits im Jahre 1903 beschriebenen.

So scheint es nicht nur sinnvoll, sondern auch notwendig zu sein, das Feld „traditioneller" Wissenschaft, ihrer Quellen und Methoden zu verlassen und über den Weg biographischer Forschung zumindest ansatzweise Perspektiven zu entwickeln, die aus dem beobachteten Forschungsdefizit hinsichtlich qualitativer Aspekte von *Gewalt gegen Kinder* herausführen können.

3. *Gewalt* aus der Sicht von Kindern und Jugendlichen
3.1. Zum Wandel der Beurteilungskriterien von *Gewalt gegen Kinder*
Im Rahmen der Betrachtung des Phänomens *Gewalt gegen Kinder* in Familie, Erziehung und Gesellschaft läßt sich eine Verschiebung der Wert- und Bewertungsmaßstäbe dessen feststellen, was als bedrohend, schädigend und verletzend für Gesundheit und Leben sowie als hemmend und behindernd für die Entfaltung der Entwicklungsmöglichkeiten von Kindern angesehen wird.

Gewaltphänomene können jedoch erst dann in ihrem Auftreten wie in ihrer Bedeutung erkannt werden, wenn dies das politische, soziale und kulturelle „Klima" einer Gesellschaft zuläßt.

So schreiben KEMPE und KEMPE (1980) in diesem Zusammenhang, vor hundert Jahren noch hätte „ein Buch über Kindesmißhandlung nicht geschrieben werden können. Wenn es möglich wäre, einen Forscher aus den siebziger Jahren in das 19. Jahrhundert zurückzuversetzen, so daß er das damalige Familienleben aus moderner Sicht betrachten könnte, würde er überall mißhandelte Kinder sehen. Früher indessen war Kindesmißhandlung für ihre Familien und ihre Kommunen großenteils 'unsichtbar'. Bevor sie als soziales Elend erkannt werden konnten, mußten sich die Sensibilitäten und Perspektiven unseres Kulturkreises ändern"[33].

Auf einige wesentliche Probleme innerhalb dieser Entwicklung hin zu sich verändernden Beurteilungskriterien von *Gewalt gegen Kinder* sei in der erforderlichen Kürze hingewiesen:

- *Gewalt gegen Kinder* erscheint in der Geschichte der Zivilisation zwar als ein allgegenwärtiges, jedoch erst in der Gegenwart als Problem sozialer Wirklichkeit „entdecktes" Phänomen.

- Über den Einfluß der insbesondere in den 70er Jahren blühenden Gesellschaftskritik wie auch über den der sozialen Protestbewegungen der 70er und 80er Jahre (Frauenbewegung, Friedensbewegung und Ökologiebewegung) werden Fragen nach dem Verhältnis zur *Gewalt* neu formuliert, anfangs zu Gewaltthemen in zwischenmenschlichen Beziehungen, später dann, in umfassenderem Sinne, zu Gewaltphänomenen in Gesellschaft und (internationaler) Politik.
- Über den Prozeß der *Wiederentdeckung familialer Gewalt* und der damit einhergehenden politischen Initiative zur Ent-Tabuisierung und Skandalisierung der Phänomene *Gewalt gegen Frauen* und *Gewalt gegen Kinder* wird ein oftmals als beispiellos bezeichneter Sensibilisierungsprozeß für Gewaltphänomene in Erziehung, Gesellschaft und Politik sichtbar, in dessen Zuge auch die bis dahin tabuisierten Probleme *familialer Gewalt* diskutiert wurden[34].
- Subjektiv gehaltene Berichte aus Frauenhäusern und Kinderschutzzentren sowie Schilderungen von sensibilisierten Professionellen stellen qualitativ andere, in der bisher veröffentlichten wissenschaftlichen Literatur nicht oder nur in unzureichendem Maße rezipierte Quellen zur Erhellung verschiedener Phänomene *familialer Gewalt* dar.
- Obwohl das Problem der *körperlichen* und *seelischen/emotionalen Kindesmißhandlung* bereits um die Jahrhundertwende vereinzelt in wissenschaftlichen Kreisen diskutiert wurde, konnten die dabei gewonnenen, z.T. unsystematisch aufbereiteten Erkenntnisse nicht in eine öffentliche Diskussion einmünden.
- Der aktuelle Forschungsstand des bisher lediglich phänomenologisch bzw. philosophisch-theoretisch aufgearbeiteten Problemfeldes der *seelischen Gewalt gegen Kinder* konnte seit der Dissertation von LEVETZOW (1934) um keine wesentlichen neuen Erkenntnisse bereichert werden.

3.2. Autobiographische Zeugnisse als Quelle subjektiver Erfahrungen mit *Gewalt* – Einführung in methodische Probleme

Obwohl wissenschaftlich-systematische Untersuchungen fehlen, mit deren Hilfe die Sichtweisen von Betroffenen thematisiert werden könnten, lassen sich anhand im weitesten Sinne biographischer Zeugnisse[35] aussagekräftige Beiträge von Kindern und Jugendlichen zu den sie in ihrer Lebenswirklichkeit beeinflussenden Gewaltphänomenen finden.

Damit steht dieser Ansatz in der Tradition des seit den 70er Jahren sowohl in der Öffentlichkeit wie in Teilen der sozialwissenschaftlichen Diskussion immer wieder geäußerten Interesses an Subjektivität[36], in dessen Rahmen die Analyse biographischen Materials wie Tagebücher, Briefe, Autobiographien, Lebensgeschichten u.a. einen möglichen methodischen Weg der Erkenntnisgewinnung darstellt.

Während im Zuge des bereits angedeuteten, die Öffentlichkeit und insbesondere die Angehörigen sozialer Berufsgruppen beeinflussenden Sensibilisierungsprozesses für Gewaltphänomene eine nahezu unüberschaubare Flut von Veröffentlichungen subjektiv erlebter *Gewalt* herausgegeben wurde, scheinen (auto-)biographisch ausgerichtete Dokumente von Kindern und Jugendlichen aus anderen historischen Epochen eher Ausnahmen darzustellen.
Dies mag bei hypothetischer Betrachtung auf verschiedene Gründe zurückzuführen sein:

- den heute verwendeten, vielschichtigen Begriff von *Gewalt* und *Gewalt gegen Kinder* scheint es mit all seiner Widersprüchlichkeit bis in die 60er Jahre dieses Jahrhunderts nicht gegeben zu haben;
- Kinder und Jugendliche hatten in der Vergangenheit wesentlich weniger Möglichkeiten als heute, ihre Erfahrungen mit *Gewalt* öffentlich kundzutun;
- subjektiv gehaltene Berichte von Kindern (Briefe, Tagebücher, Lebenserinnerungen) konnten nicht auf einen bereits angebahnten „Boden" für Themenbereiche von *Gewalt* sensibilisierter Leser treffen;
- die Veröffentlichung literarischer und autobiographischer Beiträge zu Themen der eigenen Kindheit stellt z.T. bis in die heutige Zeit hinein eine Domäne schriftstellerisch begabter Menschen dar[37].

Autobiographische Zeugnisse, die im Zusammenhang mit subjektiv erlebter *Gewalt* eher als eine Erscheinung der Moderne angesehen werden müssen, stellen aus literaturgeschichtlicher Sicht eine etwa ab Beginn des 18. Jahrhunderts zunehmend bedeutsamer werdende Quelle kindheitstheoretischer und -geschichtlicher Betrachtungen dar.
Nach Aussagen von BOSCH (1991) verdeutlichten insbesondere „die besten Autobiographien mit ihrer implizierten Kritik von Erziehung und erlittenen Kindheitsverletzungen eine neue Sensibilität, die sich auf die Vorstellung eigener Kindesrechte auswirkte – eine mehr oder minder bewußte Intention, die seither aktuell und Triebfeder vieler kindheitsbiographischer Arbeiten geblieben"[38] sei.
Obwohl biographische Forschung bisher nicht systematisch entwickelte wurde, obwohl vielerorts Unklarheit darüber herrscht, was als Gegenstand bzw. Datengrundlage biographischer Forschungsansätze angesehen werden kann, obwohl „auch die Wissenschaftlichkeit der biographischen Forschung (...) nach wie vor zur Disposition"[39] stünde, lassen sich m.E. über die Bearbeitung literarischer Texte und im weitesten Sinne (auto-)biographischer Zeugnisse Hinweise finden, die auf subjektive Beurteilungskriterien und Verarbeitungsformen derer hindeuten, die sich in unmittelbarer Weise von *Gewalt* betroffen fühlen.

3.3. *Gewalt gegen Kinder* – Ausgewählte Beispiele aus der autobiographischen Literatur

3.3.1. Ausgewählte literarische Vorlagen

Stimmte man der Ansicht MILLERs (1980) zu, es seien „nicht die Psychologen, sondern die Dichter, die der Zeit vorausgehen"[40], so könnten Gottfried KELLERs „Der grüne Heinrich"[41], Hermann HESSEs „Unterm Rad"[42] und Emil STRAUSS' „Freund Hein"[43] als erste Beispiele einer literarischen, z.T. autobiographische Züge tragenden Bearbeitung von Themen im Zusammenhang mit *Kindheit* und i.w.S. *Gewalt gegen Kinder* genannt werden.

Diese Romane dokumentieren in eindrucksvoller Weise die sich ab der Jahrhundertwende abzeichnende Diskussion um das Verhältnis von Jugend, Schule, Familie und Gesellschaft[44].

Auch in dem Roman „Fanny und Alexander" von Ingmar BERGMAN (1983)[45], der die Geschichte einer Großfamilie in einer schwedischen Kleinstadt schildert, kommen einige der das Phänomen *Gewalt gegen Kinder* charakterisierenden Verhaltensweisen, Einstellungen und Gefühle von Erwachsenen und Kindern zum Ausdruck, wie sie in der Zeit um die Jahrhundertwende üblich gewesen sein mögen.

Während aus heutiger Sicht einige Szenen aus „Fanny und Alexander" grausam und unmenschlich erscheinen, stellen sie sich für Zeitgenossen als gängige Lebenswirklichkeit dar.

Es werden u.a. das Machtverhältnis zwischen den Generationen, das vor allem auf *körperlicher Gewalt* aufbauende Erziehungs- und Bestrafungsmonopol Erwachsener und das aus heutiger Sicht grausam anmutende Strafverhalten angesprochen, das jedoch, aus zeitgenössischer Sicht betrachtet, keineswegs als *Gewalt* bewertet wurde, sondern in den Bereich des üblichen Verhaltensstandards, gängiger Erziehungspraktiken und traditioneller Umgangsformen zwischen den Generationen sowie entsprechender Wertvorstellungen einzuordnen ist.

In dem Roman „Lämmer" von Ania CARMEL (1993)[46] wird in eindrucksvoller atmosphärischer Dichte die Lebenssituation einer Familie mit zwei Kindern beschrieben, die durch latent vorhandene, für die Kinder körperlich spürbare Angst vor den verbalen Attacken wie körperlichen und psychischen Gewalttätigkeiten des Vaters gekennzeichnet ist.

Während die Kinder den körperlichen Gewalttätigkeiten und den ständig erfolgenden Beleidigungen, Drohungen, Einschüchterungsversuchen, Demütigungen und dem „alltäglichen" Klima der Ablehnung von seiten des Vaters wehrlos ausgesetzt scheinen, erleben sie von seiten ihrer Mutter rückhaltlose Liebe, die jedoch besetzt ist mit der Unfähigkeit, sich gegen die erfahrenen Ungerechtigkeiten und die demonstrativ zur Schau gestellte körperliche Überlegenheit des Vaters wehren zu können.

Diese beiden Romane können als stellvertretend für die Veranschaulichung der Beobachtung herangezogen werden, wonach sich die Beurteilungskriterien dessen, was im weitesten Sinne als *Gewalt* und *Gewalt gegen Kinder* bezeichnet werden kann, gewandelt haben.

3.3.2. *Gewalt* aus der Sicht von Kindern und Jugendlichen – Zum Sammelband „Gewalt" von RUSCH (1993)[47]

In Veröffentlichungen, denen u.a. die Zielsetzung zugrundegelegt wurde, Kindern, die „gewöhnlich nur selten selbst zu Wort"[48] kämen, „öffentliches Gehör zu verschaffen"[49], wird deutlich, daß Kinder und Jugendliche sich z.T. in eindrucksvoller Weise in der Lage zeigen, die sie in ihrer Lebenswirklichkeit beeinflussenden Probleme zu thematisieren; davon zeugen u.a. die Sammlungen von Beiträgen zu Themen wie Umweltängsten[50], politischen Entscheidungen wie beispielsweise die „Deutsche Vereinigung"[51], zu Vorstellungen über die eigene Zukunft[52], zu Fragen des Friedens und der Friedenssicherung[53].

Eine der wenigen, der interessierten Öffentlichkeit zugänglichen Darstellungen subjektiv gehaltener Beiträge über Gewalterfahrungen von Kindern und Jugendlichen stellt der von RUSCH (1993) veröffentlichte Sammelband dar, in dessen Einleitung es u.a. heißt, wer „die Kinderbriefe gelesen hat, versteht vielleicht besser als nach mancher wissenschaftlichen Untersuchung oder Analyse, wo die Wurzeln der zunehmenden Gewaltbereitschaft und Gewalttätigkeit zu finden"[54] seien.

In ihren Beiträgen beschreiben Kinder und Jugendliche Gewaltphänomene in ihrem Alltagsleben: in Schule, Straßenverkehr, Fernsehen und Video, *Gewalt im Krieg*, *Gewalt gegen Ausländer*, *Gewalt gegen Behinderte*, *Gewalt gegen Umwelt* und *Natur*, aber auch *Gewalt in der Familie*, wobei qualitativ andere Bewertungsmaßstäbe und Beurteilungskriterien im Vergleich zu denen von Erwachsenen deutlich werden.

Kinder schreiben aus der Sicht von Betroffenen: entweder sind sie selbst Opfer von Gewalttätigkeiten oder sie waren in solchen Situationen als Beobachter anwesend.

Unter *Gewalt* verstehen Kinder und Jugendliche, und das scheint naheliegend, körperliche An- und Übergriffe auf Menschen.

Auch scheint es nicht verwunderlich, daß sich ein Teil der eingesandten Kinderbriefe mit den Themen *Gewalt gegen Tiere* und *Gewalt gegen die Umwelt* beschäftigt, sind doch Umweltverschmutzung sowie Möglichkeiten und Grenzen des Umwelt- und Naturschutzes hierzulande seit Jahren vieldiskutierte Themen.

Was jedoch erstaunt, ist die Beobachtung eines ausgeprägten Grades an Sensibilität, mit dessen Hilfe sich Kinder von konkret-gegenständlichen Erfahrungen mit sinnlich wahrnehmbaren Formen von *Gewalt* lösen und sich auf die Ebene der Betrachtung eher abstrakter, sich zumindest der unmittelbaren sinnlichen Wahrnehmung entziehender Gewaltphänomene begeben können.

In den Beiträgen werden Spuren sinnlich nicht oder nicht mehr wahrnehmbarer Formen von *Gewalt* erkennbar, die die emotionalen, sozialen und psychischen Entwicklungsmöglichkeiten von Kindern und Jugendlichen nachhaltig behindern und zu schweren Beeinträchtigungen der seelischen Gesundheit führen können.
Die Tatsache, daß Kinder und Jugendliche neben körperlichen Aspekten beispielsweise Phänomene alltäglicher Erziehungspraxis wie Anschreien, Einsperren, Vorwürfe und Beleidigungen unter einen weitgefaßten Gewaltbegriff einordnen, zeugt von dem sich in der Öffentlichkeit entwickelnden zunehmenden Sensibilisierungsgrad für subtil wirkende Formen von *Gewalt*.

3.4. Zusammenfassung
(Auto-)Biographisch ausgerichtete und literarisch aufgearbeitete Zeugnisse von subjektiv von *Gewalt* betroffenen Kindern und Jugendlichen weisen auf die Vielfältigkeit der Phänomene hin, die unter dem Begriff *Gewalt* und *Gewalt gegen Kinder* verstanden werden können.
So kommen sowohl Erlebnisse mit *körperlicher Gewalt* zum Ausdruck wie auch Erfahrungen mit subtil wirkenden, in den Lebensalltag von Kindern und Jugendlichen verwobenen Formen *psychischer Gewalt*: körperliche Bestrafungen durch Schläge, aber auch Phänomene wie Anschreien, Ein- und Aussperren, Vorwürfe und Beleidigungen, Ungerechtigkeiten im Umgang von Erwachsenen mit Kindern sowie subjektive Gefühle, nicht ernstgenommen zu werden, werden unter den Begriff *Gewalt* gefaßt.
Gewalt gegen Kinder, und dies ist eine der wesentlichen Erkenntnisse der angestellten Überlegungen, umfaßt mehr als *körperliche Kindesmißhandlung*.
Diese banal wirkende Einsicht macht deutlich, daß ein sich lediglich auf den körperlichen Aspekt von *Gewalt gegen Kinder* stützendes Konzept nicht nur inhaltlich zu kurz greift, sondern infolge seiner Begrenztheit äußerlich nicht sicht- und wahrnehmbare Formen von *Gewalt* (und dazu können u.a. Formen *emotionaler* und *psychischer Gewalt* sowie deren auf vielen Ebenen beobachtbaren Wechselwirkungen mit *körperlicher Gewalt* gezählt werden) in der öffentlichen wie wissenschaftlich geführten Diskussion ausgrenzen kann.

4. Ausblick
Das Erkennen von subtil wirkenden Formen von *Gewalt gegen Kinder* steht in Abhängigkeit von dem jeweils vorherrschenden Grad an ausgeprägter Sensibilität in der Wahrnehmung von Gewaltphänomenen, die sich sowohl von seiten der Betrachter als auch von der der Betroffenen unterschiedlich darstellen kann. Dabei wiederum kommt der Beantwortung der Frage eine wesentliche Bedeutung zu, welche Phänomene unter dem Begriff *Gewalt* und *Gewalt gegen Kinder* verstanden werden.

Werden inhaltlich eher beschränkte Konzepte von *Kindesmißhandlung* als Maßstab angelegt, so kommt nahezu ausschließlich der körperlichen Komponente des Phänomens begriffsbestimmende Bedeutung zu, die emotionalen und psychischen, also die eher unsichtbar bleibenden Spuren von *Gewalt*, werden nicht in die Betrachtung einbezogen.
Bei eher weitgefaßten Konzepten von *Gewalt* und *Gewalt gegen Kinder* besteht die Gefahr der „begrifflichen Entgrenzung", d.h. dadurch daß sehr viele unterschiedliche Einzelphänomene unter den Begriff *Gewalt gegen Kinder* gefaßt werden können, verlieren Begriffsbestimmungen dieser Art die für eine notwendige Abgrenzung von anderen Konzepten bedeutsam werdenden klaren Konturen.
Für eine Neubelebung bisher vernachlässigter bzw. ausgeblendeter Aspekte innerhalb der wissenschaftlich geführten Diskussion um *Gewalt gegen Kinder* scheint es jedoch von nicht unwesentlicher Bedeutung zu sein, die subtil wirkenden, sich der unmittelbaren sinnlichen Wahrnehmung entziehenden und z.T. als „unsichtbar" kennzeichenbaren Spuren *nicht-körperlicher Gewalt* zu thematisieren.
Ein so als Ausgangspunkt gewählter Perspektivenwandel der Betrachtungsweise von vermeintlich unbeteiligten Wissenschaftlern hin zu subjektiven Sichtweisen unmittelbar von *Gewalt* betroffener Kinder und Jugendlicher eröffnet Möglichkeiten, engbegrenzte, den Bemühungen wissenschaftlicher Einzeldisziplinen zuzuordnende Definitionsversuche von *Kindesmißhandlung* und *Gewalt gegen Kinder* zumindest ansatzweise aufzulösen und bisher kaum in Betracht gezogene Dimensionen von *Gewalt in der alltäglichen Lebenswirklichkeit* von Kindern und Jugendlichen anzusprechen.
Diese Überlegungen sind auf theoretischer Ebene in Ansätzen in einem Konzept der *alltäglichen Gewalt*[55] verwirklicht, das jedoch einer weiteren methodisch abgesicherten und inhaltlich weiterzuentwickelnden Ausarbeitung bedarf.
Eine ernstzunehmende sozialwissenschaftlich ausgerichtete Gewaltforschung wird auf die prinzipielle Gleichwertigkeit in der Erforschung körperlicher wie emotionaler und seelischer Aspekte von *Gewalt gegen Kinder* abheben.
Der vielfach zitierte fehlende Nachweis objektiver bzw. objektivierbarer Folgen *psychischer Gewalt gegen Kinder* sowie das Fehlen eindeutig als kausal zu bezeichnender Beziehungen läßt zwar die Schwierigkeiten beim Erkennen *seelischer Gewalt gegen Kinder* verständlich werden, die Unmöglichkeit, bisher fehlende eindeutige Zusammenhänge nachweisen zu können, beweist jedoch nicht deren Nicht-Existenz.

Anmerkungen

[1] vgl. u.a. BRINKMANN, W. 1983: Gewalt gegen Kinder oder Vom dicken Ende unter der Spitze des Eisbergs. In: Deutscher Kinderschutzbund (Hg.), Schützt Kinder vor Gewalt. Weinheim 1983, 21-43; DOORMANN, L. 1979: Zur sozialen Lage der Kinder in der Bundesrepublik. In: DOORMANN, L. (Hrsg.), Kinder in der Bundesrepublik. Köln 1979, 15-65; ENDE, A. 1984: Der alltägliche Krieg gegen die Kinder. In: STEINWEG, R. (Red.), Vom Krieg der Erwachsenen gegen die Kinder. Möglichkeiten der Friedenserziehung. Frankfurt/Main 1984, 18-25; JUNGJOHANN, E. 1991: Kinder klagen an. Angst, Leid und Gewalt. Frankfurt/Main; PETRI, H. 1989: Erziehungsgewalt. Zum Verhältnis von persönlicher und gesellschaftlicher Gewaltausübung in der Erziehung. Frankfurt/Main.

[2] vgl. z.B. VOSS, R. 1983: „... und dann reden sie nicht mehr mit uns". Gewaltförmige Lebensstrukturen und das Sorgentelefon für Kinder und Jugendliche des DKSB. In: Deutscher Kinderschutzbund (Hg.), Schützt Kinder vor Gewalt. Weinheim 1983, 138-146.

[3] vgl. u.a. SCHNEIDER, U. 1987: Körperliche Gewaltanwendung in der Familie. Notwendigkeit, Probleme und Möglichkeiten eines strafrechtlichen und strafverfahrensrechtlichen Schutzes. Berlin; SCHWIND, H.-D./BAUMANN, J. (Hg.) 1990: Ursachen, Prävention und Kontrolle von Gewalt. Analysen und Vorschläge der Unabhängigen Regierungskommission zur Verhinderung und Bekämpfung von Gewalt (Gewaltkommission). 4 Bde. Berlin.

[4] WITTENHAGEN, U./WOLFF, R. 1980: Kindesmißhandlung – Kinderschutz. Broschüre hrsg. v. Bundesministerium für Jugend, Familie und Gesundheit. Bonn 1980, 5.

[5] vgl. u.a. FORSCHNER, M. 1985: Gewalt und politische Gesellschaft. In: SCHÖPF, A. (Hrsg.), Aggression und Gewalt. Anthropologisch-sozialwissenschaftliche Beiträge. Würzburg 1985, 13-36; GALTUNG, J. 1975: Strukturelle Gewalt. Beiträge zur Friedens- und Konfliktforschung. Reinbek bei Hamburg; HOLTMANN, E. 1991: Politik-Lexikon. München; NARR, W.-D. 1983: Über Notwendigkeit und Möglichkeiten, Gewalt zu bewerten. In: CALLIESS, J. (Hrsg.), Gewalt in der Geschichte. Düsseldorf 1983, 37-72; NARR, W.-D. 1988: Gewalt. In: LIPPERT, E./WACHTLER, G. (Hg.), Frieden. Ein Handwörterbuch. Opladen 1988, 158-175; NEIDHARDT, F. 1986: Gewalt. Soziale Bedeutungen und sozialwissenschaftliche Bestimmung des Begriffs. In: „Was ist Gewalt?" Auseinandersetzungen mit einem Begriff, hrsg. v. Bundeskriminalamt. Bd. 1. Wiesbaden 1986, 109-147.

[6] vgl. u.a. GRIES, S./VOIGT, D. 1989: Kindesmißhandlung in Deutschland. Geht die DDR einen Sonderweg? In: VOIGT, D. (Hrsg.), Qualifikationsprobleme und Arbeitssituation von Frauen in der Bundesrepublik und in der DDR. Berlin 1989, 41-76.

[7] vgl. u.a. BUSKOTTE, A. 1992: Schlimmer als Schläge? Formen, Folgen und Ursachen psychischer Gewalt. In: Jugend & Gesellschaft 4/5, 1992, 19-21; COVITZ, J. 1993: Der Familienfluch. Seelische Kindesmißhandlung. Olten, Freiburg/Brsg.; Deutscher Kinderschutzbund (Hg.) 1989: Hilfe statt Gewalt. Die Erklärung des Deutschen Kinderschutzbundes zur gewaltsamen Beeinträchtigung von Kindern in Familien. Hannover; ENGFER, A. 1986: Kindesmißhandlung. Ursachen, Auswirkungen, Hilfen. Stuttgart 1986, 10 ff.; HERZKA, H.S. 1989: Seelische Gewalt gegen Kinder. In: RETZLAFF, I. (Hrsg.), Gewalt gegen Kinder. Mißhandlung und sexueller Mißbrauch Minderjähriger. Neckarsulm 1989, 106-122; JUNGJOHANN 1991, 81 ff.; RAUCHFLEISCH, U. 1992: Allgegenwart von Gewalt. Göttingen 1992, 66 ff.; WITTENHAGEN/WOLFF 1980, 7 ff.

[8] vgl. u.a. MANTELL, D.M. 1988: Familie und Aggression. Zur Einübung von Gewalt und Gewaltlosigkeit. Frankfurt/Main (Original 1972).

[9] vgl. u.a. BRÜNDEL, H./HURRELMANN, K. 1994: Gewalt macht Schule. Wie gehen wir mit aggressiven Kindern um? München; HONIG, M.-S. 1990: Gewalt in der Familie. In: SCHWIND/BAUMANN 1990, III, 343-361; SCHNEIDER, U. 1990: Gewalt in der Familie. In: SCHWIND/BAUMANN 1990, III, 503-573; SCHWIND/BAUMANN 1990, I, 88 ff., II, 106 f.

[10] vgl. u.a. BACON, R. 1982: Sozialhistorische Bemerkungen zur Diskussion über familiale Gewalt. In: BERNECKER, A./MERTEN, W./WOLFF, R. (Hg.), Ohnmächtige Gewalt. Reinbek bei Hamburg 1982, 52-68; HONIG, M.-S. 1992: Verhäuslichte Gewalt. Frankfurt/Main; PFOHL, S.J. 1983: Die „Entdeckung" der Kindesmißhandlung. In: STALLBERG, F.W./SPRINGER, W. (Hg.), Soziale Probleme. Darmstadt, Neuwied 1983, 151-167.

[11] HONIG 1992, 22 f.

[12] vgl. u.a. NICKLAS, H. 1988: Friedensfähigkeit als Ziel von Erziehung und Bildung. In: CALLIESS, J./LOB, R.E. (Hg.), Handbuch Praxis der Umwelt- und Friedenserziehung. Bd. 3: Friedenserziehung. Düsseldorf 1988, 24-31; RASCHKE, J. 1988^2: Soziale Bewegungen. Ein historisch-systematischer Grundriß. Frankfurt/Main, New York.

[13] vgl. u.a. ERNST, A./STAMPFEL, S. 1991: Kinder-Report. Wie Kinder in Deutschland leben. Köln; JUNGJOHANN 1991.

[14] vgl. u.a. BUSKOTTE 1992, COVITZ 1993, Deutscher Kinderschutzbund 1989, 12 f., ENGFER 1986, 10 ff., HERZKA 1989, JUNGJOHANN 1991, 81 ff., RAUCHFLEISCH 1992, 66 ff., WITTENHAGEN/WOLFF 1980, 7 f.
[15] LEVETZOW, G. von, Die seelische Kindermißhandlung. Phil. Diss. Heidelberg 1934, 1.
[16] LEVETZOW 1934, 7.
[17] LEVETZOW 1934, 8 f.
[18] LEVETZOW 1934, 4.
[19] LEVETZOW 1934, 1.
[20] vgl. DUENSING, F., Verletzung der Fürsorgepflicht gegenüber Minderjährigen. Ein Versuch zu ihrer strafrechtlichen Behandlung. Diss. Staatswiss. Fak. Univ. Zürich 1903, 23 ff.
[21] DUENSING 1903, 24 (Auslassungen durch d. Verf.).
[22] vgl. ENGFER 1986, 12.
[23] vgl. ERNST/STAMPFEL 1991, 82 f.
[24] vgl. BUSKOTTE 1992, 19 f.
[25] HERZKA 1989, 112.
[26] HERZKA 1989, 120.
[27] Zum Verhältnis von persönlicher und gesellschaftlicher Gewaltausübung vgl. u.a. PETRI 1989.
[28] RAUCHFLEISCH 1992, 67 f.
[29] BUSKOTTE 1992, 19.
[30] In: ERNST/STAMPFEL 1991, 52.
[31] Eine Übersicht über die Geschichte der Erforschung von *Kindesmißhandlung* und *Gewalt gegen Kinder* läßt sich finden in BUJOK-HOHENAUER, E. 1982: Gewalt gegen Kinder. Zum Stand von Forschung und Praxis. In: HONIG, M.S. (Hrsg.), Kindesmißhandlung. München 1982, 13-52; vgl. auch ZIEGLER, F. 1990: Kinder als Opfer von Gewalt. Ursachen und Interventionsmöglichkeiten. Bern, Stuttgart, Toronto.
[32] vgl. u.a. BRÜNINK, J./GLENEWINKEL, W./HERMSEN, H./KERBST, R. 1979: Kindesmißhandlung. Arbeitsmaterialien aus dem Bielefelder Oberstufen-Kolleg. Bd. 6. Bielefeld; CLAASSEN, H./RAUCH, U. 1980: Gewalt gegen Kinder aus sozialpädagogischer Sicht. Köln; MENDE, U./KIRSCH, H. 1968: Beobachtungen zum Problem der Kindesmißhandlung. München; vgl. auch FORSCHNER 1985, NEIDHARDT 1986.
[33] KEMPE, R.S./KEMPE, C.H., Kindesmißhandlung. Stuttgart 1980, 11.
[34] vgl. u.a. HONIG 1992, 22 f.
[35] vgl. dazu u.a. FUCHS, W. 1984: Biographische Forschung. Opladen; KRÜGER, H.-H./ MAROTZKI, W. (Hg.) 1995: Erziehungswissenschaftliche Biographieforschung. Opladen.
[36] vgl. u.a. FICHTENKAMM, R. 1987: Familiale Übergänge im Wandel. Die sozialwissenschaftliche und die statistische Literatur über qualitative Erhebungs- und Auswertungsmethoden und über die Bedeutung dieser Methoden für die Familienforschung. Wiesbaden; WAHL, K./HONIG, M.-S./GRAVENHORST, L. 1982: Wissenschaftlichkeit und Interessen. Zur Herstellung subjektivitätsorientierter Sozialforschung. Frankfurt/Main.
[37] HARDACH-PINKE (1981) merkt in diesem Zusammenhang an, der überwiegende Teil der Autobiographien aus dem 18. und 19. Jahrhundert stamme von Gelehrten, Politikern, Künstlern und Angehörigen der Militärs (vgl. HARDACH-PINKE, I./HARDACH, G., Kinderalltag. Reinbek bei Hamburg 1981, 10).
[38] BOSCH, M. 1991: Vom „kleinen Erwachsenen" zum „idealen Kind". Literaturgeschichtliche Anmerkungen. In: BOSCH, M. (Hrsg.), Kindheitsspuren. Literarische Zeugnisse aus dem Südwesten. Karlsruhe 1991, 296.
[39] FICHTENKAMM 1987, 65 (Auslassungen durch d. Verf.).
[40] MILLER, A., Am Anfang war Erziehung. Frankfurt/Main 1980, 319.
[41] Gottfried KELLER, Der grüne Heinrich. Roman. München 1987 (nach der Textfassung der Ausgabe von 1853).
[42] Hermann HESSE, Unterm Rad. Roman. Frankfurt/Main 1970.
[43] Emil STRAUSS, Freund Hein. Eine Lebensgeschichte. Berlin 1900.
[44] vgl. u.a. HARDACH-PINKE 1981, 198 ff.
[45] BERGMAN, I., Fanny und Alexander. Roman in sieben Bildern. München, Wien 1983.
[46] CARMEL, A., Lämmer. Roman. Zürich 1993.
[47] RUSCH, R. (Hrsg.), Gewalt. Kinder schreiben über Erlebnisse, Ängste und Auswege. Frankfurt/Main 1993 (1993 a).
[48] RUSCH 1993 a, 21.
[49] RUSCH, R., Plötzlich ist alles ganz anders. Kinder schreiben über unser Land. München 1993, 9 (1993 b).

[50] vgl. u.a. GREFE, C./JERGER-BACHMANN, J., „Das blöde Ozon-Loch". Kinder und Umweltängste. München 1992; PETRI, H., Umweltzerstörung und die seelische Entwicklung unserer Kinder. Zürich 1992².

[51] vgl. u.a. BÖHM, J./BRUNE, J./FLÖRCHINGER, H./HELBING, A./PINTHER, A. (Hg.), Deutsch-Stunden. Aufsätze. Was Jugendliche von der Einheit denken. Berlin 1993; RUSCH 1993 b.

[52] vgl. u.a. MEINERZHAGEN, M. (Hrsg.), Bäume und Vögel gibt es nicht mehr. Kinder schreiben über ihre Zukunft. Hamburg 1988; Mut zum Träumen: Wie Kinder sich ihre Zukunft vorstellen – gemalt und geschrieben für den WDR-Wettbewerb (hrsg. v. R. HORBELT im Auftrag des Westdeutschen Rundfunks). Frankfurt/Main 1987; RUSCH, R. (Hrsg.), So soll die Welt nicht werden. Kinder schreiben über ihre Zukunft. Kevelaer 1989.

[53] vgl. u.a. ALLERT-WYBRANIETZ, K. (Hrsg.), Ich will leben und meine Katze auch. Kinder schreiben an Reagan und Gorbatschow. München 1988; Peace Bird (Hg.), Kinder für den Frieden. München 1989; ZDF (Hg.), „Ich kann nicht beschreiben, wie die Angst ist". Kinderbriefe für den Frieden. Niedernhausen/Ts. 1991.

[54] RUSCH 1993 a, 21.

[55] vgl. zu ersten Ansätzen u.a. ESSER, J. 1987: Alltägliche Gewalt. In: CALLIESS, J./ LOB, R.E. (Hg.), Handbuch Praxis der Umwelt- und Friedenserziehung. Bd. 1: Grundlagen. Düsseldorf 1987, 374-378; ESSER, J. 1988: Recht hat immer der Stärkere: Gewalt im Alltag. In: CALLIESS, J./LOB, R.E. (Hg.), Handbuch Praxis der Umwelt- und Friedenserziehung. Bd. 3: Friedenserziehung. Düsseldorf 1988, 467-477; HUBER, W. 1993: Die tägliche Gewalt. Gegen den Ausverkauf der Menschenwürde. Freiburg, Basel, Wien; RAUCHFLEISCH, U. 1992: Allgegenwart von Gewalt. Göttingen.

3.2.2.3. Zusammenfassung und Einordnung der Ergebnisse

Dem Aufsatz von SOMMER (1996) wird im Rahmen eines Einführungsseminars in den Themenbereich *Gewalt gegen Kinder/Kindesmißhandlung* in unterschiedlicher Hinsicht grundlegende Bedeutung zugeschrieben:

- *Psychische Gewalt gegen Kinder* stellt unter wissenschaftsgeschichtlichem Aspekt betrachtet wie auch unter Beachtung aktueller, moderner sozialwissenschaftlich ausgerichteter Forschungsbemühungen einen weitgehend vernachlässigten Problembereich dar.

Grundlegende sozialhistorische und sozialwissenschaftliche Kenntnisse über die Erforschung des Themenbereiches *Gewalt gegen Kinder/Kindesmißhandlung* scheinen unerläßlich, um diese bis in die Gegenwart bestehenden Forschungsdefizite in Lehre und Forschung gedanklich nachvollziehen zu können, in deren Zuge ein Ungleichgewicht in der Erforschung und der Bedeutungszuschreibung der Bereiche *körperlicher Gewalt gegen Kinder* und *seelischer Gewalt gegen Kinder* zu verzeichnen ist.

So verständigten sich beispielsweise die Gutachter der sogenannten *Gewaltkommission*, die als „unabhängige Regierungskommission zur Verhinderung und Bekämpfung von Gewalt"[106] im Jahre 1987 von der damaligen Bundesre-

---

[106] vgl. SCHWIND/BAUMANN 1990.

gierung Kohl beauftragt wurde, „in einer Sekundäranalyse die Ursachen, insbesondere der politisch motivierten Gewalt, der Gewalt auf Straßen und Plätzen, der Gewalt im Stadion, der Gewalt in der Schule und der Gewalt in der Familie zu untersuchen und Konzepte zu entwickeln, die so praxisnah und handlungsorientiert sein sollen, daß sie von Gesetzgebung, Verwaltung und Justiz auch möglichst kurzfristig umgesetzt werden können"[107], auf den Gebrauch eines Gewaltterminus, „der die zielgerichtete, direkte physische Schädigung von Menschen durch Menschen erfaßt"[108].

Während diese Begriffsbestimmung in der Folge als „Minimalkonsens in der öffentlichen (politischen) Diskussion und in den einzelnen Wissenschaftsdisziplinen" bezeichnet wurde, in deren Rahmen eine mögliche Einbeziehung von „'Zwangsmerkmalen' in sozialen Systemen (sog. strukturelle Gewalt)"[109] in dem Konzept der *Gewaltkommission* mit dem Hinweis auf die darin liegenden „inflationäre Ausdehnung" des Begriffes *Gewalt* praktisch ausgeklammert wurde, merkten bereits ALBRECHT und BACKES (1990) kritisch an, daß die Gewaltkommission „ihren Blick von vornherein auf individuelle Gewalt eingeengt und den Gewaltbegriff nur aus der Sicht eines formalistisch abgeleiteten staatlichen Gewaltmonopols bestimmt"[110] habe.

- Unter kulturgeschichtlichem Aspekt betrachtet scheint der Themenbereich *psychische Gewalt gegen Kinder* geeignet zu sein, einen Exkurs in die (sozial-)politische und kulturelle Geschichte der Bundesrepublik Deutschland der 60er, 70er, 80er und 90er Jahre zu unternehmen.

Gewalt gegen Frauen und *Gewalt gegen Kinder* wurden bis zum Ende der 60er Jahre weder in öffentlich noch in wissenschaftlich geführten Diskussionen thematisiert.

Erst über den Einfluß der sogenannten *Neuen Sozialen Protestbewegungen*, der *Kinderrechtsbewegung*, der *Frauenbewegung*, der *Friedensbewegung* und der *Ökologiebewegung*, werden die (Fach-)Öffentlichkeit mit zunehmender Zeit für Themen im Zusammenhang mit *familialer Gewalt* sensibilisiert.

---

[107] SCHWIND/BAUMANN 1990, I, 28.
[108] SCHWIND/BAUMANN 1990, I, 36.
[109] SCHWIND/BAUMANN 1990, I, 36.
[110] ALBRECHT/BACKES 1990, 9; vgl. auch SCHWIND/BAUMANN 1990, I, 32, 49 ff.

Diese Entwicklung wurde erst ermöglicht über die Veröffentlichung von Berichten aus Frauenhäusern und Kinderschutz-Einrichtungen, in denen Kinder und Erwachsene von subjektiven Gewalterfahrungen Zeugnis ablegten.

In diesen Berichten wurde die Verwobenheit von Gewaltphänomenen in den Lebensalltag von Kindern und Erwachsenen deutlich, wobei *Gewalt* im alltäglichen Bereich oftmals in subtiler Form erscheint, so daß erst über eine genaue Analyse die Gewaltförmigkeit gesellschaftlicher (Sub-)Systeme wie auch die Gewalttätigkeit in den sozialen Handlungen einzelner Personen oder Personengruppen erkennbar wird.

- Ein Blick auf die geschichtliche Erforschung des Problembereiches *psychische Gewalt gegen Kinder* weist wenige Beiträge in der einschlägigen Literatur aus: die erste deutschsprachige Veröffentlichung zum Themenbereich *seelischer Gewalt gegen Kinder* stellt die Dissertation von DUENSING aus dem Jahre 1903 dar, in deren Rahmen Ausdrucksformen und Fragestellungen aus dem Bereich der *seelischen Kindermißhandlung* thematisiert werden.

  Es folgt die Dissertation von LEVETZOW aus dem Jahre 1934, die sich explizit mit dem Thema der *seelischen Kindesmißhandlung* auseinandersetzt.

  Beide Verfasserinnen formulieren im Rahmen ihrer Betrachtungen die nur schwierig zu beantwortenden Fragestellungen, welches Verhalten von Erwachsenen gegenüber Kindern und Jugendlichen noch als berechtigte, legitime Erziehungsmaßnahme, welches bereits als *seelische Kindesmißhandlung* anzusehen sei.

  Moderne Verfasser wie beispielsweise HERZKA (1989) sehen in dem Problembereich der *seelischen Gewalt gegen Kinder* einen Ausdruck des Machtkampfes zwischen Erwachsenen und Heranwachsenden; auch er sieht, ähnlich wie DUENSING (1903) und LEVETZOW (1934), die Problematik einer klaren Abgrenzung von gesellschaftlich noch akzeptiertem Erziehungsverhalten und Verhaltensweisen, die unter den Begriff *Gewalt gegen Kinder* zu fassen seien.

- Ein kritischer Blick auf mögliche Ursachen und Begründungen für das offensichtlich werdende Forschungsdefizit hinsichtlich des Themenbereiches *seelische Gewalt gegen Kinder* führt unweigerlich zu den immer wieder beschriebenen methodologischen und forschungsmethodischen Schwierigkeiten, da der Nachweis *psychischer Gewalt gegen Kinder* nicht objektivierbar ist und zudem keine eindeutig als kausal zu bezeichnenden Beziehungen zwischen dem Gewaltverhalten von Erziehungspersonen und einem u.U. erst Jahre später offensichtlich werdenden Verhaltensauffälligkeiten auf seiten von Kindern und Jugendlichen hergestellt werden können.

Ein möglicher Weg zu einer grundlegenden Erhellung des Phänomens der *psychischen Gewalt gegen Kinder* liegt in der Auswahl und Ausarbeitung biographischer Forschungsansätze begründet, in deren Rahmen die subjektiven Perspektiven der von *Gewalt* betroffenen Kinder und Jugendlichen hinsichtlich Existenz und Bedeutung subtiler Formen *nicht-körperlicher Gewalt gegen Kinder* deutlich werden.

- Über die Bearbeitung des Themenbereiches *seelische Gewalt gegen Kinder* mit Hilfe (auto-)biographischer Forschungsansätze „läßt sich eine Verschiebung der Wert- und Bewertungsmaßstäbe dessen feststellen, was als bedrohend, schädigend und verletzend für Gesundheit und Leben sowie als hemmend und behindernd für die Entfaltung der Entwicklungsmöglichkeiten von Kindern angesehen wird"[111].

Wichtige Aspekte innerhalb der Entwicklung hin zu sich verändernden Bewertungs- und Beurteilungskriterien von *Gewalt gegen Kinder* bestehen u.a. darin, daß

- das Phänomen *Gewalt gegen Kinder* einerseits zwar in der Geschichte der Zivilisation als allgegenwärtig erscheint, daß es jedoch andererseits erst in der Gegenwart als Problem sozialer Wirklichkeit „entdeckt" worden sei;

- Fragen nach dem Verhältnis des Individuums bzw. Gruppen von Menschen zu *Gewalt* in ihren unterschiedlichen Erscheinungsformen über den Einfluß der *Neuen Sozialen Protestbewegungen* der 70er und 80er Jahre (*Kinderrechtsbewegung, Frauenbewegung, Friedensbewegung, Ökologiebewegung*) neu formuliert worden seien;

- ein sich zunächst auf die Vertreter sozialer Berufsgruppen beziehender, sich später dann auf weite Teile der breiten Öffentlichkeit ausdehnender Sensibilisierungsprozeß für Gewaltphänomene in Erziehung, Gesellschaft und Politik auszumachen sei, in dessen Zuge die bis zu diesem Zeitpunkt tabuisierten Probleme *familialer Gewalt* in zunehmendem Maße enttabuisiert und skandalisiert worden seien;

---

[111] SOMMER 1996 b, 304.

- im Zuge dieses Sensibilisierungsprozesses subjektiv gehaltene Berichte aus Frauenhäusern und Kinderschutz-Einrichtungen veröffentlicht worden seien, die einen qualitativ völlig neuen Zugang zu bisher vernachlässigten Problembereichen *nicht-körperlicher Gewalt gegen Kinder* eröffneten.

- Neben den beispielhaft angeführten Aufsätzen aus dem Sammelband von RUSCH (1993) lassen sich in der Literatur weitere Quelle ausmachen, in denen das Ziel verfolgt wird, Kindern, die „gewöhnlich nur selten selbst zu Wort"[112] kämen, „öffentliches Gehör zu verschaffen"[113].

So stellen Gottfried KELLERs „Der grüne Heinrich", Hermann HESSEs „Unterm Rad" und Emil STRAUSS' „Freund Hein" Beispiele einer literarischen Bearbeitungsform von Themen im Zusammenhang mit *Kindheit* und *Gewalt gegen Kinder* dar.

Die Beschreibung von Gewaltphänomenen im Alltagsleben von Kindern und Jugendlichen, (auto-)biographisch orientierte Berichte aus Frauenhäusern und Kinderschutz-Zentren[114] wie auch vereinzelte literarische Vorlagen[115] können unter einen weiten Begriff von „biographischer Forschung" gefaßt werden.

---

[112] RUSCH 1993 a, 21.

[113] RUSCH 1993 b, 9.

[114] Die Aussage, daß, wie HONIG (1990) es beschreibt, „Mißhandlung und Vergewaltigung in der Ehe, Mißhandlung, Vernachlässigung, sexuelle Ausbeutung von Kindern in Familie und Verwandtschaft alles andere als selten und schon gar keine Ausnahmephänomene" (HONIG 1990 c, 354) seien, belegen vor allem (auto-)biographische Berichte, die im Zuge des die Öffentlichkeit in wachsendem Maße beeinflussenden Sensibilisierungsprozesses für *Gewalt gegen Frauen* und *Gewalt gegen Kinder* in den vergangenen 30 Jahren herausgegeben wurden.

Die Flut von vor allem autobiographisch ausgerichteten Veröffentlichungen zu Gewalterfahrungen und sexuellem Mißbrauch ist kaum noch zu überschauen.

Vgl. u.a. ARMSTRONG 1985, BROWNMILLER 1983, CARDINAL 1979, CHRISTIANE F. 1980, DANICA 1989, DIRKS 1989, DORPAT 1982, FRASER 1988, GALEY 1988, GARDINER-SIRTL 1983, GLASS 1994, GLOER/SCHMIDESKAMP-BÖHLER 1990, HOWARD 1988, JOHNS 1993, KAREDIG 1990, KAVEMANN/LOHSTÖTER 1984, KULESSA 1987, MERTENS 1984, 1985, MERZ 1988, MOGGACH 1983, MORRIS 1988, PIONTEK 1990, PIZZEY 1978, RUSH 1982, SCHATZMAN 1978, SPRING 1988, VALERE 1982, 1989, WALKER 1984, ZIMMER 1979, ZORN 1979.

[115] Literarische Zeugnisse sind beispielsweise BACHMANN 1988, BERGMAN 1983, BIELER 1989, CARMEL 1993, DEGENHARDT 1982, GINZBURG 1983, HÄRTLING 1986, HANDKE 1972, HESSE 1970, HOPF/HOPF 1986, 1987, KARIN Q. 1978, KÜHN 1990, KÜRBISCH 1983, LAPPESSEN 1991, MECKEL 1979, MORRISON 1979, O'NEILL 1984, PLATEN 1988, PLATH 1975, 1978, RIJNAARTS 1988, RUSCH 1986, SADE 1990, SCHNEIDER 1992, STEENFATT 1986, STROMBERGER 1982,

Mit Hilfe biographischer Forschungsansätze kommen neben Formen *körperlicher Gewalt gegen Kinder* auch und vor allem Erfahrungen mit subtil wirkenden, in den Lebensalltag von Kindern und Jugendlichen verwobenen Formen *psychischer Gewalt* zum Ausdruck: Die Beschreibungen der betroffenen Kinder und Jugendlichen hinsichtlich körperlicher Gewalthandlungen, aber auch hinsichtlich Phänomenen wie Anschreien, Ein- und Aussperren, Vorwürfe und Beleidigungen, hinsichtlich erlebter bzw. beobachteter Ungerechtigkeiten im Umgang Erwachsener mit Kindern und Jugendlichen legen Zeugnis ab über die Vielfalt und Vielfältigkeit von Phänomenen, die unter dem Begriff *Gewalt gegen Kinder* verstanden werden können.

3.2.3. Die vierte Seminar-Sitzung „Erklärungsmodelle von *Gewalt gegen Kinder/Kindesmißhandlung*"

3.2.3.1. Einführung

In der vierten Seminar-Sitzung erfolgt eine Einführung in den Themenbereich „Erklärungsmodelle von *Gewalt gegen Kinder/Kindesmißhandlung*", die vom didaktischen Standpunkt her betrachtet anhand eines Thesenpapiers des Veranstaltungsleiters in Verbindung mit der „Vorab-Lektüre" des Arbeitspapiers 4 geleistet wird.

Von der Systematik der Veranstaltungsfolge her betrachtet setzt die Bearbeitung dieses Themenbereiches inhaltlich an die im Aufsatz von SOMMER (1996) angestellten Überlegungen an.

Dabei wird nochmals die These aufgenommen, wonach eine zumindest ausreichende Kenntnis der geschichtlichen Erforschung des Problembereiches *Gewalt gegen Kinder/Kindesmißhandlung* als eine wesentliche Voraussetzung angesehen wird, aktuelle Entwicklungen in der Diskussion wie auch gegenwärtig vorherrschende Ursachenmodelle von *Gewalt* in der der Bedeutung dieses Themas angemessenen Weise einschätzen zu können.

So werden exemplarisch Grundzüge einzelner Ursachen- und Erklärungsmodelle von *Kindesmißhandlung* und *Gewalt gegen Kinder* in ihren wissenschaftshistorischen, politischen und kulturellen Zusammenhängen beschrieben, ohne jedoch den Anspruch auf Vollständigkeit der Darstellung erheben zu wollen. So

---

TALBERT 1989, TIKKANEN 1980, WACHTER 1985, WAHLDEN 2001, WASSMO 1984, 1985, 1987.

finden Beispiele individualisierender Ursachenmodelle aus den 60er und 70er Jahren Aufnahme wie auch sozialwissenschaftlich ausgerichtete Erklärungsmodelle, die multidimensional und multidisziplinär ausgerichtet sind.

Das Thesenpapier, das dem Arbeitspapier 4 vorangestellt wird, soll verstanden werden als eine Art Orientierungshilfe für die im laufenden Seminar anstehende Lektüre.

3.2.3.2. Didaktische Arbeitsmaterialien – Arbeitspapier 4: „Erklärungsmodelle von *Gewalt gegen Kinder/Kindesmißhandlung*"

Aus-, Fort- und Weiterbildungsveranstaltung
Gewalt gegen Kinder/Kindesmißhandlung
Dr. B. Sommer

Thesenpapier
Einführung in den Themenbereich „Erklärungsmodelle von *Gewalt gegen Kinder/Kindesmißhandlung*"

(1) Erklärungsmodelle, die auf dem Begriff *Kindesmißhandlung* aufbauen, betonen einseitig den körperlichen Aspekt von *Gewalt*, vernachlässigen zugleich den psychischen (emotionalen) Aspekt sowie subtil wirkende Formen *alltäglicher Gewalt*.

(2) Bei weitgefaßten Konzepten von *Gewalt gegen Kinder* besteht die Gefahr der „begrifflichen Entgrenzung", d.h. dadurch daß viele unterschiedliche Einzelphänomene unter den Begriff *Gewalt gegen Kinder* gefaßt werden können, verlieren Begriffsbestimmungen dieser Art die für eine notwendige Abgrenzung von anderen Konzepten bedeutsam werdenden klaren Konturen.

(3) Die zu den jeweiligen Zeiten in der wissenschaftlichen Literatur wie auch in der Öffentlichkeit diskutierten Erklärungsmodelle von *Kindesmißhandlung* und *Gewalt gegen Kinder* sind abhängig von den jeweils vorherrschenden sozialen, gesellschaftlichen, kulturellen und politischen Entwicklungen.

(4) Im Zuge eines zunehmenden Sensibilisierungsprozesses der Öffentlichkeit für Gewaltphänomene läßt sich eine Entwicklung der Erklärungsversuche von *Kindesmißhandlung/Gewalt gegen Kinder* von eher monokausal ausgerichteten hin zu multidimensionalen Erklärungsmodellen erkennen.

(5) Die Erscheinungsformen von *Gewalt gegen Kinder* verlieren immer stärker ihre sinnlich wahrnehmbare Qualität.
Statt ausschließlich Ausdrucksformen *direkter personaler Gewalt* treten über den Prozeß zunehmender Sensibilisierung für *Gewalt* subtiler wirkende Formen von *Gewalt gegen Kinder* stärker in den Blickpunkt der öffentlich wie wissenschaftlich geführten Diskussion[116].

Aus-, Fort- und Weiterbildungsveranstaltung
Gewalt gegen Kinder/Kindesmißhandlung
Dr. B. Sommer

Arbeitspapier 4
Erklärungsmodelle von
Kindesmißhandlung und *Gewalt gegen Kinder*

1. Individualisierende Forschungsansätze
1.1. Das *Modell des abnormen Täters*
1.2. Das *klinisch-psychiatrische Erklärungsmodell* nach AMMON (1979)
1.3. Das *psychodynamische Erklärungsmodell* von STEELE und POLLOCK (1978)

2. Sozialwissenschaftliche Forschungsansätze zum Problembereich *Kindesmißhandlung* und *Gewalt gegen Kinder*
2.1. Der sozialpädagogisch orientierte Ansatz von MENDE und KIRSCH (1968)
2.2. *Gewalt gegen Kinder* aus sozialpädagogischer Sicht – Der Forschungsband von CLAASSEN und RAUCH (1980)
2.3. *Gewalt gegen Kinder* als multidimensionales gesellschaftliches Problem – Der Erklärungsansatz von WOLFF
2.4. Am Begriff der *Krise* orientierte Erklärungsansätze von *Gewalt gegen Kinder*
2.5. Das Konzept der *Erziehungsgewalt* als Erklärungsansatz von *Gewalt gegen Kinder*

Literatur zum Themenbereich i.w.S. „Geschichte der Erforschung von *Kindesmißhandlung/Gewalt gegen Kinder*" (Auswahl)

ARIES, P. 1975: Geschichte der Kindheit. München.

---

[116] vgl. SOMMER 1995, 1996 a, 1996 b.

BACON, R. 1982: Sozialhistorische Bemerkungen zur Diskussion über familiale Gewalt. In: BERNECKER, A./MERTEN, W./WOLFF, R. (Hg.), Ohnmächtige Gewalt. Kindesmißhandlung: Folgen der Gewalt, Erfahrungen und Hilfen. Reinbek bei Hamburg 1982, 52-68.
BAST, H./BERNECKER, A./KASTIEN, I./SCHMITT, G./WOLFF, R. (Hg.) 1975 (Arbeitsgruppe Kinderschutz): Gewalt gegen Kinder. Kindesmißhandlungen und ihre Ursachen. Reinbek bei Hamburg.
BUJOK-HOHENAUER, E. 1982: Gewalt gegen Kinder. Zum Stand von Forschung und Praxis. In: HONIG, M.-S. (Hrsg.), Kindesmißhandlung. München 1982, 13-52.
DeMAUSE, L. (Hrsg.) 1977: Hört ihr die Kinder weinen? Eine psychogenetische Geschichte der Kindheit. Frankfurt/Main.
HONIG, M.-S. 1992: Verhäuslichte Gewalt. Frankfurt/Main.
PFOHL, S.J. 1983: Die „Entdeckung" der Kindesmißhandlung. In: STALLBERG, F.W./SPRINGER, W. (Hg.), Soziale Probleme. Grundlegende Beiträge zu ihrer Theorie und Analyse. Darmstadt, Neuwied 1983, 151-167.
ZIEGLER, F. 1990: Kinder als Opfer von Gewalt. Ursachen und Interventionsmöglichkeiten. Bern, Stuttgart, Toronto.

1. Individualisierende Forschungsansätze

1.1. Das *Modell des abnormen Täters*

Im Rahmen des *Modells des abnormen Täters* wird *Kindesmißhandlung* als Problem der gestörten Persönlichkeit der mißhandelnden Person angesehen, der die alleinige und gesamte Verantwortung an einer gewaltsamen Handlung gegenüber einem Kind zugeschrieben wird.

Innerhalb dieser Forschungstradition lassen sich zwei deutlich voneinander zu trennende Perspektiven unterscheiden:

(a) strafrechtlich-kriminologische Perspektive: Deskription des Täters und Beschreibung seiner psychopathologischen Persönlichkeit[117]

---

[117] In diesem Rahmen werden verschiedene Tätertypologien entwickelt: So faßt SCHAIBLE-FINK (1968, 32 f.) unter Tätertypologien die „gewalttätigen Primitiven", die „Gemütskalten", die „Affekttäter" und die „Debilen und Induzierten" zusammen. BAUER (1969, 102 ff.) unterscheidet die Kategorien „Affekttäter", „gewalttätige Täter", „Sadisten", „haltlose Asoziale und Schwachsinnige". SCHREIBER (1971, 86, 95) bezeichnet die mißhandelnden Personen als „Anlagekriminelle" und „arbeitsscheue und intellektuell unterwertige Menschen".

(b) gerichtsmedizinisch orientierte Perspektive: Darstellung von Mißhandlungsformen und ihrer unmittelbaren körperlichen Auswirkungen auf Kinder[118]

Bei den Verfechtern des *Modells des abnormen Täters* fehlen genauere Definitionen des von ihnen verwendeten Mißhandlungsbegriffs, zudem werden im Rahmen der Entwicklung wissenschaftlich fragwürdiger Tätertypologien Vorurteile und Ideologien an die Stelle wissenschaftlicher Theoriebildung innerhalb einer als „zum Teil bereits überholte(n) Psychiatrietradition"[119] gesetzt.

In dem *Modell des abnormen Täters* wird *Kindesmißhandlung* monokausal erklärt, die vor allem auf den körperlichen Aspekt von *Kindesmißhandlung* beschränkte Sichtweise geht von vermuteten Persönlichkeitsstörungen der Täter aus.

Damit werden, wie BUJOK-HOHENAUER (1982) es beschreibt, „gängige Klischees und Vorurteile reproduziert, indem sozio-ökonomische und persönliche Belastungsfaktoren moralisch gewertet und dem eigenen Verschulden zugeschrieben"[120] werden.

1.2. Das *klinisch-psychiatrische Erklärungsmodell* nach AMMON (1979)

In Mittelpunkt des Interesses steht die sogenannte „Borderline-Persönlichkeit", die sich nach AMMON (1979) aufgrund von Defiziten während der Sozialisation im emotional-affektiven Bereich bei Personen, die Kindern gegenüber gewalttätig werden, besonders häufig beobachten ließe[121].

Bei der „Borderline-Persönlichkeit" handele es sich nach Aussagen von BUJOK-HOHENAUER (1982) um „Menschen mit einer oft äußerlich glänzenden und angepaßten Fassade, hinter der sich Gefühllosigkeit und jederzeit ausbruchsbereite destruktive Aggressivität bei tiefer Unzufriedenheit mit sich selbst verbirgt. Sie hat ihre Wurzeln in frühkindlichen Verlassenheitserfahrungen, die das Kind in seiner Beziehung zur Mutter macht. Die Kindheit von Mißhandlern ist gekennzeichnet durch Gewalterfahrungen und den Entzug emotionaler Zuwendung"[122].

Eine der grundlegenden Erkenntnisse von AMMON (1979) ist die Aussage, „daß Menschen ihre in der Kindheit erfahrenen Mißhandlungen in der

---

[118] vgl. beispielsweise die Veröffentlichungen von KÖTTGEN 1967, NAU 1964, 1967, TRUBE-BECKER 1964, 1966, 1973, 1982.
[119] BUJOK-HOHENAUER 1982, 25 (Veränderungen durch d. Verf.).
[120] BUJOK-HOHENAUER 1982, 26.
[121] vgl. AMMON 1979, 75 ff.
[122] BUJOK-HOHENAUER 1982, 30.

Regel verdrängen, statt dessen aber schwere Persönlichkeitsschädigungen entwickeln. Man kann es auf die Formel bringen, daß kindesmißhandelnde Eltern selbst in der Kindheit von ihren Eltern mißhandelt wurden oder besser gesagt: Kindesmißhandler waren einmal selbst mißhandelte Kinder"[123].
Aus einer psychodynamischen Perspektive heraus werden in dem Erklärungsmodell nach AMMON (1979) den Störungen im Mutter-Kind-Verhältnis eine entscheidende Bedeutung für das Entstehen von *Kindesmißhandlung* zugemessen. Demnach neigten Eltern, die ihrerseits in ihrer Kindheit wenig Zuwendung und emotionale Wärme erhalten, auf der anderen Seite aber harte Bestrafung, Überforderung und autoritäre Erziehungsprinzipien erfahren hätten, dazu, diese Erziehungsmuster wiederum bei ihren eigenen Kindern zu reproduzieren[124].

1.3. Das *psychodynamische Erklärungsmodell* von STEELE und POLLOCK (1978)
In ihren Studien bei der analytisch ausgerichteten Therapie mit 60 Familien, in denen Mißhandlungen aufgetreten waren, beobachteten STEELE und POLLOCK (1978) u.a., daß die von ihnen untersuchten körperlichen Kindesmißhandlungen nicht ein „isoliertes, seltenes Phänomen darstellten, sondern eher (...) die extrem ausgeprägte Variante eines Musters der Kindererziehung, das in allen menschlichen Gesellschaften auf der ganzen Welt verbreitet ist"[125].
In ihren Untersuchungen stellten STEELE und POLLOCK (1978) u.a. folgende Besonderheiten in der Interaktion von Eltern und Kindern fest:
(a) oftmals stellten Eltern überhöhte und verfrühte Forderungen an ihre Kinder; sie behandeln sie nicht als Kinder, sondern als Erwachsene;
(b) die Eltern scheinen unsicher, fühlten sich vielfach ungeliebt und erhofften sich ihrerseits von ihren Kindern Bestätigung, Trost und Liebe, Verhaltensweisen, wie sie sonst Kinder umgekehrt von ihren Eltern erwarteten („Rollenumkehr");

---

[123] AMMON 1979, 8.
[124] vgl. BUJOK-HOHENAUER 1982, 30 f.; vgl. auch die Diskussion um den *Kreislauf der Gewalt.*
[125] STEELE/POLLOCK 1978, 176 (Auslassungen durch d. Verf.); vgl. auch ENGFER 1986, 43 f.
Nach Meinung von ZENZ (1979, 217) sei dies ein Stil, „der in hohem Maße durch aggressives Verhalten der Erwachsenen, d.h. durch Anschreien und Schimpfen, Schläge, Ohrfeigen, Klapse, Stoßen und Zerren schon gegenüber sehr kleinen Kindern gekennzeichnet" werden könne.

c) Eltern erwarteten von ihren Kindern Gehorsam und Respekt vor der elterlichen Autorität. Mit harten Disziplinierungsmaßnahmen versuchten sie, das „Schlechte" im Kind zu unterdrücken. Dabei entwickelten sie das Gefühl, für ihre Kinder das „Richtige" zu tun[126].

STEELE und POLLOCK (1978) versuchten diese Haltungen und Erwartungen aufgrund des Verlaufes der elterlichen Lebensgeschichten zu erklären, wobei nach Aussagen der Verfasser die „Lebensgeschichten der Patienten unserer Gruppe zeigen, daß sie ohne Ausnahme im selben Stil erzogen wurden und daß sie diesen insofern neubelebt haben, als sie ihre eigenen Kinder in derselben Art und Weise erzogen"[127].

2. Sozialwissenschaftliche Forschungsansätze zum Problembereich *Kindesmißhandlung* und *Gewalt gegen Kinder*

2.1. Der sozialpädagogisch orientierte Ansatz von MENDE und KIRSCH (1968)

In der ersten bundesdeutschen Untersuchung mit sozialpädagogisch orientierter Betrachtungsweise stellen MENDE und KIRSCH (1968) als Ursachen von *Kindesmißhandlung*[128] „immer wiederkehrende gefährdende Umstände" heraus: unzureichendes Einkommen, beschränkte Wohnverhältnisse, mangelnde Berufstüchtigkeit, vielfacher Berufswechsel, Alkoholismus, schwere Krankheiten u.ä.

MENDE und KIRSCH (1968) nennen auch andere belastende Faktoren aufgrund ungünstiger materieller Lebensverhältnisse wie hohe Anzahl von Kindern, Überlastung der Mutter, aber auch Persönlichkeitsmerkmale der Eltern wie Charaktere, die Qualität mitmenschlicher Beziehungen, ihre Rolle als Ehepartner u.ä.[129]

Die Verfasserinnen gelangen zu der Überzeugung, daß dem Problembereich *Kindesmißhandlung* mit einem monokausal ausgerichteten Erklärungsmodell nicht beizukommen sei, denn es ließe sich „zweifellos (...) aus der Darstellung der Einzelergebnisse unschwer die Komplexität des Problems erkennen und nur eine Betrachtungsweise, die viele Faktoren einbezieht und unter diesen einige als gravierend heraushebt, kann ihm in etwa gerecht werden"[130].

---

[126] vgl. STEELE/POLLOCK 1978, 176 ff.
[127] STEELE/POLLOCK 1978, 177; vgl. ZENZ 1979, 219 ff., ZIEGLER 1990, 14.
[128] MENDE und KIRSCH (1968, 12, 53 ff.) heben im Rahmen der Betrachtung des Phänomens *Kindesmißhandlung* die „Einbeziehung der seelischen Mißhandlung für ganz besonders wichtig" hervor.
[129] vgl. MENDE/KIRSCH 1968, 99 f.
[130] MENDE/KIRSCH 1968, 98 (Auslassungen durch d. Verf.).

MENDE und KIRSCH (1968) versuchen das Phänomen *Kindesmißhandlung* in breitere gesellschaftliche Zusammenhänge einzuordnen und „die Komplexität sozio-ökonomischer, familienstruktureller und persönlicher Einflußfaktoren"[131] herauszuheben.

2.2. *Gewalt gegen Kinder* aus sozialpädagogischer Sicht – Der Forschungsband von CLAASSEN und RAUCH (1980)

Nach CLAASSEN und RAUCH (1980) müsse im Arbeitszusammenhang von *Kindesmißhandlung/Gewalt gegen Kinder* davon ausgegangen werden, daß eine der Komplexität des Problembereiches angemessen erscheinende Ursachenforschung „nicht nur die (sogenannte) 'Persönlichkeitsstruktur' der Täter und ihre Motive, sondern darüber hinaus die Bedingungszusammenhänge zwischen der Gewalt in der Erziehung und der Gewalt in der Gesellschaft"[132] einbeziehen müsse.

In Anlehnung an die Definition des Kinderschutz-Zentrums Berlin (1976) gehen CLAASSEN und RAUCH (1980) von folgender Begriffsbestimmung aus:

„Kindesmißhandlung ist nicht allein die isolierte gewaltsame Beeinträchtigung eines Kindes. Die Mißhandlung von Kindern umfaßt vielmehr die Gesamtheit der Lebensbedingungen, der Handlungen und Unterlassungen, die dazu führen, daß das Recht der Kinder auf Leben, Erziehung und wirkliche Förderung beschnitten wird. Das Defizit zwischen diesen ihren Rechten und ihrer tatsächlichen Lebenssituation macht die Gesamtheit der Kindesmißhandlung aus"[133].

Als „bedeutende kausale Faktoren für das Mißhandlungsverhalten von Erwachsenen"[134] fassen CLAASSEN und RAUCH (1980) folgende Erkenntnisse zusammen:

(a) schlechte Lebens- und Arbeitsbedingungen
(b) die Sozialisationserfahrungen der Eltern (z.B. Gewalterfahrungen in der eigenen Kindheit)
(c) situationsbezogene Faktoren wie Alkoholismus, Krankheit, Arbeitslosigkeit, familiäre Spannungen, Erziehungsschwierigkeiten, unerwünschte Kinder u.a.
(d) der aus den Lebensbedingungen und Konflikten stammende psychosoziale Druck, dem sich Eltern ausgesetzt sähen[135].

---

[131] BUJOK-HOHENAUER 1982, 36.
[132] CLAASSEN/RAUCH 1980, 10.
[133] CLAASSEN/RAUCH 1980, 14 f.; vgl. auch BRÜNINK et al. 1979.
[134] CLAASSEN/RAUCH 1980, 69.
[135] vgl. CLAASSEN/RAUCH 1980, 69.

Nach Meinung von CLAASSEN und RAUCH (1980) lasse sich das Phänomen *Kindesmißhandlung* nur unter genügender Berücksichtigung seiner individuellen Bedingungsfaktoren, seiner sozialen und strukturellen Kontextvariablen sowie seiner gesamtgesellschaftlichen Strukturen und kulturellen Wertvorstellungen verstehen[136].

2.3. *Gewalt gegen Kinder* als multidimensionales gesellschaftliches Problem
– Der Erklärungsansatz von WOLFF
Eltern-Kind-Beziehungen seien nach Aussagen WOLFFs auf der Grundlage einer autoritären Erziehungstradition geprägt durch gesellschaftliche Abhängigkeits- und Unterdrückungsverhältnisse. Ob Eltern während der Erziehung ihrer Kinder auf die Anwendung „purer Gewalt" angewiesen seien, hänge seiner Meinung nach davon ab, welche Möglichkeiten ihnen zur Entfaltung und Befriedigung ihrer Bedürfnisse aufgrund der materiellen Lebensverhältnisse zur Verfügung ständen.

In diesem Zusammenhang schreibt WOLFF (1975), die objektiven sozialen Faktoren führten an dieser Stelle zu vielfältigen Belastungen des Familienlebens, die kaum noch bewältigt werden könnten und die sich als lebensgeschichtliche Erfahrungen in den Persönlichkeitsstrukturen der Eltern niederschlügen.

So bedürfe es u.U. nur noch eines aktuellen Auslösers, einer auslösenden Situation, um ein Mißhandlungsverhalten hervorzurufen[137].

WOLFF (1982) begründet eine neue theoretische Perspektive für das Verständnis von *Kindesmißhandlung*, die „mit Recht sowohl als ein Problem individueller Psychopathologie als auch eine Familienstörung und als ein gestörtes Muster der Kindererziehung (...), nicht zuletzt als ein gesellschaftliches Problem sozialer Ungleichheit und politischer Herrschaft beschrieben"[138] werden kann.

Damit stellt er das Phänomen *Kindesmißhandlung/Gewalt gegen Kinder* in einen umfassenden, gesellschaftlichen Zusammenhang von Gewalttätigkeit innerhalb sozialer Beziehungen und Gewaltförmigkeit struktureller Lebensbedingungen.

Der WOLFF'sche Erklärungsversuch stellt einen multidimensionalen Ansatz zur Erklärung des Gewaltproblems in der Familie dar, der die bis dahin geltenden monokausal ausgerichteten Erklärungsmodelle mit ihrer individualisierenden Täter-Opfer-Beziehung zu überwinden scheint.

---

[136] vgl. CLAASSEN/RAUCH 1980, 69 f.
[137] vgl. WOLFF 1975 a, 30 ff.
[138] WOLFF 1982, 71 (Auslassungen durch d. Verf.).

WOLFF (1986) unterscheidet zwischen *Kindesmißhandlung im engeren Sinne* als den nicht-zufälligen, verletzenden oder schädigenden Prozeß und Vorgang, „der ein Kind aktuell und in seiner weiteren Entwicklung (das Kindeswohl) gefährdet und beeinträchtigt" und *Kindesmißhandlung im weiteren Sinne* als „die Gesamtheit der schädigenden Lebensbedingungen, die dazu führen, daß das Recht eines Kindes auf Leben, Erziehung und Förderung beschnitten wird"[139].

2.4. Am Begriff der *Krise* orientierte Erklärungsansätze von *Gewalt gegen Kinder*

Der Erklärungsansatz von KOERS
Nach Aussagen von KOERS (1975, 1983) könne man in einem aktuellen Falle von *Gewalt gegen Kinder* praktisch immer davon ausgehen, daß sich die Familie in einem krisenhaften Zustand befände. Häufig seien dies jedoch keine einzelnen oder ungewöhnlichen Krisen, sondern aufgrund des Zusammentreffens verschiedener Problemkreise für die jeweiligen Familien „typische" Krisen:

(a) *Kindesmißhandlung* sei ein Hinweis auf die Nicht-Bewältigung der Spannung zwischen grundlegenden Bedürfnissen und gegebenen Handlungs- und Befriedigungsmöglichkeiten;
(b) *Kindesmißhandlung* sei eine Krisensituation, eine Antwort auf einen Zustand der Belastung und des Drucks, in dem die handelnden Personen die Wahlmöglichkeit gewaltloser Handlungsweisen verloren hätten;
(c) *Kindesmißhandlung* sei eine Reaktion auf Ablehnung und damit zusammenhängenden Ängsten[140].

WITTENHAGEN und WOLFF (1980) kommen im Rahmen ihrer Betrachtungen zu der Erkenntnis, daß Kindesmißhandlungen „auf dem Hintergrund schwerer (und häufig nicht verarbeiteter) lebensgeschichtlicher Erfahrungen, in aktuellen (angstvoll erlebten) Konflikten, die in nur noch gewaltsam zu lösenden Krisen münden"[141], zu verstehen seien.

Das integrative Erklärungsmodell nach GELLES
GELLES (1975) geht bei seinen Überlegungen von der Annahme aus, Belastungen, Konflikte sowie psychopathologische Verhaltensweisen seine

---

[139] WOLFF 1986, 17.
[140] vgl. WITTENHAGEN/WOLFF 1980, 13 ff.
[141] WITTENHAGEN/WOLFF 1980, 15.

keine ausreichende, befriedigende Erklärung für gewalttätiges Verhalten, da diese Befindlichkeiten auch in anderen Verhaltens- und Ausdrucksformen gezeigt werden könnten.

Zur Beantwortung seiner Frage, warum gerade Gewalthandlungen Ausdrucksformen menschlicher Spannungen und Konflikte seien, legt GELLES nahe, „die biographischen, sozialisationsbedingten (Lebenserfahrungen u.ä.) sowie die momentanen sozialen, gesellschaftlichen und Umweltfaktoren in den Erklärungsansatz[142] einzubeziehen.

2.5. Das Konzept der *Erziehungsgewalt* als Erklärungsansatz von *Gewalt gegen Kinder* – vgl. gesondertes Seminar-Papier

Übersicht über die verwendete Literatur
AMMON, G. 1979: Kindesmißhandlung. München.
BAUER, G. 1969: Die Kindesmißhandlung. Ein Beitrag zur Kriminologie und Kriminalstatistik sowie der Anwendung des § 223 b StGB. Lübeck.
BRÜNINK, J./GLENEWINKEL, W./HERMSEN, H./KERBST, R. 1979: Kindesmißhandlung. Arbeitsmaterialien aus dem Bielefelder Oberstufen-Kolleg Bd. 6. Bielefeld.
BUJOK-HOHENAUER, E. 1982: Gewalt gegen Kinder. Zum Stand von Forschung und Praxis. In: HONIG, M.-S. (Hrsg.), Kindesmißhandlung. München 1982, 13-52.
CLAASSEN, H./RAUCH, U. 1980: Gewalt gegen Kinder aus sozialpädagogischer Sicht. Köln.
Deutscher Kinderschutzbund 1982: Jahresthema 1982 – Gewalt gegen Kinder. Hektogr. Manuskript. Hannover.
GELLES, R.J. 1975: Kindesmißhandlung als Psychopathologie. Eine soziologische Kritik und Neuformulierung des Problems. In: BAST, H. et al. (Hg.), Gewalt gegen Kinder. Kindesmißhandlungen und ihre Ursachen. Reinbek bei Hamburg 1975, 263-277.
KOERS, A.J. 1975: Kindesmißhandlung und Kinderschutz in den Niederlanden. In: BAST, H. et al. (Hg.), Gewalt gegen Kinder. Kindesmißhandlungen und ihre Ursachen. Reinbek bei Hamburg 1975, 298-313.
KOERS, A.J. 1983: Gewalt gegen Kinder. Mißhandlung und Vernachlässigung. In: PERNHAUPT, G. (Hrsg.), Gewalt am Kind. Wien 1983, 174-192.
KÖTTGEN, U. 1967: Kindesmißhandlung. In: Monatsschrift für Kinderheilkunde 115, 1967, 186-192.

---

[142] vgl. die Darstellung des sozialpsychologischen Ursachenmodells von *Gewalt gegen Kinder* nach GELLES (1975) in ZIEGLER 1990, 69.

MENDE, U./KIRSCH, H. 1968: Beobachtungen zum Problem der Kindesmißhandlung. München.

NAU, E. 1964: Das Delikt der Kindesmißhandlung in forensisch-psychiatrischer Sicht. In: Münchener Medizinische Wochenschrift 1964, 21, 971-974.

NAU, E. 1967: Kindesmißhandlung. In: Monatsschrift für Kinderheilkunde 1967, 4, 192-195.

SCHAIBLE-FINK, B. 1968: Das Delikt der körperlichen Kindesmißhandlung. Literatur, Statistik, Kasuistik. Hamburg.

SCHREIBER, L.H. 1971: Mißhandlung von Kindern und alten Menschen. Hamburg.

STEELE, B./POLLOCK, C. 1978: Eine psychiatrische Untersuchung von Eltern, die Säuglinge und Kleinkinder mißhandelt haben. In: HELFER, R.E./KEMPE, C.H. (Hg.), Das geschlagene Kind. Frankfurt/Main 1978, 161-243.

TRUBE-BECKER, E. 1964: Die Kindesmißhandlung in gerichtlich-medizinischer Sicht. In: Deutsche Zeitschrift für die gesamte Gerichtsmedizin 1964, 173-183.

TRUBE-BECKER, E. 1966: Kindesmißhandlungen mit tödlichem Ausgang. In: Deutsches Ärzteblatt 1966, 26, 1663-1671.

TRUBE-BECKER, E. 1973: Die Kindesmißhandlung und ihre Folgen. In: Pädiatrische Praxis 12, 1973, 389-399.

TRUBE-BECKER, E. 1982: Gewalt gegen das Kind. Vernachlässigung, Mißhandlung, sexueller Mißbrauch und Tötung von Kindern. Heidelberg.

WITTENHAGEN, U./WOLFF, R. 1980: Kindesmißhandlung – Kinderschutz. Bonn.

WOLFF, R. 1975: Kindesmißhandlung und ihre Ursachen. In: BAST, H. et al. (Hg.), Gewalt gegen Kinder. Kindesmißhandlungen und ihre Ursachen. Reinbek bei Hamburg 1975, 13-45.

WOLFF, R. 1982: Kindesmißhandlung als ethnopsychische Störung. In: BERNECKER, A. et al. (Hg.), Ohnmächtige Gewalt. Reinbek bei Hamburg 1982, 69-80.

WOLFF, R. 1986: Gewalt im Sozialisationsprozeß der Familie. In: WOLFF, R./ALBRECHT, H.-J./STRUNK, P., Gewalt gegen Kinder. Das Phänomen der Kindesmißhandlung aus sozialpsychologischer, kriminologischer und jugendpsychiatrischer Sicht. Freiburg/Brsg. 1986, 7-25.

ZENZ, G. 1979: Kindesmißhandlung und Kindesrechte. Frankfurt/Main.

ZIEGLER, F. 1990: Kinder als Opfer von Gewalt. Ursachen und Interventionsmöglichkeiten. Bern, Stuttgart, Toronto.

3.2.3.3. Zusammenfassung und Einordnung der Ergebnisse

Diese Seminar-Einheit dient von den konzeptionellen Überlegungen her nicht nur der Vermittlung von Grundlagen-Wissen hinsichtlich zu verschiedenen Zeiten wissenschaftlich anerkannter Ursachen- und Erklärungsmodelle von *Kindesmißhandlung* und *Gewalt gegen Kinder*, sondern auch der Förderung von Erkenntnisprozessen der Seminarteilnehmer in bezug auf übergeordnete gesellschaftliche, politische, kulturelle und wissenschaftstheoretische Zusammenhänge im Kontext von *Gewalt gegen Kinder*.

Im Rahmen der Betrachtung ausgewählter, in der wissenschaftlichen Literatur vorfindlicher Erklärungsansätze von *Kindesmißhandlung* und *Gewalt gegen Kinder* wird u.a. deutlich, daß die Definitionsversuche je nach Herkunft der betreffenden Fachwissenschaftler unterschiedlich ausfallen.

Während in den eher monokausal ausgerichteten Erklärungsansätzen von gerichtsmedizinischer und strafrechtlicher Seite noch bis in die 70er Jahre hinein Bemühungen sichtbar werden, das gewohnheitsrechtlich bestehende elterliche Züchtigungsrecht gegenüber der Kinder schädigenden, sie in ihrer Entwicklung hemmenden bzw. beeinträchtigenden *Mißhandlung* abzugrenzen, d.h. eine prinzipielle Unterscheidung zwischen einer gesellschaftlich tolerierten, „maßvollen" Züchtigung von Kindern und der Straftat *Kindesmißhandlung* vorzunehmen, andererseits sogenannte „fließende Übergänge" von „noch vertretbarer Kindeszüchtigung und schon strafwürdiger Kindesmißhandlung"[143] vermutet werden, wird beispielsweise in der Untersuchung von PETRI und LAUTERBACH (1975) der Versuch unternommen, die nach Meinung der Verfasser symptomatisch erscheinenden Ausdrucksformen von *Gewalt gegen Kinder*, die *Prügelstrafe* und die *Kindesmißhandlung*, „aus einem allgemeinen Gewaltzusammenhang in der Erziehung abzuleiten"[144].

PETRI und LAUTERBACH (1975) gehen im Zuge ihrer Untersuchung von der Annahme aus, *Prügelstrafe* und *Kindesmißhandlung* könnten nicht prinzipiell unterschieden werden, sondern stellten „lediglich unterschiedliche Varianten der physischen Gewalt gegen Kinder"[145] dar.

---

[143] vgl. z.B. SCHNEIDER 1975, 640 f.
[144] PETRI/LAUTERBACH 1975, 7.
[145] PETRI/LAUTERBACH 1975, 7.

Innerhalb der Ursachenforschung zum Problembereich *Kindesmißhandlung* und *Gewalt gegen Kinder* konnte die Forensische Psychiatrie vor allem wegen des von den Sozial- und Erziehungswissenschaften sowie der Psychologie gezeigten Desinteresses über Jahrzehnte eine herausragende Stellung einnehmen.

Insbesondere im Rahmen der sogenannten individualisierenden Forschungsansätze wurde *Kindesmißhandlung* als Randerscheinung, als Ausnahmefall zu einem ansonsten als „intakt" angesehenen Verhältnis von Erwachsenen und Kindern verstanden.

Den sogenannten „Tätern" wurde individuell die gesamte, alleinige Verantwortung an dem Entstehen und Ausführen von Gewalthandlungen zugewiesen; die „Täter" wurden vielfach als Psychopathen bezeichnet, als außerhalb gesellschaftlicher und sozialer Normen stehende „kranke Persönlichkeiten".

Damit wurden mögliche gesellschaftliche Einflüsse auf die Entstehung von *Gewalt* nicht in die Bedingungsanalyse einbezogen.

Das *Modell des abnormen Täters* kommt aufgrund vorurteilstragender Vorannahmen und teilweise „rassistisch-biologischer Ideologien"[146] zu dem Ergebnis, *Kindesmißhandlung* sei ein Problem sozialer Randgruppen.

Nach Worten von PETRI und LAUTERBACH (1975) könne dieser Ansatz folgendermaßen gekennzeichnet werden: „'Kindesmißhandler sind in erster Linie Gewalttätige, Primitive. Dazu zählen die Reizbaren, abnormen Psychopathen, die Trinker und Asoziale. Trinker sind Asoziale und primitive, gewalttätige Menschen, da Asoziale meistens trinken und primitiv sind, genauso wie die Psychopathen zu Alkohol und Asozialität neigen und meistens in ganz primitiver Form gewalttätig werden'"[147].

Obwohl vereinzelt auch strukturelle Faktoren, die Gewaltverhalten in seinen Ursprüngen mitbegünstigen können, genannt werden, überwiegt die Vorstellung individuell-personaler Verantwortlichkeit für das Entstehen von *Gewalt* im Familienzusammenhang.

In diesem Erklärungsansatz finden gesellschaftlich verbreitete Vorurteile über *Kindesmißhandlung* ihre scheinbar wissenschaftliche Begründung.

---

[146] BUJOK-HOHENAUER 1982, 27.
[147] PETRI/LAUTERBACH 1975, 44.

In der Folge kommt es zu einer Marginalisierung des Problems, in deren Zuge wiederum die *Gewalt* ausübenden Personen zu Psychopathen abgestempelt werden.

Damit werden Möglichkeiten geschaffen, den gegen andere erhobenen Vorwurf der Mitverantwortung beim Entstehen gewalttätiger Verhaltensweisen abzuwehren sowie die *Gewalt* zumindest mitprägenden Einflüsse gesellschaftlicher Lebensbedingungen auszublenden.

In dem grundlegend auf Arbeiten von AMMON (1979) aufbauenden Erklärungsmodell wird *Kindesmißhandlung* aus der sogenannten „Borderline"- Persönlichkeit heraus erklärt, während soziokulturelle und sozio-ökonomische Verhältnisse der Familie weitgehend außer Betracht bleiben. Sie werden nur dann berücksichtigt, wenn sie über die Sozialisation der Eltern vermittelt werden.

Auch bei dem Erklärungsansatz von AMMON (1979) wird Gewaltverhalten als „individuelle Tat einer sich außerhalb gesellschaftlicher Normen befindlichen Persönlichkeit"[148] verstanden.

Während in dem *Modell des abnormen Täters* die Tendenz zur Kriminalisierung offenkundig wird, wird bei AMMON (1979) das Problem verärztlicht, wobei AMMON (1979) der mißhandelnden Person keine Schuld zuweist. Er spricht sich für eine verständnisvolle und mitfühlende Haltung gegenüber den Eltern aus, die ihre Kinder körperlich und seelisch mißhandelt haben, denn „gesellschaftliches Handeln nach dem 'Sühneprinzip' oder ein konsequenzloses 'Verstehen' schaffen keine Abhilfe. Verstehen in unserem Sinne heißt: Eltern und Kindern die Hilfe anzubieten, mit der sie sich verändern können; den sichersten Schutz für das Kind stellen nicht Ordnungsmaßnahmen dar, sondern eine erfahrungsfähige Familiengruppe, die eine kreative Entwicklung ermöglicht, eingebettet in einen gruppendynamisch offenen Zusammenhang von Beziehungen in einem gesamtgesellschaftlichen System von Gemeinschaft"[149].

In der Geschichte der Erforschung des Phänomens *Kindesmißhandlung* und *Gewalt gegen Kinder* lassen sich ab etwa Mitte der 70er Jahre in verstärktem Maße Bemühungen finden, gesellschaftliche sowie gesellschaftlich bedingte, strukturelle Probleme in die Bedingungsanalyse einzubeziehen.

---

[148] BUJOK-HOHENAUER 1982, 33.
[149] AMMON 1979, 101.

In diesem Zusammenhang erfahren insbesondere die Veröffentlichungen des Friedensforschers GALTUNG mit seinem Konzept der *strukturellen Gewalt* Bedeutung[150].

Den ersten explizit sozialpädagogisch ausgerichteten Forschungsbericht im deutschsprachigen Raume stellt die Veröffentlichung von MENDE und KIRSCH aus dem Jahre 1968 dar.

Die Verfasserinnen weisen darin immer wiederkehrende gefährdende Umstände wie soziale Notstände (unzureichendes Einkommen, Wohnverhältnisse, Berufswechsel, Alkoholismus, Krankheiten), aber auch Persönlichkeitsmerkmale der Eltern und ihre sozialen Beziehungen als *Gewalt* fördernde Belastungsmomente aus.

Der Ansatz von MENDE und KIRSCH (1968) stellt einen ersten Versuch dar, sozio-ökonomische, strukturelle und personale Einflußfaktoren in die Bedingungsanalyse von *Gewalt gegen Kinder* einzubeziehen; damit wird die Ebene monokausal ausgerichteter Erklärungsmodelle verlassen[151].

Die wissenschaftlichen Bemühungen von WOLFF im Rahmen seines multidimensionalen Erklärungsmodelles von *Gewalt gegen Kinder* führten im deutschsprachigen Raume sowohl in theoretischer wie praktischer Hinsicht (damit ist u.a. die praktische Kinderschutz-Arbeit gemeint) zu einem „Aufbrechen überkommener Traditionen und machte einen offeneren, weniger voreingenommenen und weniger einseitigen Umgang mit familialen Gewaltproblemen möglich"[152].

Der Erklärungsansatz von WOLFF, dem ein explizit gesellschaftliches Verständnis von *Gewalt gegen Kinder* zugrundeliegt, stellt einen multidimensionalen Ansatz zur Erklärung des Gewaltproblems in der Familie dar, der die monokausal ausgerichteten Erklärungsmodelle mit ihrer ausschließlich individualisierenden Perspektive der Täter-Opfer-Beziehung überwindet.

WOLFF sieht in dem Phänomen *Gewalt gegen Kinder* nicht mehr nur den Ausdruck der pathologischen Persönlichkeitsstrukturen der (miß-)handelnden Person(en), sondern stellt es in einen umfassenden gesellschaftlichen Zusam-

---

[150] vgl. GALTUNG 1975, 1978.
[151] vgl. auch BRÜNINK et al. 1979, CLAASSEN/RAUCH 1980, SARTORIUS 1979.
[152] BUJOK-HOHENAUER 1982, 40.

menhang mit den Themenbereichen der Gewaltförmigkeit struktureller Lebensbedingungen und der Gewalttätigkeit innerhalb sozialer Beziehungen.

Wesentliche Bedeutung im Zusammenhang mit dem von ihm angestellten Überlegungen kommt der von WOLFF (1986) vorgenommenen Unterscheidung zu, nach der *Kindesmißhandlung im engeren Sinne* von *Kindesmißhandlung im weiteren Sinne* inhaltlich abzugrenzen sei[153].

Während unter dem Begriff *Kindesmißhandlung im engeren Sinne* der nichtzufällige, verletzende oder schädigende Prozeß und Vorgang verstanden wird, „der ein Kind aktuell und in seiner weiteren Entwicklung (das Kindeswohl) gefährdet und beeinträchtigt", wird unter dem Begriff *Kindesmißhandlung im weiteren Sinne* nach WOLFF (1986) „die Gesamtheit der schädigenden Lebensbedingungen (zusammengefaßt, Zusatz d. Verf.), die dazu führen, daß das Recht eines Kindes auf Leben, Erziehung und Förderung beschnitten wird"[154].

Auch die multidimensionalen Erklärungsansätze von KOERS und GELLES[155], die sich am Begriff der *Krise* orientieren, stehen nicht mehr in der Tradition der auf Monokausalität und Linearität aufbauenden Erklärungsmodelle der 60er und 70er Jahre, sondern stellen Versuche dar, die Gesamtheit der in einer *Krise* zusammentreffenden Belastungs- bzw. Risikofaktoren für das Entstehen gewalttätigen Verhaltens innerhalb von Familien sowie deren spezifische Abhängigkeiten und Bedingungsgefüge zu erfassen.

Mit der Einführung des Begriffes *Erziehungsgewalt* begründet PETRI (1989) einen Erklärungsansatz von *Gewalt gegen Kinder*, in dessen Rahmen individualpsychologische, familien-dynamische und sozial-strukturelle Einflußfaktoren zur Erklärung gewaltförmiger Interaktionen im Prozeß der Erziehung herangezogen werden[156].

PETRI (1989) unterscheidet zwischen den Phänomenen der *personalen* und *strukturellen Gewalt*, wobei er jedoch immer wieder den dialektischen Zusammenhang betont.

---

[153] vgl. WOLFF 1986 a, 17 f.
[154] WOLFF 1986 a, 17.
[155] Neben diesen bestehen noch andere wie beispielsweise der *sozial-ökologische* oder *ökopsychologische Ansatz*, deren grundlegende Überlegungen auf die Arbeiten von GARBARINO, z.T. auch auf BRONFENBRENNER 1983 und MOGEL 1984 aufbauen; vgl. auch ZIEGLER 1990, 73 ff.
[156] vgl. PETRI 1989, 11.

Bei kritischer Betrachtung einer Auswahl in der deutschsprachigen Literatur vorfindlicher Erklärungsansätze zum Problembereich *Kindesmißhandlung* und *Gewalt gegen Kinder* wird deutlich, daß systematische Ursachenforschung nur mit Hilfe eines multidimensionalen Erklärungsmodelles möglich erscheint.

Die Vielfalt und Vielzahl einzeldisziplinär ausgerichteter Ansätze deutet die Multidimensionalität des Problembereiches *Gewalt gegen Kinder* an, wobei eine dem Problem angemessene Bedingungsanalyse letztendlich nur unter genügender Berücksichtigung soziologischer, (sozial-)pädagogischer, psychologischer und kulturanthropologischer Aspekte möglich zu sein scheint.

Im Zuge der Geschichte der Erforschung des Problems *familialer Gewalt* wird die Tendenz sichtbar, von den die ersten Erklärungsversuche kennzeichnenden, monokausal ausgerichteten Theorien zu eher multidimensionalen, die Komplexität gesellschaftlicher, sozialer, politischer und kulturhistorischer Bedingungen berücksichtigenden, auf breiter sozialwissenschaftlicher Basis aufbauenden Erklärungsmodellen überzugehen.

Diese Verschiebung der Forschungsinteressen läßt sich anhand der Begriffsgeschichte von *Kindesmißhandlung* und *Gewalt gegen Kinder* veranschaulichen:

Mit dem Begriff der *Kindesmißhandlung* wird, das wird u.a. durch die Betrachtung zu unterschiedlichen Zeiten anerkannter wissenschaftlich begründeter Erklärungsansätze deutlich, eine bestimmte Täter-Opfer-Beziehung suggeriert, die ansetzt an den Überlegungen individualisierender Theorien zur Entstehung von Gewaltphänomenen gegen Kinder.

Nach Aussagen von BRINKMANN (1984) kann *Kindesmißhandlung* als „demonstrativer Sammelbegriff für grausame Qualen, die Kinder, ausgeliefert an unberechenbare, 'abartige Täter' erleiden (, angesehen werden, Zusatz d. Verf.); über der einlinigen, schwarz-weißen Täter-Opfer-Perspektive wird der Blick von gewaltförmigen Umweltbedingungen und latenten Abhängigkeitsstrukturen abgelenkt"[157].

Darüber hinaus, auch das zeigt die kritische Analyse von Erklärungsversuchen aus den 60er und 70er Jahren, wird mit dem Begriff *Kindesmißhandlung* überwiegend die *physische Mißhandlung von Kindern* durch ihre Eltern oder Erziehungsberechtigten verbunden.

---

[157] BRINKMANN 1984, 22.

Psychische Aspekte von *Mißhandlung* werden zwar im Zusammenhang mit möglichen Folgen von Gewalterfahrungen verschiedentlich angesprochen, werden aber nicht oder nur selten zum Gegenstand wissenschaftlicher Erörterungen und Untersuchungen gewählt[158].

Das Phänomen der *psychischen Mißhandlung* scheint mit den diesen Erklärungsansätzen zugrundegelegten wissenschaftlichen Methoden nicht faßbar zu sein.

Im Zuge einer wachsenden Sensibilität gegenüber Gewaltphänomenen in Erziehung, Gesellschaft und (internationaler) Politik[159] finden qualitativ andere Überlegungen Eingang in Erklärungsversuche von *Gewalt gegen Kinder*.

So plädiert beispielsweise BRINKMANN (1984) für die Einführung des Begriffes *Gewalt gegen Kinder* anstelle des der *Kindesmißhandlung*, da mit seiner Hilfe der soziale und der individuelle Aspekt von *Gewalt* aufeinander bezogen werden könnten[160].

Mit der Einführung des Begriffes *Gewalt gegen Kinder* wurde Mitte der 70er Jahre die Vorstellung verbunden, gesellschaftliche bzw. gesellschaftlich bedingte, strukturelle Probleme in die Bedingungsanalyse *familialer Gewalt* einbeziehen zu können[161].

In zusammengefaßter Form scheinen folgende Ergebnisse für die Entwicklung eines dem Problem angemessenen Verständnisses von *Gewalt gegen Kinder* von besonderer Bedeutung zu sein:

- Innerhalb der Ursachenforschung zum Problembereich *Kindesmißhandlung* und *Gewalt gegen Kinder* konnte die Forensische Psychiatrie vor allem wegen des von den Sozial- und Erziehungswissenschaften sowie der Psycholo-

---

[158] vgl. u.a. GRIES/VOIGT 1989, 44.
[159] vgl. u.a. RASCHKE 1988².
[160] vgl. BRINKMANN 1984, 22 f.
[161] So nahm auch der Deutsche Kinderschutzbund (1982) einen Paradigma-Wechsel vor, als in der Vorbemerkung der Diskussionsgrundlage für das Jahresthema 1982 erklärt wird, „wir benutzen im Folgenden den Begriff 'Gewalt gegen Kinder' statt des Begriffes 'Kindesmißhandlung'. Damit wird ein weites Feld und ein anderes Verständnis der Lage von Kindern angesprochen. Dieser begriffliche Wechsel ist notwendig und sinnvoll, denn er stellt das Schicksal, das Kinder in ihren Familien erleiden, in einen gesellschaftlichen Zusammenhang und verspricht auch, besser zu erklären, was mit Kindern geschieht und warum" (DKSB 1982, 1).

gie gezeigten Desinteresses über Jahrzehnte eine herausragende Stellung einnehmen.

Insbesondere im Rahmen der sogenannten individualisierenden Forschungsansätze wurde *Kindesmißhandlung* als Randerscheinung, als Ausnahmefall zu einem ansonsten als „intakt" angesehenen Verhältnis von Erwachsenen und Kindern verstanden.

Den „Tätern" wurde individuell die gesamte, alleinige Verantwortung am Zustandekommen von Gewalthandlungen zugewiesen; vielfach wurden die „Täter" als Psychopathen bezeichnet, als außerhalb gesellschaftlicher und sozialer Normen stehende „kranke Persönlichkeiten".

Obwohl vereinzelt auch strukturelle Faktoren, die Gewaltverhalten in ihren Ursprüngen mitbegünstigen können, genannt werden, überwiegt die Vorstellung individuell-personaler Verantwortlichkeit für das Entstehen von *Gewalt gegen Kinder*.

In den individualisierenden Forschungsansätzen finden gesellschaftlich verbreitete Vorurteile über *Kindesmißhandlung* ihre scheinbar wissenschaftliche Begründung.

- In der Geschichte der Erforschung des Phänomens *Kindesmißhandlung* und *Gewalt gegen Kinder* lassen sich etwa ab Mitte der 70er Jahre in verstärktem Maße Bemühungen finden, gesellschaftliche sowie gesellschaftlich bedingte, strukturelle Probleme mit in die Bedingungsanalyse einzubeziehen.

Bei kritischer Betrachtung ausgewählter Erklärungsansätze zum Problembereich *Kindesmißhandlung/Gewalt gegen Kinder* wird deutlich, daß systematische Ursachenforschung nur mit Hilfe eines multidimensionalen Erklärungsmodelles möglich erscheint.

Die Vielfalt und Vielzahl einzeldisziplinär ausgerichteter Ansätze deutet die Multidimensionalität des Problembereiches *Gewalt gegen Kinder* an: Eine dem Problem angemessene Bedingungsanalyse scheint nur unter genügender Berücksichtigung soziologischer, (sozial-)pädagogischer, psychologischer und kulturanthropologischer Aspekte möglich zu sein.

Im Zuge der Geschichte der Erforschung des Problems *familialer Gewalt* wird die Tendenz sichtbar, von den die ersten Erklärungsversuche kennzeichnenden, monokausal ausgerichteten Theorien zu eher multidimensionalen, die Komplexität gesellschaftlicher, sozialer und politischer Bedingungen sowie deren Veränderungen berücksichtigenden, auf breiter sozialwissenschaftlicher Basis aufbauenden Erklärungsmodellen überzugehen.

Diese Verschiebung der Forschungsinteressen und -richtungen läßt sich anhand der Begriffsgeschichte von *Kindesmißhandlung* und *Gewalt gegen Kinder* veranschaulichen[162].

3.2.4. Die fünfte Seminar-Sitzung „Abschließende Diskussion zu Erscheinungsformen und Erklärungsmodellen von *Gewalt gegen Kinder*"

3.2.4.1. Einführung

Um die Realisierung der in diesem Zusammenhang formulierten Lehrziele, die mit der Bearbeitung des Themenbereiches „Erscheinungsformen und Erklärungsmodelle von *Gewalt gegen Kinder/Kindesmißhandlung*" anhand der verschiedenen Arbeitspapiere verbunden sind, überprüfen zu können, wird das Arbeitspapier 5 eingeführt, in dessen Rahmen den Seminarteilnehmern Verständnisfragen und Fragen zu komplexen Einsichten hinsichtlich der ausgeführten Arbeitsbereiche gestellt werden.

Unter didaktischen Gesichtspunkten betrachtet bietet sich dieses Vorgehen an, um zum einen den bisherigen Wissensstand der Seminarteilnehmer zu ermitteln, zum anderen wird es für sinnvoll erachtet, etwa in der Hälfte der zur Verfügung stehenden Seminar-Sitzungen eine Art „Zwischen-Resümmee" über Ablauf, Inhalt und methodische Zugangsweisen zu dem Problembereich *Gewalt gegen Kinder/ Kindesmißhandlung* zu ziehen.

---

[162] vgl. beispielsweise Deutscher Kinderschutzbund 1982.

3.2.4.2. Didaktische Arbeitsmaterialien – Arbeitspapier 5: „Fragen zu den Themenbereichen 'Erscheinungsformen und Erklärungsmodelle von *Kindesmißhandlung/Gewalt gegen Kinder*'"

Aus-, Fort- und Weiterbildungsveranstaltung
Gewalt gegen Kinder/Kindesmißhandlung
Dr. B. Sommer

Arbeitspapier 5
Fragen zu den Themenbereichen
„Erscheinungsformen und Erklärungsmodelle
von *Kindesmißhandlung/Gewalt gegen Kinder*"

(1) Wovon sind Ihrer Meinung nach zu unterschiedlichen Zeiten anerkannte wissenschaftliche Theorien zur Ursachenforschung von *Kindesmißhandlung* und *Gewalt gegen Kinder* abhängig?

(2) Welche Ereignisse, welche Entwicklungen in politischer, gesellschaftlicher, aber auch wissenschaftlicher Hinsicht beeinflußten Ihrer Meinung nach das Abrücken von monokausalen und das Sich-Hinwenden zu multidimensionalen Erklärungsmodellen von *Kindesmißhandlung/Gewalt gegen Kinder*?

(3) Welches Modell ist Ihrer Meinung nach am ehesten geeignet, mögliche Ursachen von *Kindesmißhandlung/Gewalt gegen Kinder* überzeugend darzustellen?
Welche Überlegungen lassen Sie zu diesem Schluß kommen?

(4) Können Sie (und falls ja, welche) Erkenntnisse (können Sie) im Zuge der Betrachtung ausgewählter Erklärungsmodelle hinsichtlich der Begriffe *Kindesmißhandlung* und *Gewalt gegen Kinder* gewinnen?

(5) Was „bringt" Ihnen die Kenntnis von unterschiedlichen Erklärungsmodellen hinsichtlich Ihres Verständnisses von *Kindesmißhandlung/Gewalt gegen Kinder*?

3.2.4.3. Zusammenfassung und Einordnung der Ergebnisse

Spätestens in dieser Phase des Seminar-Geschehens werden über den Weg der kritischen Bearbeitung von „Ausdrucksformen und Erklärungsmodellen von *Gewalt gegen Kinder/Kindesmißhandlung*" Fragen zu Gewalterfahrungen während der eigenen Kindheit und Jugend, während der eigenen Erziehung und Sozialisation aktuell.

Didaktisch bietet sich im Anschluß an diese Einheit die „offen" gestellte Frage an, wie die Seminarteilnehmer ihre Erziehung (durch Eltern, Geschwister, Betreuungspersonen u.ä.) und Sozialisation (Kindergarten, Schule, Berufsausbildung) vor dem Hintergrund ihrer erweiterten Kenntnisse über *Gewalt gegen Kinder* und *Kindesmißhandlung* aus heutiger Sicht beurteilen.

Es ist zu erwarten, daß zumindest in Ansätzen Meinungen über unterschiedliche Erziehungsstile ausgetauscht, wie auch Erfahrungen mit Strafen in der Erziehung von seiten der Seminarteilnehmer thematisiert werden.

In diesem Zusammenhang kommt das zum Tragen, was SOMMER (2000) als „Herstellen eines *biographischen Bezugs*"[163] bezeichnet hat: Dabei geht es inhaltlich zum einen um die Aussage, die Bearbeitung (auto-)biographischer Beiträge zu Gewalterfahrungen aus der Literatur in Verbindung mit dem „Herstellen eines *biographischen Bezugs* der Seminarteilnehmer (...)" eröffne „qualitativ andere Zugangsformen zum Problembereich *Gewalt gegen Kinder/ Kindesmißhandlung*"[164]; zum anderen erführen auf „theoretischer Ebene erarbeitete Inhalte (...) über das *Herstellen eines biographischen Bezugs* der Seminarteilnehmer grundlegende Bedeutung für das Aufbauen eines tiefergehenden Verständnisses von Phänomenen *körperlicher, seelischer* und *alltäglicher Gewalt*"[165].

Die zentrale Zielsetzung im Rahmen dieser Seminar-Einheit besteht demnach in Bemühungen zur Entwicklung eines Gewaltverständnisses, das einerseits fachlich-inhaltliche, wissenschaftlich als gesichert anzusehende Erkenntnisse, das andererseits aber auch Einsichten der Seminarteilnehmer auf der Grundlage ihrer subjektiven, (berufs-)biographischen Erfahrungen mit *Gewalt gegen Kinder/Kindesmißhandlung* einschließt.

---

[163] SOMMER 2000 b, 24.
[164] SOMMER 2000 b, 24 (Auslassungen durch d. Verf.).
[165] SOMMER 2000 b, 24 (Auslassungen durch d. Verf.).

Unter *Gewalt gegen Kinder* wird das Zusammenwirken individualpsychologischer (personaler), familiendynamischer und sozio-ökonomischer (struktureller) Einflußfaktoren sowie die Auswirkungen sich verändernder Einflüsse im Zuge von Tendenzen sozialen Wandels[166] verstanden, das Kinder nicht nur hinsichtlich ihrer körperlichen Unversehrtheit und Gesundheit bedrohen, sondern auch hinsichtlich ihres psychischen und psycho-sozialen Gleichgewichtes beeinträchtigen und schädigen kann.

Gewalt gegen Kinder stellt dabei mehr als *körperliche Kindesmißhandlung* und *physische Züchtigung* dar: In den Lebensbedingungen von Kindern werden neben Formen direkter Gewalttätigkeit einzelner Personen oder Personengruppen Formen indirekter, sich in gesellschaftlichen (Sub-)Systemen manifestierender Gewaltförmigkeit erkennbar, die in ihrem Zusammenwirken das physische und psychische Wohl von Kindern verletzen und schädigen können[167].

Aufgrund dieser Überlegungen bietet sich als eine einem weiten Problemverständnis angemessene Definition die bereits eingeführte Begriffsbestimmung von WITTENHAGEN und WOLFF (1980) an, in deren Rahmen unter *Gewalt gegen Kinder* in Abgrenzung zu Unfällen als nicht zufällig bezeichenbare, bewußte oder unbewußte, das körperliche und/oder seelische Wohlergehen von Kindern in Familien und/oder Institutionen (z.B. Kindergarten, Schule, Heime) beeinträchtigende gewaltsame Handlungen oder Unterlassungen verstanden

---

[166] Unter *sozialem Wandel* wird in Anlehnung an RASCHKE (1988) „eine Veränderung in grundlegenderen Strukturen der Gesellschaft (verstanden, Zusatz d. Verf.). Die Veränderungen können im sozioökonomischen, politischen oder soziokulturellen Bereich liegen, sie können z.B. Institutionen, Verhaltensmuster, Wert- und Normsysteme umfassen" (RASCHKE 1988², 387).

[167] vgl. u.a. BRINKMANN 1984, DKSB 1982, 1983, HONIG 1992.

ABELMANN (1984) verbindet mit der Einführung des Begriffes *Gewalt gegen Kinder* statt *Kindesmißhandlung* verschiedene, auf Möglichkeiten eines veränderten Verständnisses hindeutende Dimensionen.

Zum einen die Stichpunkte „Gewaltförmigkeit/Gewalttätigkeit": Nach Angaben des Deutschen Kinderschutzbundes (DKSB) müsse unterschieden werden „zwischen der strukturellen Gewalt gesellschaftlicher Systeme (GewaltFÖRMIGkeit) und der GewaltTÄTIGkeit einzelner Personen, in der die gewaltförmigen Beziehungsstrukturen sich nur aktualisieren und subjektiv erlebbar werden" (DKSB 1982, 5; vgl. auch ABELMANN 1984, 147 f.).

Nach Aussagen BRINKMANNs (1984) sei Gewalt mehr als „‚nur' der physische und/ oder psychische Angriff auf eine Person (...); die Ausnutzung von Abhängigkeit, die Erfahrung von Zwang, die Auslieferung an Zwänge, die zu einer subjektiv erlebten Ohnmacht in einer sozialen Situation führen (...). Gewalt kann nicht schadlos auf Gewalttätigkeit in sozialen Interaktionen verkürzt werden ohne Ansehen der Gewaltförmigkeit sozialer Strukturen" (BRINKMANN 1984, 23; Auslassungen durch d. Verf.).

werden, die zu Verletzungen und Entwicklungshemmungen führen sowie die Rechte von Kindern verletzen können[168].

3.2.5. Die sechste Seminar-Sitzung *Gewalt in der Erziehung*

3.2.5.1. Einführung

Das Arbeitspapier 6 stellt einen Grundlagen-Text zu dem Themenbereich *Gewalt in der Erziehung* dar, der zusätzlich zu den subjektiven Erzählungen und Berichten der Seminarteilnehmer hinsichtlich eigener Erfahrungen die Arbeits- und Forschungsergebnisse von PETRI (1989) in komprimierter Weise darstellen und somit als Grundlage einer jenseits subjektiver Einschätzungen anzusiedelnden, übergeordnete Themen gegenüber geöffneten, intensiv zu führenden Diskussion dienen soll.

Alle Seminarteilnehmer haben während ihrer Kindheit und Jugend unterschiedliche Erziehungs- und Sozialisationsinstanzen durchlaufen; diese Erfahrungen können als Grundlage für das Herstellen des biographischen Bezugs zum Themenschwerpunkt *Gewalt in der Erziehung* dienen.

3.2.5.2. Didaktische Arbeitsmaterialien – Arbeitspapier 6: *Gewalt in der Erziehung*

Aus-, Fort- und Weiterbildungsveranstaltung
Gewalt gegen Kinder/Kindesmißhandlung
Dr. B. Sommer

Arbeitspapier 6
zum Themenbereich
Gewalt in der Erziehung

Zum Konzept der *Erziehungsgewalt* nach PETRI (1989)[169]
PETRI und LAUTERBACH (1975) versuchten in ihrer Untersuchung „Gewalt in der Erziehung – Plädoyer zur Abschaffung der Prügelstrafe"[170] den bis zu

---

[168] vgl. WITTENHAGEN/WOLFF 1980, 7.
[169] PETRI, H., Erziehungsgewalt. Zum Verhältnis von persönlicher und gesellschaftlicher Gewaltausübung in der Erziehung. Frankfurt/Main 1989.
[170] PETRI, H./LAUTERBACH, M., Gewalt in der Erziehung – Plädoyer zur Abschaffung der Prügelstrafe. Frankfurt/Main 1975.

diesem Zeitpunkt gängigen theoretischen Bezugsrahmen von *Gewalt gegen Kinder* in Form des Begriffes *Kindesmißhandlung* aufzulösen und mit ihrer Kritik deutlich zu machen, daß sich „Kindesmißhandlung nicht länger als ein eigenständiges soziokulturelles Phänomen oder gar als eine abgrenzbare psychopathologische Krankheit auffassen"[171] lasse.
PETRI und LAUTERBACH (1975) stellten dabei u.a. die folgenden Thesen auf:

- Prügelstrafe und *Kindesmißhandlung* können nicht prinzipiell unterschieden werden, sondern stellen lediglich unterschiedliche Varianten der *physischen Gewalt gegen Kinder* dar[172].
- Die durch die Wissenschaften und Medien vorangetriebene, im öffentlichen Bewußtsein bestehende Fixierung auf *Kindesmißhandlung* als hauptsächliche Ausdrucksform von *Gewalt gegen Kinder* habe die Funktion, „von dem allgemeinen Gewaltzusammenhang in der Erziehung abzulenken"[173].

Vor diesem Hintergrund führte PETRI bereits im Jahre 1975 den Begriff der *Erziehungsgewalt* in die damalige Gewaltdiskussion ein, um der innerhalb der damaligen Mißhandlungsforschung vorherrschenden „Ausgrenzung des Mißhandlungsproblems aus dem Gewaltzusammenhang" entgegenzuwirken und „die mit dem Mißhandlungsbegriff verbundenen sozialen Diskriminierungen zu vermeiden"[174].
Nach dem heutigen Stand der Diskussion lasse sich nach Aussagen von PETRI (1989) *Erziehungsgewalt* „als die Summe aller individualpsychologischen, familien-dynamischen und sozialstrukturellen Einflußfaktoren definieren, die eine gewaltförmige Interaktion zwischen dem Kind und seiner Umwelt bedingen und innerhalb wie außerhalb der Familie als Gewalt in den Prozeß der Erziehung einmünden"[175].
Nach Aussagen von PETRI (1989) gehe die Ursachenforschung „heute" von einem dialektischen Verständnis von *familiärer Gewalt* aus, *Erziehungsgewalt* könne demnach „als Produkt der engen Wechselbeziehung von personaler und struktureller Gewalt definiert werden"[176].

---

[171] PETRI 1989, 9.
[172] vgl. PETRI/LAUTERBACH 1975, 7.
[173] PETRI 1989, 9.
[174] PETRI 1989, 10.
[175] PETRI 1989, 11.
[176] PETRI 1989, 22.

Während *personale Gewalt* die direkte Auseinandersetzung zwischen Menschen bezeichnet, werden in Anlehnung an GALTUNG (1975)[177] unter *struktureller* oder *indirekter Gewalt* Ungleichheitsverhältnisse verstanden, „die den Einzelnen der Macht und dem Einfluß anderer Menschen oder gesellschaftlicher Strukturen ausliefert, wodurch er in seiner eigenen Entwicklung behindert oder bedroht wird. Die Übertragung dieser Begriffe auf den Zusammenhang von Familie und Gesellschaft bedeutet, daß Erziehungsgewalt der Dialektik von familiären und gesellschaftlichen Macht- und Gewaltstrukturen entspringt"[178].

Ursachenbereiche personaler Gewalt im Erziehungsprozeß[179]:
- Informationsdefizite (Problem mangelnder Aufklärung)
- Erziehungsideologien (Wandel des öffentlichen Bewußtseins bei Anwendung von *Gewalt in der Erziehung*; Frage Abnahme oder Zunahme von *Gewalt* bzw. steigender Sensibilisierungsgrad, Einfluß sozialer Protestbewegungen; elterliches Züchtigungsrecht als „Gewohnheitsrecht")
- körperliche und seelische Erkrankungen der Eltern
  Eltern schlagen Kinder besonders dann, wenn sie unter chronischen organischen oder psychischen bzw. psychosomatischen Erkrankungen litten. Dabei bedeutet Krankheit für viele Menschen nicht nur, beruflich zu scheitern bzw. äußerliche Einschränkungen hinzunehmen (z.B. eingeschränkte soziale Beziehungen, Verringerung der zur Verfügung stehenden finanziellen Mittel), sondern auch Gefühle der Minderwertigkeit und Wertlosigkeit, des Ausgestoßenseins, der Angst oder körperliche Schmerzen durchleben zu müssen.
- körperliche und seelische Erkrankungen des Kindes
  Körperliche und/oder seelische Erkrankungen von Kindern, besonders im Säuglings- und Kleinkindalter, körperliche Behinderungen, Entwicklungsstörungen und Verhaltensauffälligkeiten können zu mitauslösenden Faktoren von Gewaltverhalten werden.
- Partnerkonflikte der Eltern (Zusammenhang *Gewalt gegen Frauen – Gewalt gegen Kinder*)
- Beziehungskonflikte zum Kind
  Beziehungsstörungen zwischen Eltern und Kindern können zu den Hauptursachen der *Erziehungsgewalt* gezählt werden. Dies betrifft Konfliktbereiche wie beispielsweise die bewußte oder unbewußte Ablehnung von Kindern, ungewollte Schwangerschaften, nicht-eheliche Geburten, körperliche und geistige Behinderungen.

---

[177] GALTUNG, J., Strukturelle Gewalt. Beiträge zur Friedens- und Konfliktforschung. Reinbek bei Hamburg 1975.
[178] PETRI 1989, 22.
[179] vgl. PETRI 1989, 22-65.

- berufliche Streßsituationen
- sozialstrukturelle Defizite (geringes Einkommen, ungünstige Wohnlage, Arbeitslosigkeit, fehlende Berufsausbildung, mangelnde berufliche Qualifikation, erschwerte soziale Integration, Platzmangel in Tagesstätten und Kindergärten, eingeengte Freiheitsräume zum Spielen)

Bereiche *struktureller Gewalt* im Erziehungsprozeß[180]:
- familiäre Sozialisation (Gefühl der Ungleichheit der körperlichen, seelischen und sozialen Machtverhältnisse, Trennungserfahrungen)
- außerfamiliäre Sozialisation in den Institutionen
  vorschulische Sozialisation (institutionelle Zwänge wie Personalmangel, Raumenge, Finanzknappheit; autoritäre Erziehungsideologien, dressurartige Disziplinierungsmaßnahmen)
  schulische Sozialisation (Anpassungsdruck vermittelt über Kontrolle der Leistung und über das Prinzip der Konkurrenz = wichtige Leitnormen in der bundesdeutschen Gesellschaft)
- psychische Aufrüstung
  Spielzeug für Kinder (Kriegsspielzeug, nichtmilitärische *Gewalt* beginnt bei Mickey Mouse und endet bei Videofilmen und -automaten)
- Medien
- religiöse Ideologien
- kinderfeindliche Umwelt (Zusammenhang von Wohnraumnot, Mangel an Kinderspielplätzen und verletzten bzw. getöteten Kindern im Straßenverkehr, Kinder in Institutionen, obdachlose Kinder und Jugendliche, Säuglingssterblichkeit, Ausmaß psychischer Störungen, Verbreitung von Drogensucht und Alkoholismus, steigende Tendenz von Suizidversuchen und Selbstmorden u.ä.)

3.2.5.3. Zusammenfassung und Einordnung der Ergebnisse

Im Rahmen der sechsten Seminar-Einheit werden Fragestellungen aus dem Problembereich *Gewalt in der Erziehung* thematisiert, indem nicht ausschließlich Auszüge aus der einschlägigen Literatur bearbeitet werden[181], sondern auch die Bemühungen um das „Herstellen eines *biographischen Bezugs*"[182] der Seminarteilnehmer zu den anzusprechenden Themen intensiviert werden.

---

[180] vgl. PETRI 1989, 66-107.
[181] vgl. PETRI/LAUTERBACH 1975, PETRI 1989.
[182] vgl. Kap. 3.2.4. des vorliegenden Einführungsbandes.

Der Diskussion des Arbeitspapiers 6 zum Themenbereich *Gewalt in der Erziehung* vorangestellt ist ein sogenannter „Selbsterhebungsbogen zur Aktivierung von (Vor-)Wissen und (Vor-)Erfahrungen der Seminarteilnehmer hinsichtlich von grundsätzlichen Aspekten des Themenbereiches *Gewalt gegen Kinder/Kindesmißhandlung*: 'Menschenbild', 'Kinder-Bild', Erziehungsstile, Erziehung".

Im Rahmen der Bearbeitung und Diskussion dieses Selbsterhebungsbogens können unterschiedliche Aspekte von (Vor-)Wissen und (Vor-)Erfahrungen hinsichtlich des Themenbereiches *Gewalt in der Erziehung* thematisiert werden:

- Fragen des Menschenbildes und des „Kinder-Bildes":

  - „Wenn Sie als Seminarteilnehmer an Ihr eigenes Menschenbild denken – Wo und wie ordnen Sie die rechtliche, gesellschaftliche, politische Stellung von Kindern sowie Ihr eigenes Bild von Kindern im Vergleich zu der/dem von Erwachsenen ein ?"

  - „Wissen Sie bzw. können Sie es sich denken, durch was und durch wen sich Ihr Menschenbild und Ihr Bild von Kindern entwickelt und ausgeprägt hat ?"

- Fragen zu Erziehung und Sozialisation:

  - „Wenn Sie an Ihre eigene Erziehung denken – Wie und nach welchen Leitlinien glauben Sie 'erzogen' worden zu sein ?

    Lassen Sich Grundprinzipien der 'klassischen' drei Erziehungsstile (autoritärer, partnerschaftlich-demokratisch orientierter, „laissez-faire"-Erziehungsstil) erkennen ?"

  - „'Erziehung' findet nicht nur im Elternhaus statt, sondern auch in Betreuungs- und Ausbildungsinstitutionen, durch den Einfluß von Massenmedien, durch die Gruppe von Gleichaltrigen, vom 'Zeitgeist' u.ä.

    Erinnern Sie Erlebnisse, Erfahrungen, Gefühle, die 'Erziehung' im weiteren Sinne mit dem Thema *Gewalt gegen Kinder/Kindesmißhandlung* in Verbindung bringen (können) ?

    Wenn ja, welche ?"

  - „Wenn Sie sich vorstellen, Sie lebten mit eigenen Kindern zusammen – Wie und nach welchen Richtlinien/Denkansätzen wollen Sie Ihre Kinder erziehen ?"

Über den Austausch von Antworten auf die Fragen des „Selbsterhebungsbogens" kann auf relativ „ungefährliche" Weise ein biographischer Bezug der Seminarteilnehmer zu dem Themenbereich *Gewalt in der Erziehung* hergestellt werden, ohne daß in direkter Weise u.U. in der Kindheit oder Jugend tatsächlich erfahrene *Gewalt* in ihren unterschiedlichen Erscheinungsformen und möglichen Auswirkungen/Folgen angesprochen werden müßte.

Und dennoch werden zentrale Themenstellungen aus dem Bereich *Gewalt in der Erziehung* bearbeitet, indem Fragen nach dem Menschenbild sowie die nach der eigenen Erziehung und Sozialisation unweigerlich einen Sensibilisierungsprozeß der Seminarteilnehmer in Richtung auf eine verfeinerte Wahrnehmung von Gewaltphänomenen auf unterschiedlichen Ebenen menschlichen (Zusammen-)Lebens hervorrufen wird.

3.2.6. Die siebente Seminar-Sitzung „Abschließende Diskussion der Schwerpunkt-Themen"

3.2.6.1. Einführung

Im Mittelpunkt dieser Einheit steht eine erste Rückbesinnung auf die ausgewählten Schwerpunkt-Themen der Einführungsveranstaltung in den Themenbereich *Gewalt gegen Kinder/Kindesmißhandlung*.

Diese Rückbesinnung soll einmünden in eine Diskussion um die aktuelle Bedeutung des Phänomens *Gewalt gegen Kinder/Kindesmißhandlung* vor dem Hintergrund der im laufenden Seminar erarbeiteten wissenschaftlichen Erkenntnisse, die zugleich mit Hilfe des Herstellens eines biographischen Bezugs der Seminarteilnehmer die Möglichkeiten eröffnen, sich eigene persönliche Erfahrungen mit *Gewalt* zu vergegenwärtigen.

Als Diskussionsgrundlage dient das Arbeitspapier 7, das als Thesenpapier konzipiert auf unterschiedliche Bedeutungsebenen und Entwicklungen des Phänomens *Gewalt gegen Kinder/Kindesmißhandlung* abhebt.

Im Rahmen dieser Einheit wird u.a. deutlich werden, inwiefern das Lehrziel einer verfeinerten Sensibilisierung für grundlegende Aspekte des Themenbereiches *Gewalt gegen Kinder/Kindesmißhandlung* realisiert werden konnte.

Die Seminarteilnehmer sollten sich in der Zwischenzeit aufgrund ihres erweiterten fachlich-inhaltlichen Wissens wie auch ihrer fortgeschrittenen methodischen Kenntnisse auf einer übergeordneten Ebene in der Lage sehen,

- Entwicklungslinien der (sozial-)wissenschaftlichen Erforschung des Themenbereiches *Gewalt gegen Kinder/Kindesmißhandlung* nachzeichnen,

- Grundprobleme bei dem Wahrnehmen, Erkennen und Einordnen von Gewaltphänomenen in übergeordnete gesellschaftliche und politische Zusammenhänge verbalisieren,

- die forschungsmethodologisch begründete Vernachlässigung des Bereiches *seelischer Gewalt gegen Kinder* in Hinsicht auf Ursachen und Konsequenzen einschätzen

- und sich eine eigene, begründete Meinung über Frage- und Themenstellungen aus dem Bereich *Gewalt gegen Kinder/Kindesmißhandlung* bilden zu können.

3.2.6.2. Didaktische Arbeitsmaterialien – Arbeitspapier 7: „Thesenpapier zu Schwerpunkt-Themen des Seminars *Gewalt gegen Kinder/Kindesmißhandlung*"

Aus-, Fort- und Weiterbildungsveranstaltung
Gewalt gegen Kinder/Kindesmißhandlung
Dr. B. Sommer

Arbeitspapier 7
Thesenpapier
zu Schwerpunkt-Themen des Seminars
Gewalt gegen Kinder/Kindesmißhandlung

(1) Erkenntnisse moderner sozialwissenschaftlicher Gewaltforschung weisen sowohl individuelle Persönlichkeitsfaktoren als auch gesellschaftliche, kulturelle und soziale Lebensbedingungen und deren vielfältige Wechselbeziehungen als mögliche Ursachengefüge von *Gewalt* aus.

(2) In der sozialwissenschaftlich ausgerichteten Gewaltforschung scheinen sich mehr und mehr Aspekte eines Gewaltbegriffs herauszukristallisieren, die sowohl auf körperliche wie seelisch-emotionale Dimensionen von *Gewalt* abheben.
Dennoch ist und bleibt es eine Frage der subjektiven Bewertung und Beurteilung, welche Handlungsweisen und Lebensumstände letztendlich als gewaltsam und welche als „noch akzeptabel" im Umgang/im Zusammenleben von Erwachsenen mit Kindern und Jugendlichen angesehen werden.

(3) Im Rahmen der Betrachtung des Phänomens *Gewalt gegen Kinder* in Familie, Erziehung und Gesellschaft läßt sich eine Verschiebung der Wert- und Bewertungsmaßstäbe dessen feststellen, was als bedrohend, schädigend und verletzend für die Gesundheit der Kinder und als hemmend und behindernd für die Entfaltung der Entwicklungsmöglichkeiten von Kindern angesehen wird.

(4) Das Erkennen von subtil wirkenden Formen von *Gewalt gegen Kinder* steht in Abhängigkeit von dem jeweils vorherrschenden Grad an ausgeprägter Sensibilität in der Wahrnehmung von Gewaltphänomenen, die wiederum unterschiedlichen subjektiven Wert- und Beurteilungskriterien unterliegt.

(5) In der nur spärlichen wissenschaftlichen Literatur über *seelische Gewalt gegen Kinder* lassen sich immer wieder die Begriffe Ablehnen, Terrorisieren, Isolieren, Bedrohen, Demütigen, Überfordern und Erpressen von Kindern finden.
Zwischen gesellschaftlich noch akzeptiertem Erziehungsverhalten und Verhaltensweisen, die im weitesten Sinne unter den Begriff *seelische Gewalt gegen Kinder* gefaßt werden können, bestehen fließende Übergänge.

(6) Autobiographische Zeugnisse von Kindern und Jugendlichen weisen Phänomene wie Anschreien, Ein- und Aussperren, Vorwürfe und Beleidigungen, Ungerechtigkeiten im Umgang von Erwachsenen mit Kindern sowie die subjektiven Gefühle, nicht ernstgenommen zu werden, als Phänomene *seelischer Gewalt gegen Kinder* aus.

(7) Der vielfach zitierte fehlende Nachweis objektiver bzw. objektivierbarer Folgen von *seelischer Gewalt gegen Kinder* sowie das Fehlen eindeutig als kausal zu bezeichnender Beziehungen läßt zwar die Schwierigkeiten beim Erkennen *seelischer Gewalt gegen Kinder* verständlich werden, die Unmöglichkeit, bisher fehlende eindeutige Zusammenhänge nachweisen zu können, beweist jedoch nicht deren Nicht-Existenz.

(8) Gesellschaftliche Organisation wie beispielsweise Schule, Ausbildung, familiäre und nicht-familiäre Erziehungs- und Sozialisationsinstanzen können Kindern und ihren individuellen Bedürfnissen (Lern- und Arbeitsstile, Persönlichkeitsförderung, Erziehungsstile, Konsumverhalten, Medien etc.) nicht gerecht werden.

(9) Das bewußte Nachdenken über eigene biographische Erfahrungen mit selbst erlebten Erziehungsmethoden und Umgangsformen in Elternhaus

> und Schule/Ausbildung sowie u.U. in der eigenen Kindheit/Jugend erfahrener *Gewalt* ermöglicht einen qualitativ anderen Zugang zum Themenbereich *Gewalt gegen Kinder* als über die ausschließliche Beschäftigung mit der wissenschaftlichen Literatur.

3.2.6.3. Zusammenfassung und Einordnung der Ergebnisse

Mit den diskussionseröffnenden Thesen des Arbeitspapiers 7 wird die Phase der Veranstaltung eingeleitet, die auf eine Rückbesinnung der bisher bearbeiteten Schwerpunkt-Themen und der methodischen Zugangsformen zum Themenbereich *Gewalt gegen Kinder/Kindesmißhandlung* abzielt.

Es besteht im Rahmen dieser Sitzung die Möglichkeit, zum einen bereits angesprochene Themen zu vertiefen bzw. unter einer „neuen", veränderten Sichtweise zu betrachten, zum anderen Zusammenhänge zwischen den einzelnen Schwerpunkt-Themen herzustellen, um somit einen Einblick in die Gesamtzusammenhänge, in die das Phänomen *Gewalt gegen Kinder* eingebunden ist, gewinnen zu können.

Zudem wird in dieser Sitzung eine abschließende inhaltliche Diskussion vor dem Hintergrund des erweiterten Wissensstandes der Seminarteilnehmer in bezug auf ihre inhaltlich-fachlichen Kenntnisse und methodischen Kompetenzen geführt. Zusammengefaßt, als Schlagworte bzw. Kernsätze formuliert, sind dies u.a.:

- Aspekte der (sozial-)wissenschaftlichen Erforschung des Phänomens *Gewalt gegen Kinder/Kindesmißhandlung*

- neben Erscheinungsformen *körperlicher Gewalt gegen Kinder* auch und besonders subtil wirkende, sinnlich nicht (mehr) wahrnehmbare Ausdrucksformen von *Gewalt gegen Kinder* (z.B. *psychische Gewalt gegen Kinder*)

- eine Verschiebung der Wert- und Bewertungsmaßstäbe dessen, was als *Gewalt gegen Kinder* angesehen wird (abhängig vom Grad der Sensibilisierung für Gewaltphänomene im alltäglichen Zusammenleben)

- die mögliche Bedeutung (auto-)biographischer Zugangsweisen zu methodisch nur schwierig zu bearbeitenden Problemen des Phänomens *Gewalt gegen Kinder*

- Probleme der Einschätzung von Objektivität und Subjektivität im Zusammenhang mit Gewaltphänomenen
- übergeordnete gesellschaftliche und politische Zusammenhänge in Verbindung mit Erscheinungsformen und Auswirkungen von *Gewalt gegen Kinder*
- die Bedeutung biographischer Erfahrungen mit unterschiedlichen Gewaltphänomenen während der eigenen Kindheit und Jugend (Erziehung, Sozialisation)
- die weitreichenden Möglichkeiten von auf biographischen Methoden beruhender Forschung hinsichtlich schwer zugänglicher Themenbereiche von *Gewalt gegen Kinder/Kindesmißhandlung* (z.B. *psychische Gewalt gegen Kinder, Gewalt in der Erziehung, sexuelle Gewalt gegen Kinder*).

3.2.7. Die achte Seminar-Sitzung „Seminar-Kritik"

In der achten, der abschließenden Seminar-Sitzung findet die Seminar-Kritik statt: Zum einen besteht, wie auch während aller vorangegangenen Sitzungen, die Möglichkeit, mündlich, in direkter Form, positive wie negative Kritik zu Ablauf, Inhalt, methodischen Vorgehensweisen, Arbeits- und Sozialformen sowie Zielsetzungen zu äußern; zum anderen wird nach dieser Aussprache ein vom Veranstaltungsleiter ausgearbeiteter Rückmeldebogen in die Gruppe eingebracht, mit dessen Hilfe in schriftlicher Form gezielte Rückmeldungen wie auch Antworten auf „offene Fragen" zu Seminarablauf, -inhalt und -organisation sowie zum Grad der Verwirklichung von übergeordneten didaktisch-methodischen Überlegungen abgegeben werden können.

In diesem Zusammenhang sei nochmals darauf verwiesen, daß die Seminarteilnehmer im Rahmen des Einführungsseminars in den Themenbereich *Gewalt gegen Kinder/Kindesmißhandlung* aufgerufen sind, mit kritischen Anmerkungen ihrerseits nicht nur innerhalb „einer abschließenden Veranstaltungs-Kritik am jeweiligen Semesterende bei(zu)tragen, sondern vor allem Anregungen zur ständigen begleitenden Kritik von Lehrveranstaltungen (zu) geben"[183].

Diese „erste Runde" der Seminar-Kritik eröffnet somit den Seminarteilnehmern wie auch dem Veranstaltungsleiter Möglichkeiten, das Seminar als solches zum Gegenstand einer gemeinsamen kritischen Diskussion zu wählen; zugleich soll

---

[183] JUNNE 1993³, 132 (Zusätze durch d. Verf.).

diese „erste Runde" einführen in die unterschiedlichen Formen möglicher „Rückmeldungen".

Die gemeinsame Diskussion scheint aus Überlegungen des der Einführungsveranstaltung zugrundeliegenden didaktischen Ansatzes der *Teilnehmer-* und *Prozeßorientiertheit* die geeignete Arbeitsform zu sein, in konstruktiver Weise zu ergründen, „welches wirklich die kritischen Punkte einer Veranstaltung"[184] darstellen.

Die „zweite Runde" der Seminar-Kritik wird in Form eines schriftlich zu bearbeitenden Rückmeldebogens angegangen, in dessen Rahmen den Seminarteilnehmern über den Weg des „Angebotes" vorab formulierter Fragestellungen Möglichkeiten eröffnet werden, ihre kritischen Anmerkungen in ausführlicher und zusammenhängender Weise anzubringen.

Die Teilnehmer der Einführungsveranstaltung in den Themenbereich *Gewalt gegen Kinder/Kindesmißhandlung* werden von der Einführungssitzung an bis zur Abschlußsitzung immer wieder darauf hingewiesen, daß Erfolg oder Mißerfolg einer auf *Teilnehmer-* und *Prozeßorientiertheit* beruhenden Lehrveranstaltung zum großen Teil auf der Initiative, auf der konstruktiven Mitarbeit, auf der Äußerung von Interessen und (Themen-)Wünschen sowie auf (selbst-)kritischen Beobachtungen von seiten der Teilnehmer aufbaut[185].

Nur wenn es gelingt, die Seminarteilnehmer in den komplexen Lernprozeß einzubinden, in dessen Rahmen u.a. die Zielsetzung angestrebt wird, (Mit-)Verantwortung für das Gelingen des Seminars zu übernehmen, wären die Grundlagen für die Erfüllung von Forderungen an eine *teilnehmer-* und *prozeßorientierte* Lehrveranstaltung geschaffen.

3.3. Zusammenfassung und Versuch einer kritischen Reflexion

Der gewählte zeitliche Rahmen dieser Einführungsveranstaltung in den Themenbereich *Gewalt gegen Kinder/Kindesmißhandlung* in acht dreistündige Sitzungsfolgen ist aus konzeptioneller Sicht ein Mindestmaß, das, zumindest auf den ersten Blick, für die Bearbeitung des komplexen Phänomens *Gewalt gegen Kinder/ Kindesmißhandlung* sehr eng bemessen scheint.

---

[184] JUNNE 1993³, 140.
[185] vgl. Kap. 2.4. des vorliegenden Einführungsbandes.

Andererseits, und dies ist eine der Kernaussagen des gewählten didaktischen Arbeitsansatzes von *Teilnehmer-* und *Prozeßorientiertheit*, kann ein Seminar, das nicht Vorlesungscharakter besitzt, sondern grundlegend auf der aktiven Mitarbeit und dem konstruktiven Mitdenken der Teilnehmer aufbaut, unter Beachtung besonderer didaktisch-methodischer Leitgedanken[186] zu einer sinnvollen und dem Problembereich angemessenen Auseinandersetzung mit ausgewählten, inhaltlich relevanten Schwerpunkt-Themen von *Gewalt gegen Kinder/Kindesmißhandlung* führen, Themen, deren Bearbeitung als grundlegende Voraussetzung für die Entwicklung eines tiefergehenden Verständnisses der Bedeutung des Phänomens bezeichnet werden kann.

Aufbauend auf und ausgehend von den Interessen und dem Wissensstand der Teilnehmer hinsichtlich inhaltlicher wie methodischer Dimensionen lassen sich im Rahmen von Einführungsseminaren in den Themenbereich *Gewalt gegen Kinder/Kindesmißhandlung* aus konzeptionell-inhaltlicher Sicht die folgenden Schwerpunkt-Themen als grundlegend bezeichnen:

- Das Arbeitspapier 1 mit Auszügen aus BERGMANs Roman „Fanny und Alexander" (1983) sowie das Arbeitspapier 2 zum Themenbereich „Definitionen und Ausdrucksformen von *Gewalt* und *Gewalt gegen Kinder*" bieten sich, und diese Aussage wird durch Beobachtungen und Erfahrungen aus Seminaren für Studenten der Sozialpädagogik gestützt[187], als Einführung in das komplexe Thema, das hinsichtlich seiner methodischen wie inhaltlichen Dimensionen nur unter Berücksichtigung vielfältiger Wechselbeziehungen mit gesellschaftlichen und politischen Entwicklungstendenzen wie auch sich verändernder wissenschaftlicher und wissenschaftstheoretischer (Erkenntnis-)Interessen bearbeitbar werden kann, als Wissens- und Diskussionsgrundlage im Seminar, gleichzeitig als Anregung für die Entwicklung eigener Denkansätze an.

Unter didaktisch-methodischem Aspekt betrachtet können die Seminarteilnehmer in dieser Einheit die Bearbeitung von Lektüre „streng" wissenschaftlicher Herkunft und von Auszügen aus der (auto-)biographischen Literatur in Verbindung mit dem zumindest in Ansätzen erfolgenden Vergegenwärtigen eigener biographischer Erfahrungen mit *Gewalt* und *Gewalt gegen Kinder* kennenlernen bzw. vertiefen.

---

[186] vgl. Kap. 2.4. des vorliegenden Einführungsbandes.
[187] vgl. SOMMER 1998, SOMMER 2000 b.

Auf den ersten Blick betrachtet mag die Befürchtung naheliegen, wonach zumindest die Wahrscheinlichkeit gegeben ist, die Seminarteilnehmer mit der Vielfalt von unterschiedlichen methodischen Arbeitsansätzen zu überfordern, andererseits kann nicht davon ausgegangen werden, daß mit Hilfe *eines* methodischen Ansatzes alle bzw. möglichst viele Seminarteilnehmer „erreicht" werden können[188].

Die Vielfalt der angeführten, unterschiedliche Qualität aufweisenden Arbeitsmaterialien kann demnach als Versuch angesehen werden, den zu erwartenden individuell unterschiedlichen, vielfältigen Arbeits- und Lernstilen der Teilnehmer entgegenzukommen, zumal erst über den Weg der gemeinsamen Diskussion grundlegende Schwerpunkt-Themen und mögliche Verfahrensweisen im Sinne des Ansatzes von *Teilnehmer-* und *Prozeßorientiertheit* festgelegt werden (können).

- Im Zuge der Bearbeitung der zweiten Einheit auf der Grundlage des Arbeitspapier 3 zum Themenbereich „*Psychische Gewalt gegen Kinder*" werden nicht nur ausgewählte Dimensionen des in der wissenschaftlichen Lehre und Forschung vernachlässigten Bereiches der *psychischen Gewalt gegen Kinder* thematisiert, der Aufsatz von SOMMER (1996) stellt vielmehr in diesem Zusammenhang einen Basis-Text für die Einführung in unterschiedliche Themen dar. So werden u.a. Begriffsbestimmungen und Grundzüge sozialwissenschaftlicher Gewaltforschung, methodologische und methodische Überlegungen zur Entwicklung angemessener Zugangsformen zum Problembereich *Gewalt gegen Kinder/Kindesmißhandlung*, ausgewählte Beispiele von in der (auto-)biographischen Literatur vorfindlichen literarischen Vorlagen, aber auch im Kontext der wissenschaftlichen Erforschung des Phänomens *Gewalt gegen Kinder/Kindesmißhandlung* relevante gesellschaftliche, politische und kulturelle Entwicklungen in der Bundesrepublik Deutschland der 70er, 80er und 90er Jahre angesprochen.

- Im Rahmen der dritten Einheit wird mittels der Vorstellung eines Thesenpapiers durch den Veranstaltungsleiter und mittels Bearbeitung des Arbeitspapiers 4 in den Themenbereich „Erklärungsmodelle von *Gewalt gegen Kinder/ Kindesmißhandlung*" eingeführt.

In diesem Zusammenhang besteht m.E. die Notwendigkeit, das „System" unterschiedlicher, sich z.T. widersprechender Erklärungsansätze, die im Laufe

---

[188] vgl. SOMMER 1998, 419.

der „Geschichte" der wissenschaftlichen Erforschung des anfangs als *Kindesmißhandlung*, unter dem zunehmenden Einfluß sozialwissenschaftlicher Gewaltforschung später als *Gewalt gegen Kinder* bezeichneten Phänomens herausgearbeitet werden, durch Auswahl und vorstrukturierende Fragestellungen in seiner Komplexität „begreifbar" zu machen[189].

Am Ende dieser Einheit sollte u.a. die Erkenntnis vorherrschen, daß sich Erklärungsmodelle von *Kindesmißhandlung* und *Gewalt gegen Kinder* von anfangs eher monokausalen hin zu immer komplexer werdenden multidimensionalen Ansätzen entwickeln, daß sich die Einflüsse vor allem sozialwissenschaftlich orientierter Forschungsansätze auch auf die Erforschung von Themen aus dem Bereich *Gewalt gegen Kinder* auswirken und daß es, und dies scheint, oberflächlich betrachtet, eine banale, tiefergehend analysiert jedoch eine der wesentlichen Erkenntnisse der Veranstaltung, keine allgemeingültige, objektiven Maßstäben gerecht werdende Definition von *Gewalt gegen Kinder* geben kann, sondern, wie es WITTENHAGEN und WOLFF bereits im Jahre 1980 formulierten, eine Vielzahl „mehr oder weniger brauchbare(r)"[190] Begriffsbestimmungen.

- Um den Wissensstand der Teilnehmer und den „Erfolg" der bisherigen Veranstaltungsfolgen themenbezogen einordnen zu können, werden in einer vierten Einheit anhand des Arbeitspapiers 5 Fragen an die Seminarteilnehmer formuliert, mit deren Bearbeitung der aktuelle Lern- und Kenntnisstand der Seminarteilnehmer zu dem komplexen Problembereich „Erscheinungsformen und Erklärungsmodelle von *Kindesmißhandlung/Gewalt gegen Kinder*" thematisiert wird.

Gefordert ist nicht die bloße Wiedergabe von „gelerntem Wissen", sondern der sicht- und wahrnehmbare Beweis, daß die Seminarteilnehmer die die Erforschung des Phänomens *Gewalt gegen Kinder/Kindesmißhandlung* maßgeblich beeinflussenden Zusammenhänge mit gesellschaftlichen, politischen, wissenschaftshistorischen und (erkenntnis-)theoretischen Entwicklungstendenzen erkannt haben.

Die abschließende Frage im Rahmen des Arbeitspapiers 5, „Was 'bringt' Ihnen die Kenntnis von unterschiedlichen Erklärungsmodellen hinsichtlich Ihres

---

[189] Zur Übersicht über Erklärungsmodelle von *Gewalt gegen Kinder/Kindesmißhandlung* vgl. u.a. BUJOK-HOHENAUER 1982, SOMMER 1996 a, 85 ff., ZIEGLER 1990.
[190] WITTENHAGEN/WOLFF 1980, 5 (Veränderungen durch d. Verf.).

Verständnisses von *Kindesmißhandlung/Gewalt gegen Kinder* ?", soll von der didaktischen Planung her gesehen eine Art „Übergang" herstellen, weg von der „nüchternen", vermeintlich objektiven Maßstäben genügenden, „traditionell"-wissenschaftlichen Betrachtungsweise des Phänomens *Kindesmißhandlung/Gewalt gegen Kinder*, hin zu den Möglichkeiten und Grenzen eines auf subjektiven Bewertungs- und Beurteilungskriterien aufbauenden Verständnisses von *Gewalt gegen Kinder*.

An dieser Stelle wird, und auf diese Beobachtung wurde bereits in anderen Zusammenhängen verwiesen, das deutlich, was unter der Zielsetzung „Herstellen eines biographischen Bezugs" verstanden werden soll: Auf theoretischer Ebene gewonnene Erkenntnisse über das Phänomen *Gewalt gegen Kinder* erfahren erst dann eine tiefergehende Bedeutung für den einzelnen Betrachter, wenn sie mit Hilfe der Vergegenwärtigung eigener biographischer Erfahrungen mit *Gewalt* hinsichtlich ihrer möglichen lebensgeschichtlich bedeutsam werdenden Auswirkungen wahrgenommen und eingeschätzt werden können.

Die Seminarteilnehmer können nicht dazu „gezwungen" werden, diesen biographischen Bezug „öffentlich" herzustellen. Über den Weg der Bearbeitung von Fragen nach dem erfahrenen Erziehungsstil bleiben aber Einsichten und Erkenntnisse aus diesem Bereich biographischer Erinnerungen nicht aus, auch wenn nicht alle Teilnehmer gewillt sein werden, vor der Gruppe ihnen teilweise unbekannter Kommilitonen über ihre Erlebnisse und Erfahrungen zu berichten.

Die Wahrscheinlichkeit, daß einzelne Seminarteilnehmer insbesondere in bezug auf eigene Gewalterfahrungen während ihrer Kindheit und Jugend immer wieder auf grundlegende Einsichten stoßen werden, scheint in dieser Einheit außergewöhnlich hoch.

- Die fünfte Einheit, Arbeitspapier 6 zum Themenbereich *Gewalt in der Erziehung*, setzt methodisch an dem auf subjektiven Kriterien beruhenden Verständnis von *Gewalt gegen Kinder*, in diesem Zusammenhang an den Erscheinungsformen von *Gewalt in der Erziehung*, an.

Das Konzept der *Erziehungsgewalt* nach PETRI (1989)[191], dessen grundlegende Aussagen in Form des Arbeitspapiers 6 vorgelegt werden, stellt m.E.

---

[191] vgl. die Veröffentlichungen von PETRI 1981 a, 1981 b, 1983 a, 1983 b, 1987, 1989, 1990, 1992, PETRI/LAUTERBACH 1975.

einen Grundlagen-Text für das Verständnis des Phänomens *Gewalt in der Erziehung* dar, anhand dessen fernab von den eigenen subjektiv-biographischen Erfahrungen mit *Kindesmißhandlung* und *Gewalt* in sachlicher Weise auf mögliche manifeste oder subtile Erscheinungs- und Ausdrucksformen von *Gewalt in der Erziehung* abgehoben werden kann.

In diesem Zusammenhang wird den Seminarteilnehmern die Möglichkeit eröffnet, die Ebene subjektiver Betrachtungsweisen zu verlassen, eigene biographische Gewalterfahrungen zumindest ansatzweise zu „objektivieren" und mögliche Bedingungsfaktoren von *Gewalt gegen Kinder* anhand eines bzw. mehrerer Erklärungsmodelle(s) zu erkennen.

Didaktisch gesehen läßt sich hier der „durchlässige Übergang" in der Betrachtung subjektiver wie vermeintlich objektiver Beobachtungen aus dem Bereich *Gewalt gegen Kinder* verdeutlichen.

Nicht die Frage quantitative *versus* qualitative Sozialforschung steht im Mittelpunkt, nicht ausschließlich „traditionell"-wissenschaftliche *oder* biographische Arbeitsansätze, sondern der gezielte, methodisch bewußt vorgenommene, didaktisch begründete Einsatz der einen oder anderen „Methode" der Erkenntnisgewinnung in Abhängigkeit von den jeweils anzustrebenden Lehr-, Lern- und Handlungszielen scheint unter Berücksichtigung der sich unterscheidenden Lern- und Arbeitsstile wie auch der individuell unterschiedlichen Erfahrungen der Seminarteilnehmer für die Erarbeitung grundlegender Erkenntnisse aus dem Themenbereich *Gewalt gegen Kinder/Kindesmißhandlung* nicht nur sinnvoll, sondern notwendig zu sein.

- Die sechste Einheit beinhaltet Fragen im Rahmen des Arbeitspapiers 7, die Möglichkeiten für eine Rückbesinnung auf die in der Veranstaltung erarbeiteten Schwerpunkt-Themen eröffnet.

Arbeitspapier 7 wird der Gruppe in Form eines diskussionseröffnenden Thesenpapiers zur Verfügung gestellt, anhand dessen zentrale Erkenntnisse des Seminars erläutert und in einem Gesamtzusammenhang mit unterschiedlichen Dimensionen von *Gewalt gegen Kinder/Kindesmißhandlung* betrachtet werden können.

Im Rahmen dieser Einheit besteht ausreichend Gelegenheit, zum einen bereits angesprochene Themen zu vertiefen bzw. unter einer veränderten, einer „neuen" Sichtweise zu betrachten, zum anderen inhaltlich begründete Zusammenhänge zwischen den einzelnen bereits bearbeiteten Schwerpunkt-Themen herzustellen.

Zudem wird in dieser Sitzung eine abschließende Diskussion vor dem Hintergrund des erweiterten Wissensstandes der Seminarteilnehmer in bezug auf ihre fachlichen Kenntnisse und (didaktisch-)methodischen Kompetenzen geführt.

- Während im Rahmen der vorangegangenen sechsten Einheit explizit inhaltlich-fachliche und methodische Aspekte der Betrachtung des Phänomens *Gewalt gegen Kinder/Kindesmißhandlung* thematisiert werden, werden im Rahmen der das Seminar abschließenden achten Sitzung, der siebenten Einheit, Fragen und Probleme hinsichtlich der Veranstaltung als solcher angesprochen, Beobachtungen und kritische Anmerkungen, die unter dem Stichwort „Seminar-Kritik"[192] zusammengefaßt werden sollen, in dessen Zu-

---

[192] Im Rahmen der Auswertung und Reflexion von Einführungsseminaren in den Themenbereich *Gewalt gegen Kinder/Kindesmißhandlung* für Studenten der Sozialpädagogik schreibt SOMMER (1998) u.a., „daß Erfolg oder Mißerfolg einer auf *Teilnehmer-* und *Prozeßorientiertheit* abhebenden Lehrveranstaltung zum großen Teil auf Initiative, auf konstruktiver Mitarbeit, auf Äußerung von Interessen und (Themen-)Wünschen sowie auf (selbst-)kritischen Beobachtungen von seiten der Teilnehmer aufbaut.

Nur wenn es gelingen würde, so eine der Ausgangsüberlegungen auf didaktischer Ebene, die Studenten in den komplexen Lernprozeß einzubinden, in dessen Rahmen u.a. die Zielsetzung angestrebt wurde, (Mit-)Verantwortung für das Gelingen des Seminars zu übernehmen, wären die Grundlagen für die Erfüllung von Forderungen an eine teilnehmerorientierte Lehrveranstaltung geschaffen.

In der Wirklichkeit des Seminargeschehens zeigte es sich immer wieder, und diese Beobachtung läßt sich u.a. an mündlich geäußerten Anmerkungen wie auch aufgrund der Auswertung der schriftlich bearbeiteten Rückmeldebögen bestätigen, daß auf seiten der Studenten offensichtliche Schwierigkeiten bestanden 'in der Umsetzung eines für sie ungewöhnlichen Arbeitsstils, der, grob gesprochen, als *kollegial* bezeichnet wurde. Nicht Frontalunterricht und Vortragsstil, sondern gemeinsames Erarbeiten inhaltlicher Dimensionen von *Gewalt gegen Kinder* stellten den Mittelpunkt didaktisch-methodischer Überlegungen dar'(SOMMER 1998, 419).

Im Laufe der Seminare, auch dies ist Ergebnis von Beobachtungen des Seminarleiters wie auch einer der wesentlichen Erkenntnisse aus der Auswertung der eingegangenen Rückmeldebögen, konnte die These bestätigt werden, nach der es im Rahmen von Einführungsseminaren in den Themenbereich *Gewalt gegen Kinder/Kindesmißhandlung* trotz umfangreicher, didaktisch begründeter Vorüberlegungen kaum möglich erscheint, alle bzw. möglichst viele Seminarteilnehmer auf der Grundlage *einer* Methode, mit Hilfe *einer* methodischen Zugangsform zum Themenbereich *Gewalt gegen Kinder* zu 'erreichen'.

(...)

Die im Rahmen aller Einführungsseminare erfolgte intensive Auseinandersetzung mit Ausdrucks- und Erscheinungsformen von *Gewalt gegen Kinder/Kindesmißhandlung*, mit

ge nach Aussagen von JUNNE (1993) die Seminarteilnehmer jedoch aufgerufen seien, nicht nur innerhalb „einer abschließenden Veranstaltungs-Kritik am jeweiligen Semesterende bei(zu)tragen, sondern vor allem Anregungen zur ständigen begleitenden Kritik von Lehrveranstaltungen (zu) geben"[193].

Auf didaktisch-methodischer und der i.w.S. forschungsmethodologische Grundsätze betreffenden Ebene stehen in dem Einführungsseminar die Vielfalt möglicher Zugangsformen zu dem komplexen Themenbereich *Gewalt gegen Kinder/ Kindesmißhandlung* sowie Grundsatzentscheidungen hinsichtlich der Organisation von Lernprozessen auf seiten der Seminarteilnehmer im Zentrum der Bemühungen.

Empirisch-analytische Forschungsansätze mögen im Zusammenhang mit dem Phänomen *körperlicher Kindesmißhandlung* zu verwertbaren Ergebnissen geführt haben, hinsichtlich der bislang eher als vernachlässigt kennzeichenbaren

---

Erklärungsansätzen und deren Ergebnissen, mit Wandlungstendenzen im Zuge der Betrachtung der Bewertungs- und Beurteilungskriterien von *Gewalt gegen Kinder/Kindesmißhandlung* stand zunächst im Mittelpunkt des Seminargeschehens; ab dem Zeitpunkt aber, als der Erwerb von Grundlagen-Wissen vorangeschritten war, erfolgte die auf wissenschaftlich abgesicherten und methodisch gezielt eingearbeiteten Grundsätzen aufbauende Diskussion um Formen *psychischer Gewalt gegen Kinder*, Formen *alltäglicher Gewalt gegen Kinder* und *Gewalt in der Erziehung*.

In diesem Zusammenhang wurden Zielsetzungen aus dem Bereich angestrebt und, wie die Rückmeldungen der Seminarteilnehmer in der Auswertung zeigen, realisiert, die vor allem das Erkennen auf unterschiedlichen Ebenen beobachtbarer Zusammenhänge des Phänomens *Gewalt gegen Kinder/Kindesmißhandlung* mit (sozial-)historischen, politischen und gesellschaftlichen Entwicklungen sowie dem Wandel wissenschaftstheoretischer und historisch bedingter Erkenntnisinteressen thematisieren.

Auf didaktisch-methodischer und der i.w.S. forschungsmethodologische Grundsätze betreffenden Ebene standen in den Seminaren die Vielfalt möglicher Zugangsformen zu dem komplexen Themenbereich *Gewalt gegen Kinder/Kindesmißhandlung* sowie Grundsatzentscheidungen hinsichtlich der Organisation von Lernprozessen auf seiten der Seminarteilnehmer im Zentrum der Bemühungen: empirisch-analytische Forschungsansätze mögen im Zusammenhang mit dem Phänomen *körperlicher Kindesmißhandlung* zu verwertbaren Ergebnissen geführt haben, hinsichtlich der bislang eher als vernachlässigt kennzeichenbaren Bereiche von *seelischer Gewalt gegen Kinder* und *alltäglicher Gewalt gegen Kinder* lassen sich aufgrund 'traditionell'-wissenschaftlicher Untersuchungsansätze kaum überzeugende Ergebnisse vorweisen.

Neben der Lektüre 'wissenschaftlicher' Literatur wurden die Seminarteilnehmer in Grundzüge der 'biographischen Methode' eingeführt, die im weiteren Verlaufe der Seminare nicht nur anhand der Lektüre von (auto-)biographischen Schriften von *Gewalt* betroffener Menschen, sondern anhand eines 'Exkurses' in die eigene Biographie und den damit möglicherweise verbundenen Erfahrungen mit Erziehung und *Gewalt* konkretisiert werden" (SOMMER 2000 b, 138 ff.; Auslassungen durch d. Verf.)

[193] JUNNE 1993³, 132 (Zusätze durch d. Verf.).

Themenbereiche von *seelischer Gewalt gegen Kinder* und *alltäglicher Gewalt gegen Kinder* lassen sich aufgrund „traditionell"-wissenschaftlicher Untersuchungsansätze kaum überzeugende Ergebnisse vorweisen.

Neben der Lektüre „wissenschaftlicher" Literatur werden die Seminarteilnehmer in die Grundlagen der sogenannten „biographischen Methode" eingeführt, mit deren Hilfe im weiteren Verlaufe des Seminars einerseits die Lektüre von (auto-)biographischen Schriften von *Gewalt* betroffener Menschen angeleitet werden können, andererseits können die Seminarteilnehmer im Zuge eines „Exkurses" in die eigene Biographie die damit möglicherweise verbundenen Erinnerungen an Erziehung und Erfahrungen mit *Gewalt* konkretisieren.

4. GRUNDSATZÜBERLEGUNGEN ZU EINEM EINFÜHRUNGSSEMINAR IN DEN THEMENBEREICH *GEWALT GEGEN KINDER*

4.1. Zur Diskussion und Einordnung der Ergebnisse

Im Rahmen der Bearbeitung von Grundsatzüberlegungen für die Einführung in den Themenbereich *Gewalt gegen Kinder/Kindesmißhandlung* können im Zuge der Fragestellung, welche grundlegenden, für die theoretische und die praktische Ausbildung von in Sozialen Berufen Tätigen relevanten Lehrziele sich im Rahmen von didaktisch-methodischen Überlegungen während der Planung und Konzeption von Einführungsseminaren in den Themen- und Problembereich *Gewalt gegen Kinder/Kindesmißhandlung* aufstellen und begründen ließen[194], folgende Ergebnisse festgehalten werden:

Wird wie in der vorliegenden Arbeit von dem bewußt gewählten, im Sinne SCHILLINGs (1995) gebrauchten Begriff *Lehrziele* als „Ziele des *Lehrenden, Erziehers, Pädagogen, Sozialpädagogen*"[195] ausgegangen, so findet auf fachlich-inhaltlicher Ebene über die Bearbeitung der jeweils gewählten Schwerpunkt-Themen die vom Veranstaltungsleiter angestrebte Sensibilisierung der Seminarteilnehmer für grundlegende fachlich-inhaltliche Aspekte des Problembereiches *Gewalt gegen Kinder* (Lernbereich 1) statt.

Das Kennen- und Einschätzen-Lernen der Ausdrucksformen von *Gewalt gegen Kinder/Kindesmißhandlung*, der Ergebnisse (sozial-)wissenschaftlicher Ursachenforschung, der Formen *psychischer Gewalt gegen Kinder* und der *alltäglicher Gewalt gegen Kinder*[196] stellt eine der wesentlichen Grundlagen dar, die aktuelle, in der Öffentlichkeit wie in wissenschaftlich orientierten Kreisen geführte Diskussion um das Phänomen *Gewalt gegen Kinder* unter Berücksichtigung politischer und gesellschaftlicher Entwicklungen sowie sich verändernder wissenschafts- und erkenntnistheoretischer Interessen in ihren wesentlichen Aussagen einordnen zu können.

---

[194] vgl. Kap. 1.3. des vorliegenden Einführungsbandes.
[195] SCHILLING 1995², 121.
[196] vgl. Kap. 2.2. des vorliegenden Einführungsbandes (Ausführungen zu Lernbereich 1).

Neben dem für die fachlich-inhaltliche Ebene formulierten Lehrziel einer möglichst weitreichenden Sensibilisierung der Seminarteilnehmer für unterschiedliche Erscheinungsformen von *Gewalt gegen Kinder*, von den eher offensichtlich werdenden Formen *körperlicher Kindesmißhandlung* über eher subtil wirkende Formen *seelischer Gewalt gegen Kinder* bis hin zu nicht mehr wahrnehmbaren Ausdrucksformen von *alltäglicher Gewalt* wird die Realisierung von Lehrzielen angestrebt, wonach Einführungsveranstaltungen in den Themenbereich *Gewalt gegen Kinder/Kindesmißhandlung* den Seminarteilnehmern neben der bereits beschriebenen Sensibilisierung für qualitativ unterschiedliche Gewaltphänomene „vielfältige Möglichkeiten (eröffnen können, Zusatz d. Verf.), Grundformen wissenschaftlichen Arbeitens zu erlernen, ihre individuell unterschiedlichen Lern- und Arbeitsstile wahrzunehmen und zu verfeinern, einführende Kenntnisse in forschungsmethodologische Fragestellungen zu gewinnen sowie didaktisch-methodische Kompetenzen (...) zu erwerben"[197].

Diese über das Inhaltliche hinausgehenden Lehrziele werden über die Formulierung des *Lernbereiches 2*, Wahrnehmen und Verfeinern der individuell unterschiedlichen Lern- und Arbeitsstile der Seminarteilnehmer, des *Lernbereiches 3*, Erlernen von Grundformen und Anwenden von Grundtechniken wissenschaftlichen Arbeitens, des *Lernbereiches 4*, Gewinnen von einführenden Kenntnissen in forschungsmethodologische Fragestellungen, und des *Lernbereiches 5*, Erwerb von didaktisch-methodischen Kompetenzen, von den konzeptionellen Vorüberlegungen her in den übergeordneten Lehrzielkatalog des Einführungsseminars in den Themenbereich *Gewalt gegen Kinder/Kindesmißhandlung* aufgenommen[198].

Aufgrund des didaktischen Arbeitsansatzes von *Teilnehmer-* und *Prozeßorientiertheit* sowie der konkreten didaktischen Überlegungen zu Konzipierung und Planung der Einführungsveranstaltung scheint das Formulieren von Lehrzielen aus unterschiedlichen Bereichen akademischen und nicht-akademischen Lernens nicht nur sinnvoll, sondern notwendig.

Die Verbindung von Lehrzielen unterschiedlicher inhaltlicher und methodischer Qualität, die auf den ersten, oberflächlichen Blick als „Überfrachtung" einer Einführungsveranstaltung anmutet, kann sich im Verlaufe des Einführungsseminars *Gewalt gegen Kinder/Kindesmißhandlung* als geeigneter Schritt auf dem

---

[197] SOMMER 2000 b, 24 (Auslassungen durch d. Verf.).
[198] Zu den inhaltlichen Ausführungen der einzelnen Lernbereiche vgl. Kap. 2.2. des vorliegenden Einführungsbandes.

angestrebten Weg hin zu der Formulierung von auf den Interessen und Bedürfnissen der Teilnehmer wie auch auf den inhaltlichen und didaktisch-methodischen Vorstellungen des Seminarleiters gegründeten Lern- und Handlungszielen erweisen, die sowohl „für den Erwerb theoretischen Grundlagenwissens wie auch für das kritische Reflektieren praktischer Arbeits- und Lebenserfahrungen sowie deren vielfältige Wechselwirkungen"[199] unerläßlich scheinen.

Diese Gedanken finden ihre Begründung in Erfahrungen aus dem (sozial- und sonder-)pädagogischen Arbeitsalltag, in dessen Rahmen neben dem Erwerben und Anwenden von Fachwissen Fähigkeiten auf didaktisch-methodischer Ebene gefordert sind, selbstkritisches Einschätzen des beruflichen Selbstverständnisses sowie das Beherrschen von i.w.S. „Methoden der Sozialen Arbeit"[200].

Andererseits, und diesem Bereich wird in vielen Einführungsseminaren im Rahmen von Aus-, Fort- und Weiterbildung zu wenig Beachtung geschenkt, stellen das eigenständige Erarbeiten von Texten unterschiedlicher (wissenschaftlicher) Herkunft und Qualität, das Beherrschen von verschiedenen Möglichkeiten der Textwiedergabe, das Erstellen von Protokollen, das Abhalten von Kurzreferaten, das Anfertigen von Erfahrungsberichten, das Arbeiten in Kleingruppen, das individuelle Ausbilden von Meinungen, das aktive Beteiligen an Diskussionen, das Äußern kritischer Anmerkungen zu Form und Inhalt dargestellter Sachverhalte, die Fähigkeit zur (Selbst-)Kritik, das Entdecken und Ausprägen eines eigenen Lern- und Arbeitsstils, das Entwickeln einer konstruktiven Streitkultur, neben dem Anwenden von Techniken wissenschaftlichen Arbeitens auch die Kenntnis „alternativer" methodischer Zugangsweisen (z.B. über den Weg Selbsterfahrung, biographische Ansätze) tagtägliche Anforderungen an die in der Sozialen Arbeit in Theorie und Praxis tätigen Mitarbeiter dar.

Die Frage, welche didaktisch-methodischen Entscheidungen sich im Verlaufe eines Einführungsseminars *Gewalt gegen Kinder/Kindesmißhandlung* in Hinblick auf das Realisieren der übergeordneten Lehr-, Lern- und Handlungsziele als besonders sinnvoll erweisen können[201], kann mit Hilfe von Ergebnissen aus unterschiedlichen Ebenen der Betrachtung beantwortet werden.

Zum einen soll die Ebene des gewählten didaktischen Ansatzes, der auf *teilnehmer-* und *prozeßorientiertes Lernen* in der Gruppe abzielt, betrachtet werden.

---

[199] SOMMER 2000 b, 24.
[200] vgl. u.a. GALUSKE 1998.
[201] vgl. Kap. 1.3. des vorliegenden Einführungsbandes.

Unter diesem Begriff wird das bewußt vorgenommene Abstimmen der Wahl von methodischen Zugangsformen wie auch der Entscheidung für inhaltliche Schwerpunkte auf die Interessen und Bedürfnisse wie auf den vorhandenen Wissensstand und den Grad an Ausprägung didaktisch-methodischer Fähigkeiten der Seminarteilnehmer verstanden.

Für die konkrete Planung bedeutet diese Vorgabe die Notwendigkeit, die Einführungssitzung relativ „offen" zu gestalten, in deren Rahmen Raum für Meinungsbildung und Diskussion unterschiedlicher Ansätze und Interessen zur Verfügung steht.

Dies bedeutet andererseits, daß die „eigentliche", strukturierte, didaktisch begründete Planung der 24-stündigen Veranstaltung erst nach der Einführungssitzung geschehen kann.

Neben „Lektüre wissenschaftlicher Literatur unter vorab formulierten Fragestellungen (wissenschaftlicher Aspekt), Lektüre von Auszügen literarischer Texte und (auto-)biographischer Schriften, (..., neben der, Zusatz d. Verf.) Frage nach eigenen Erfahrungen und Erlebnissen mit den jeweils beschriebenen Gewaltformen (biographischer Aspekt, Selbsterfahrungsaspekt)" könnte es sich nach Aussagen von SOMMER (1998) im weiteren Verlaufe des Seminars „des öfteren als notwendig (erweisen, Zusatz d. Verf.), komplexe Wirkungszusammenhänge, geschichtliche Entwicklungen, soziale, gesellschaftliche und politische Einflußfaktoren im Zusammenhang mit der Aufdeckung und wissenschaftlichen Erforschung des lange Zeit tabuisierten Problembereiches *Gewalt gegen Kinder* in Form von (Kurz-)Referaten des Seminarleiters übersichtartig darzustellen"[202].

In diesem Zusammenhang wird die Verbindung von inhaltlichen Aspekten und methodischen Zugangsformen zum Problembereich *Gewalt gegen Kinder/Kindesmißhandlung* zumindest in Ansätzen deutlich, wenn SOMMER (1998) in der Auswertung und Reflexion von Einführungsveranstaltungen für Studenten der Sozialpädagogik zu dem Schluß kommt, einige „bedeutsame Entwicklungen auf unterschiedlichen Ebenen gesellschaftlichen Zusammenlebens können den Seminarteilnehmern wegen ihres Lebensalters nicht aufgrund eigener biographischer Bezüge zugänglich sein: der Einfluß der sogenannten neuen sozialen Protestbewegungen auf Sensibilisierungsprozesse von Wissenschaftlern und Öffentlichkeit in den 60er, 70er und 80er Jahren, unterschiedliche Begriffsdefini-

---

[202] SOMMER 1998, 416 f. (Auslassungen durch d. Verf.).

tionen mit damit verbundenen fachwissenschaftlichen Kompetenzrangeleien (vgl. Diskussion um die Begriffe *Kindesmißhandlung* und *Gewalt gegen Kinder*), das bewußte Ausklammern nicht-körperlicher Aspekte von *Gewalt gegen Kinder*, was zu einer Verkürzung des Gewaltbegriffes und damit zu einer Vernachlässigung lebensgeschichtlich bedeutsam werdender Gewaltformen führte, das Ausgrenzen psychischer Aspekte von *Gewalt gegen Kinder*, der Vorwurf 'Unwissenschaftlichkeit' (auto-)biographischer Forschungsansätze im Zusammenhang mit dem Phänomen *Gewalt gegen Kinder*"[203].

In diesem Zusammenhang erfahren die Aussagen besondere Bedeutung, wonach den Seminarteilnehmern über den Weg der „Bearbeitung (auto-)biographisch ausgerichteter und literarisch aufgearbeiteter Beiträge subjektiv von *Gewalt* Betroffener sowie des Herstellens eines *biographischen Bezugs*"[204] qualitativ andere Zugangsformen zu dem Problembereich *Gewalt gegen Kinder/Kindesmißhandlung* eröffnet werden können als über den Weg eher als in der Gewaltforschung „traditionell"-wissenschaftlich bezeichenbarer Methoden der Wissensvermittlung und Erkenntnisgewinnung.

Hinter dem Begriff „Herstellen eines *biographischen Bezugs*" verbirgt sich der sich durch das gesamte Einführungsseminar wie ein (didaktischer) „roter Faden" hindurchziehende Gedanke, wie wichtig die Sensibilisierung der Seminarteilnehmer für das an der eigenen Person erfahrene Erleben *körperlicher, seelischer* und/oder *emotionaler Gewalt* während ihrer Kindheit und Jugend für die Entwicklung eines tiefergehenden Verständnisses von *Gewalt gegen Kinder* und *Kindesmißhandlung* sein kann.

Konkret auf Ablauf, Organisation und Schwerpunkt-Setzung eines Einführungsseminars bezogen bedeutet dies u.a., *Gewalt gegen Kinder/Kindesmißhandlung* als einen Themenbereich anzusehen, „der geeignet ist, inhaltliche Dimensionen eines für in der praktischen Sozialarbeit Tätigen überaus bedeutsamen Problembereiches zu erarbeiten, andererseits Kenntnis unterschiedlicher methodischer Zugänge zu einem komplexen gesellschaftlichen Phänomen zu erhalten und nicht zuletzt über den Weg kritischer Selbstreflexion die eigenen Erfahrungen mit *Gewalt* thematisieren zu können"[205], wobei der Tatsache durchaus Rechnung getragen wird, daß „herkömmliche" wissenschaftliche Ansätze „bisher im Rah-

---

[203] SOMMER 1998, 417.
[204] SOMMER 2000 b, 24.
[205] SOMMER 2000 b, 111.

men sozialwissenschaftlicher Gewaltforschung biographische Erfahrungen nahezu vollständig ausgeschlossen (haben, Zusatz d. Verf.) mit dem Hinweis, daß eine weitgefaßte Begriffsbestimmung von *Gewalt gegen Kinder* einen 'inflationären Gebrauch' nach sich ziehe und somit ernsthafte Bemühungen zumeist empirisch orientierter Forscher an einer Erhellung dieses Phänomens unmöglich machten"[206].

Sich angesprochen zu fühlen von dem Thema und doch nicht den für eine sachliche Diskussion notwendigen Abstand zu verlieren scheint eine der Grundbedingungen für Lernen in dem Bereich *Gewalt* zu sein. Sich kritisch zu hinterfragen und doch nicht alles ausschließlich negativ zu sehen, ist ein weiterer Schritt. Sich eine eigene Meinung zu bilden, mit Arbeitsformen und -weisen zu experimentieren, wie Wissen angereichert werden kann, in der einschlägigen Literatur beschriebene Arbeits- und Forschungsansätze fachlich kompetent einschätzen zu können, sich letztlich in eine als einseitig zu bezeichnende öffentliche Diskussion um Gewaltphänomene und deren „Bearbeitung" einschalten zu können – diese Aspekte stellen übergeordnete Zielsetzungen dar, die z.T. mit Hilfe dieser Veranstaltungsfolgen erreicht werden können[207].

4.2. Grundlagen für die Entwicklung eines weitgefaßten Verständnisses von *Gewalt gegen Kinder/Kindesmißhandlung*

Kindesmißhandlungen oder Formen von *Gewalt gegen Kinder* ausschließlich an der Persönlichkeit eines abnormen, sadistisch veranlagten Täters festmachen zu wollen – so wie ein in der Öffentlichkeit weit verbreitetes Vorurteil Glauben machen will –, greift als Erklärungsversuch eines komplexen gesellschaftlichen Phänomens zu kurz.

Über einen individualisierenden Erklärungsansatz wird sämtliche Verantwortung von Gesellschaft, Politik und Kultur für das Entstehen von Gewalthandlungen wie auch für Aufkommen und Ausbreiten gewaltbesetzter Lebensbedingungen abgelehnt.

Mit Hilfe eines weitgefaßten Gewaltbegriffes werden neben Formen *körperlicher Gewalt* über den Weg einer zunehmenden Sensibilisierung subtil wirkende Formen von *Gewalt* und Ausdrucksformen *psychischer Gewalt gegen Kinder* mehr als zuvor in den Blickpunkt wissenschaftlicher Bemühungen einbezogen,

---

[206] SOMMER 2000 b, 136.
[207] vgl. SOMMER 2000 b, 137.

ohne daß dadurch jedoch letztendlich ein nachvollziehbarer, schlüssiger Beweis für die prinzipielle Gleichwertigkeit in der Bedeutungszuschreibung von *körperlicher* und *seelischer Gewalt gegen Kinder* erbracht werden kann.

Eine wesentliche Grundvoraussetzung für das Entwickeln eines weitgehenden Verständnisses von *Gewalt gegen Kinder* besteht in dem Erwerben und (selbst-) kritischen Reflektieren von Basis-Wissen aus dem Bereich der Bemühungen sozialwissenschaftlicher Gewaltforschung der vergangenen 30 Jahre:

- Im Rahmen der Bearbeitung der Hypothese, nach der das Phänomen *Gewalt gegen Kinder* als Problem sozialer Wirklichkeit mehr als *körperliche Kindesmißhandlung* umfaßt, wobei unter „mehr" die Vielfalt sich in qualitativer Hinsicht unterscheidender Formen von *Gewalt* (im Sinne von „qualitativer Andersartigkeit") verstanden wird[208], kann auf der Grundlage vor allem sozialhistorisch ausgerichteter Forschungsansätze hinsichtlich der *Geschichte der Kindheit* die grundlegende Erkenntnis erarbeitet werden, daß sich die *Geschichte der Kindheit* zwar als eine *Geschichte der Gewalt an Kindern* darstellt, daß sich jedoch hinsichtlich der Qualität des Phänomens *Gewalt gegen Kinder* verschiedene Entwicklungstendenzen ausmachen lassen.

  Im Verlaufe der *Geschichte der Kindheit* lassen sich die Phänomene *Kindesmißhandlung* und *Gewalt gegen Kinder* in qualitativ unterschiedlichen Ausdrucksformen finden: *körperliche, seelische* und *sexuelle Gewalt gegen Kinder, Mißhandlung* und *Vernachlässigung, sexueller Mißbrauch,* Ausbeutung der kindlichen Arbeitskraft, Aussetzen, Verstümmeln und Töten von Kindern scheinen Bestandteile alltäglich erfahrener kindlicher Lebenswirklichkeit gewesen zu sein.

  Dabei erweist sich *Gewalt* und entsprechend *Gewalt gegen Kinder* jedoch nicht als „ahistorische Konstante menschlichen Verhaltens"[209], sondern als ein „Produkt historischer Entwicklung"[210].

- Im Rahmen der Konkretisierung der hypothetischen Aussage, wonach die Erscheinungsformen von *Gewalt gegen Kinder* immer stärker ihre sinnlich wahrnehmbare Qualität verlören[211], werden folgende Beobachtungen und Erkenntnisse bedeutsam:

---

[208] vgl. SOMMER 1996 a, 21.
[209] KOCKA/JESSEN 1990, 33.
[210] PILZ 1982, 60.
[211] vgl. SOMMER 1996 a, 21.

Über den komplexen Prozeß zunehmender Sensibilisierung für subtil wirkende Gewaltphänomene treten *nicht-körperliche Formen* von *Gewalt gegen Kinder* stärker als bisher geschehen in den Mittelpunkt öffentlich wie wissenschaftlich geführter Diskussionen.

Dabei werden Tendenzen historischer Wandelbarkeit sichtbar: Der von ELIAS (1977) aufgezeigte, von den jeweils vorherrschenden sozialen, gesellschaftlichen, politischen und kulturellen Entwicklungen beeinflußte Wandel von brutalen, aus heutiger Sicht unmenschlich anmutenden Formen *körperlicher Gewalt* hin zu eher gemäßigteren, gedämpfteren Formen von *Gewalt* und zu dem Phänomen einer im weiteren Verlaufe des „Prozesses der Zivilisation" beobachtbaren zunehmenden Tabuisierung physischer Gewaltanwendung läßt sich auch an den Erscheinungsformen von *Kindesmißhandlung* und *Gewalt gegen Kinder* ablesen.

In diesem Zusammenhang darf jedoch die grundlegende Erkenntnis nicht vernachlässigt werden, wonach *Gewalt gegen Kinder* ein in der Geschichte der Zivilisation zwar allgegenwärtiges, jedoch erst in der Gegenwart als Problem sozialer Wirklichkeit „entdecktes" Phänomen verstanden werden kann.

- Im Rahmen der öffentlich wie wissenschaftlich geführten Diskussion um *Gewalt* und *Gewalt gegen Kinder* wird die immer wieder offen zutage tretende Schwierigkeit hinsichtlich der Erarbeitung einer überzeugenden Begriffsbestimmung sichtbar: Was als *Gewalt* (im Sinne von Gewalttätigkeit von Personen und Gewaltförmigkeit sozialer und gesellschaftlicher Systeme sowie deren vielfältiger Wechselwirkungen) verstanden werden kann, scheint letztendlich eine Frage der (Be-)Wertung darzustellen.

Obwohl immer wieder Versuche zu verzeichnen sind, sich im Rahmen der Diskussion verschiedener Forschungsansätze mit jeweils unterschiedlichen Gewaltkonzepten hinsichtlich der Begriffsbestimmungen auf einen Minimalkonsens zu verständigen[212], scheint die für eine fruchtbare interdisziplinäre Diskussion notwendige Erarbeitung eines Gewaltkonzeptes, das auf einen breiten gesellschaftlichen und politischen Konsens beruht und auf der Grundlage anerkannter wissenschaftlicher Forschungsergebnisse aufbaut, wegen der beobachtbaren qualitativ unterschiedlichen Bewertungs- und Beurteilungskriterien nicht oder nur sehr schwer möglich zu sein.

---

[212] vgl. u.a. SCHNEIDER 1987, 1990, SCHWIND/BAUMANN 1990.

- Im Rahmen von Erklärungsversuchen von *Kindesmißhandlung* und *Gewalt gegen Kinder* lassen sich unterschiedliche „Pole", d.h. sich z.T. widersprechende Konzepte ausmachen: einerseits sehr enggefaßte, auf der Grundlage gerichtsmedizinischer und strafrechtlich-kriminologischer Erkenntnisinteressen aufbauende Untersuchungen vor dem Hintergrund individuumszentrierter Gewaltkonzeptionen, andererseits auf der Grundlage von vor allem im Rahmen sozialwissenschaftlich ausgerichteter Gewaltforschung erarbeitete, eher weitgefaßte Konzepte, die die Einflüsse vorherrschender gesellschaftlicher, politischer und kultureller Entwicklungen über den Weg der sogenannten *Neuen Sozialen Protestbewegungen* (Kinderrechtsbewegung, Frauenbewegung, Friedensbewegung, Ökologiebewegung) und der vor allem in den 70er Jahren blühenden *Gesellschaftskritik* in den Mittelpunkt ihrer Betrachtungen stellen.

Nur bei ausreichender Kenntnis dieser (sozial-)geschichtlichen Hintergründe läßt sich der sich seit Ende der 70er, Anfang der 80er Jahre beobachtbare Paradigma-Wechsel der Konzepte von *Kindesmißhandlung* zu weitgefaßten, sozialwissenschaftlich begründeten Konzepten von *Gewalt gegen Kinder* sowie deren vielfältigen Auswirkungen auf die allgemeine Gewaltdiskussion in der Öffentlichkeit wie auch in wissenschaftlichen Kreisen in angemessener Weise nachvollziehen.

- Hinsichtlich der im Rahmen der Auswahl und Begründung methodischer Zugangsweisen getroffenen Aussage, nach der sich insbesondere über den Weg der Bearbeitung (auto-)biographisch ausgerichteter und literarisch aufgearbeiteter Beiträge subjektiv von *Gewalt gegen Kinder* Betroffener Hinweise auf die in der wissenschaftlichen Forschung vernachlässigten Dimensionen *psychischer Gewalt gegen Kinder* finden ließen, kann folgendes festgehalten werden:

Über die Veröffentlichung von subjektiv gehaltenen Berichten von *Gewalt* betroffener Frauen und Kinder aus Frauenhäusern und Kinderschutz-Zentren wurde ein anfangs die Angehörigen sozialer Berufsgruppen, später dann weite Teile der interessierten Öffentlichkeit umfassender Sensibilisierungsprozeß für Gewaltphänomene auf verschiedenen Ebenen menschlichen (Zusammen-)Lebens angestoßen, in dessen Folge die bis dahin tabuisierten Themen *familialer Gewalt* öffentlich skandalisiert wurden.

Vor dem Hintergrund der Erkenntnisse neuerer sozialwissenschaftlich ausgerichteter Forschungsansätze werden unter *Gewalt gegen Kinder* Konzepte erarbeitet, denen neben *körperlichen* auch Aspekte im weitesten Sinne *psychischer Gewalt* zugeordnet werden können.

Obwohl in verschiedenen Zusammenhängen auf die besondere Bedeutung von *psychischer Gewalt gegen Kinder* hingewiesen wird, stellt dieses Phänomen innerhalb der wissenschaftlichen Forschung wie innerhalb der einschlägigen Literatur einen im deutschsprachigen Raume weitgehend vernachlässigten Problembereich dar.

Als bedeutsam in diesem Zusammenhang erweisen sich die Erkenntnisse, daß es nahezu unmöglich zu sein scheint, die Folgen *seelischer Gewalt gegen Kinder* zu objektivieren und eindeutig als kausal zu bezeichnende Beziehungen festzustellen. Gesellschaftlich noch akzeptiertes Erziehungsverhalten und als im weitesten Sinne unter den Begriff der *psychischen Gewalt gegen Kinder* faßbare Verhaltensweisen sind kaum klar voneinander trennbar, sie unterliegen unterschiedlichen Bewertungs- und Beurteilungskriterien.

- (Auto-)Biographisch ausgerichtete und literarisch aufgearbeitete Zeugnisse von subjektiv von *Gewalt* betroffenen Kindern und Jugendlichen weisen auf die Vielfältigkeit der Phänomene hin, die unter dem Begriff *Gewalt gegen Kinder* verstanden werden können.

So kommen sowohl Erlebnisse mit *körperlicher Gewalt* zum Ausdruck wie auch Erfahrungen mit eher subtil wirkenden, in den Lebensalltag von Kindern und Jugendlichen verwobenen Formen *psychischer Gewalt*: Körperliche Bestrafungen durch Schläge, aber auch Phänomene wie Anschreien, Ein- oder Aussperren, Vorwürfe und Beleidigungen, Ungerechtigkeiten im Umgang von Erwachsenen mit Kindern sowie subjektive Gefühle, nicht ernstgenommen zu werden, werden unter den Begriff *Gewalt* gefaßt.

- *Gewalt gegen Kinder* umfaßt mehr als *körperliche Kindesmißhandlung*. Diese auf den ersten Blick banal wirkende Aussage macht deutlich, daß ein sich lediglich auf den körperlichen Aspekt von *Gewalt gegen Kinder* stützendes Konzept nicht nur inhaltlich zu kurz greift, sondern infolge seiner Begrenztheit äußerlich nicht sicht- und wahrnehmbare Formen von *Gewalt* (und dazu können u.a. Formen *emotionaler* und *psychischer Gewalt* sowie deren auf vielen Ebenen beobachtbaren Wechselwirkungen gezählt werden) in der öffentlichen wie wissenschaftlich geführten Diskussion ausgrenzen kann.

- In der neueren, vor allem (sozial-)wissenschaftlich ausgerichteten Gewaltforschung lassen sich im deutschsprachigen Raume verschiedene Konzepte ausmachen, in denen die Komplexität individueller, gesellschaftlicher, sozialer und politischer Einflußfaktoren von *Gewalt gegen Kinder* sowie „überindividuelle", gesellschaftlich bedingte Dimensionen von *Gewalt* für die Erarbeitung von Konzepten von *Gewalt gegen Kinder* begriffsbestimmende Bedeutung erfahren haben.

  Im Rahmen breit angelegter, individuelle wie gesellschaftliche (strukturelle) Dimensionen von *Gewalt* sowie deren vielfältige Wechselwirkungen mit sozialstrukturellen Wandlungstendenzen beachtender Konzeptionen von *Gewalt gegen Kinder* konnten enggefaßte, individualisierende Gewaltkonzepte überwunden werden, gleichzeitig wird über den Einfluß politischer Initiativen zur Ent-Tabuisierung und Skandalisierung *familialer Gewalt* unter Einbeziehung der Bedeutung subjektiv gehaltener, auf (auto-)biographischen Dokumenten aufbauender Zeugnisse die Gefahr der „begrifflichen Entgrenzung" deutlich.

- Hinsichtlich der Begriffs- und Bedeutungsinhalte von *Gewalt gegen Kinder* besteht in der wissenschaftlich geführten Diskussion nach wie vor keine Einheitlichkeit; die Wert- und Bewertungsmaßstäbe dessen, was im weitesten Sinne unter *Gewalt gegen Kinder* verstanden werden kann, sind jedoch durchlässiger geworden für äußerlich nicht (mehr) wahrnehmbare, subtil wirkende Formen von *Gewalt*.

  Im Rahmen der in der Öffentlichkeit wie in wissenschaftlichen Kreisen geführten Diskussion um das Phänomen *Gewalt gegen Kinder* wird sich zwar vielfach derselben Begriffe und (Fach-)Terminologien bedient, ohne dabei jedoch die den jeweiligen Konzepten zugrundeliegenden Begriffsdimensionen und Bedeutungsfelder von *Gewalt* offenzulegen.

  Je nach (wissenschafts-)theoretischen Erkenntnisinteressen, je nach Vorverständnis, je nach Grad der Einbeziehung gesellschaftlicher und politischer Einflußfaktoren in die Betrachtung von Entstehung und Verbreitung von Gewaltphänomenen sowie hinsichtlich des Wandels der Bedeutung qualitativer Aspekte von *Gewalt gegen Kinder* wird zwar eine Diskussion auf formalbegrifflicher Ebene möglich, die sich inhaltlich jedoch zumeist auf die lediglich äußerlich sicht- und wahrnehmbaren Spuren *körperlicher Gewalt* zu beschränken scheint.

- Das Wahrnehmen und Erkennen von subtil wirkenden Formen von *Gewalt gegen Kinder* steht in Abhängigkeit von dem jeweils vorherrschenden Grad an ausgeprägter Sensibilität für Gewaltphänomene, die sich sowohl von seiten der Betrachter als auch der Betroffener sehr unterschiedlich darstellen kann.

Dabei wiederum kommt der Beantwortung der Frage eine wesentliche Bedeutung zu, welche Phänomene unter dem Begriff *Gewalt gegen Kinder* verstanden werden.

Werden inhaltlich eher beschränkte Konzepte von *Kindesmißhandlung im engeren Sinne* als Maßstab angelegt, so kommt nahezu ausschließlich der körperlichen Komponente des Phänomens begriffsbestimmende Bedeutung zu, während die emotionalen und psychischen, also die eher unsichtbar bleibenden Spuren nicht in die Betrachtung einbezogen werden.

Bei eher weitgefaßten Konzepten von *Gewalt gegen Kinder* besteht die Gefahr der „begrifflichen Entgrenzung", d.h. dadurch daß sehr viele unterschiedliche Einzelphänomene unter den Begriff *Gewalt gegen Kinder* gefaßt werden können, verlieren Begriffsbestimmungen dieser Art die für eine notwendige Abgrenzung von anderen Konzepten bedeutsam werdenden klaren Konturen.

Für eine erforderlich werdende Neubelebung bisher vernachlässigter bzw. ausgeblendeter Aspekte innerhalb der wissenschaftlich geführten Diskussion um das Phänomen *Gewalt gegen Kinder* scheint es jedoch von nicht unwesentlicher Bedeutung zu sein, die subtil wirkenden und z.T. als „unsichtbar" kennzeichenbaren Spuren *nicht-körperlicher Gewalt* zu thematisieren und damit engbegrenzte, den Bemühungen einzelner Wissenschaftsdisziplinen zuzuordnende Definitionsversuche von *Kindesmißhandlung* und *Gewalt gegen Kinder* zu überwinden und bisher kaum in Betracht gezogene Dimensionen von *Gewalt* in der alltäglichen Lebenswirklichkeit von Kindern und Jugendlichen in grundsätzliche Überlegungen einzubeziehen.

In diesem Zusammenhang kommt einer an qualitativen Methoden orientierten, sozialwissenschaftlichen Gewaltforschung eine besondere Bedeutung zu, die nicht Probleme wie die immer wieder auftauchende These einer quantitativen Zunahme von *Gewalt*, sondern bisher unbeantwortet gebliebene Fragen nach der Qualität von subtil wirkenden Formen von *Gewalt* in den Mittelpunkt ihrer Betrachtungen stellen könnte.

- Auf der Grundlage des skizzierten Paradigma-Wechsels in der aktuellen Diskussion um *Gewalt gegen Kinder* (von *Kindesmißhandlung* zu *Gewalt gegen Kinder*) wie auch der Möglichkeiten eines weitreichende Konsequenzen nach sich ziehenden Perspektivenwandels in der Betrachtung des Phänomens *Gewalt gegen Kinder* (aus der Sicht betroffener Kinder und Jugendlicher) wird ein (methodischer) Weg eingeschlagen, der aus dem als unbefriedigend empfundenen Forschungsdefizit hinsichtlich der sich wandelnden Bedeutung des Phänomens *Gewalt* im Lebenszusammenhang von Kindern herausführen kann.

  Damit werden Grundzüge einer Forschungsperspektive aufgezeigt, mit deren Hilfe bisher vernachlässigte Aspekte des Phänomens *Gewalt gegen Kinder* thematisiert werden können. Dies wird möglich über den Weg der Einbeziehung qualitativ ausgerichteter Forschungsmethoden, in deren Rahmen auch nicht-objektive bzw. nicht-objektivierbare Ergebnisse Eingang finden können.

- Eine ernstzunehmende sozialwissenschaftlich ausgerichtete Gewaltforschung wird auf die prinzipielle Gleichwertigkeit hinsichtlich der Bedeutung *körperlicher* wie *emotionaler* und *seelischer* Aspekte von *Gewalt* abheben.

  Die auf methodischer, methodologischer und inhaltlicher Ebene beobachtbaren, bisher ungelöst erscheinenden Probleme einer zufriedenstellenden Analyse *psychischer Gewalt gegen Kinder* dürfen nicht zu einer Ausgrenzung schwer faßbarer, nicht objektivierbarer Erkenntnisse führen.

  Die Dimension der *psychischen Gewalt gegen Kinder* einbeziehende Konzepte müssen gesellschaftskritisch ausgerichtet sein: Neben der Berücksichtigung individueller Einflußfaktoren wird die Gewaltförmigkeit gesellschaftlicher (Sub-)Systeme wie auch die Gewalttätigkeit in den sozialen Handlungen einzelner Personen oder Personengruppen sichtbar.

4.3. Ausblick

Ein Einführungsband in den Themenbereich *Gewalt gegen Kinder/Kindesmißhandlung* kann weder von der Anlage noch von der Zielsetzung her der Komplexität des Phänomens entsprechen.

Was jedoch eine Einführung leisten kann, ist u.a. eine erste Sensibilisierung der Seminarteilnehmer, der potentiellen Veranstaltungsleiter in der Aus-, Fort- und Weiterbildung sozialer Berufsgruppen, aber auch die der autodidaktisch orientierten Leser hinsichtlich der Formen *psychischer* und *alltäglicher Gewalt gegen Kinder*, Formen z.T. subtil wirkender *Gewalt*, die bislang in der wissenschaftlichen Literatur kaum bearbeitet worden sind.

Nicht die sensationellen, aufsehenerregenden „Fälle" von Kindesmißhandlung, Entführung, Vergewaltigung und Kindesmord, sondern die eher verdeckten, sinnlich nicht (mehr) wahrnehmbaren Formen subtil wirkender *Gewalt gegen Kinder* stehen im Mittelpunkt der Überlegungen.

Es wird deutlich wahrnehmbar, daß das Phänomen *Gewalt gegen Kinder* wie auch dessen wissenschaftliche Erforschung nicht isoliert von sozialgeschichtlich wie sozialpolitisch relevanten Entwicklungen der vergangenen Jahrzehnte betrachtet werden kann.

Über den Weg einer zunehmenden Sensibilisierung der (Fach-)Öffentlichkeit für Gewaltphänomene im familialen Zusammenhang werden vielmehr die auf unterschiedlichen Ebenen beobachtbaren Wechselbeziehungen mit sozialen, gesellschaftlichen, politischen und kulturellen Entwicklungen, aber auch sich z.T. als widersprüchlich erweisende wissenschaftliche bzw. wissenschaftstheoretische Erkenntnisinteressen offensichtlich, die einer weiteren systematischen Aufarbeitung bedürfen.

Auffallend in diesem Zusammenhang ist u.a. die Beobachtung, daß im Rahmen der wissenschaftlichen Diskussion um das Phänomen *Gewalt gegen Kinder* der Aspekt der *psychischen Gewalt* nach wie vor aufgrund einer forschungsmethodologisch begründeten Argumentation vernachlässigt wird.

In dieser Hinsicht ist sowohl Grundlagenforschung wie auch eine systematisch zu betreibende, kontinuierlich erfolgende Aufklärung der (Fach-)Öffentlichkeit vonnöten, sollte der Anspruch eingelöst werden, den unterschiedlichen Dimensionen des Problembereiches und dem Phänomen *Gewalt gegen Kinder* als solches in seiner Komplexität auch nur annähernd gerecht zu werden.

5. LITERATURVERZEICHNIS

Die in der einschlägigen wissenschaftlichen, aber auch in der populärwissenschaftlichen und belletristischen Literatur vorfindlichen Veröffentlichungen, in denen Aspekte des Themen- und Problembereiches *Gewalt gegen Kinder/Kindesmißhandlung* angesprochen werden, stellen sich so vielfältig und unüberschaubar dar, daß es im Rahmen eines Einführungsbandes in den Themenbereich *Gewalt gegen Kinder/Kindesmißhandlung* sinnvoll erscheint, drei unterschiedliche Literaturverzeichnisse anzulegen:

In einem ersten Schritt (1) werden Veröffentlichungen unterschiedlicher Herkunft unter die Überschrift „Zur Einführung in den Themenbereich *Gewalt gegen Kinder*" gefaßt, die jedoch, und dies wurde im Rahmen der vorliegenden Arbeit wiederholt angesprochen, nicht im wahren Sinne des Wortes „Einführungen" darstellen (und somit Grundlagen-Wissen als Voraussetzung schaffen für eine weitergehende Beschäftigung mit dem Themenbereich), sondern in der ihnen jeweils charakteristischen Weise „einführen" in das Feld *Gewalt gegen Kinder* und *Kindesmißhandlung*.

In einem zweiten Schritt (2) werden die Veröffentlichungen genannt, die unter dem Stichwort „Didaktische Überlegungen zu Einführungsveranstaltungen in den Themenbereich *Gewalt gegen Kinder/Kindesmißhandlung*" in der einschlägigen wissenschaftlichen Literatur aufzufinden sind.

In einem dritten Schritt (3) wird dann ein ausführliches Literaturverzeichnis angelegt, auf dessen Grundlage bei Interesse besondere Aspekte des übergeordneten Themenbereiches *Gewalt gegen Kinder/Kindesmißhandlung* vertieft werden können.

5.1. Literatur

Zur „Einführung" in den Themenbereich *Gewalt gegen Kinder/Kindesmißhandlung*

BAST, H./BERNECKER, A./KASTIEN, I./SCHMITT, G./WOLFF, R. (Hg.) 1975 (Arbeitsgruppe Kinderschutz): Gewalt gegen Kinder. Kindesmißhandlungen und ihre Ursachen. Reinbek bei Hamburg.

BERNECKER, A./MERTEN, W./WOLFF, R. (Hg.) 1982: Ohnmächtige Gewalt. Kindesmißhandlung: Folgen der Gewalt, Erfahrungen und Hilfen. Reinbek bei Hamburg.

DEEGENER, G. 2000: Die Würde des Kindes. Plädoyer für eine Erziehung ohne Gewalt. Weinheim, Basel.

DeMAUSE, L. (Hrsg.) 1977: Hört ihr die Kinder weinen? Eine psychogenetische Geschichte der Kindheit. Frankfurt/Main.

GALTUNG, J. 1975: Strukturelle Gewalt. Beiträge zur Friedens- und Konfliktforschung. Reinbek bei Hamburg.

HONIG, M.-S. 1992: Verhäuslichte Gewalt. Frankfurt/Main.

MANTELL, D.M. 1988: Familie und Aggression. Zur Einübung von Gewalt und Gewaltlosigkeit. Frankfurt/Main (Original 1972).

NEIDHARDT, F. 1986: Gewalt. Soziale Bedeutungen und sozialwissenschaftliche Bestimmung des Begriffs. In: „Was ist Gewalt?" Auseinandersetzungen mit einem Begriff; hrsg. v. Bundeskriminalamt. Bd. 1. Wiesbaden 1986, 109-147.

PETRI, H. 1989: Erziehungsgewalt. Zum Verhältnis von persönlicher und gesellschaftlicher Gewaltausübung in der Erziehung. Frankfurt/Main.

RAUCHFLEISCH, U. 1992: Allgegenwart von Gewalt. Göttingen.

RUSCH, R. (Hrsg.) 1993 a: Gewalt. Kinder schreiben über Erlebnisse, Ängste, Auswege. Frankfurt/Main.

SOMMER, B. 1996 b: Anmerkungen zum aktuellen Forschungsstand über psychische Gewalt gegen Kinder. Subjektive Gewalterfahrungen und (auto-)biographische Literatur. In: Unsere Jugend (48), 1996, 7, 300-310.

WITTENHAGEN, U./WOLFF, R. 1980: Kindesmißhandlung – Kinderschutz. Broschüre hrsg. v. Bundesministerium für Jugend, Familie und Gesundheit. Bonn.

WOLFF, R. 1982 a: Kindesmißhandlung als ethnopsychische Störung. In: BERNECKER, A. et al. (Hg.), Ohnmächtige Gewalt. Reinbek bei Hamburg 1982, 69-80.

5.2. Literatur

Zum Themenbereich „Didaktische Überlegungen zu Einführungsveranstaltungen in den Themenbereich *Gewalt gegen Kinder/Kindesmißhandlung*"

BRÜNINK, J./GLENEWINKEL, W./HERMSEN, H./KERBST, R. 1979: Kindesmißhandlung. Arbeitsmaterialien aus dem Bielefelder Oberstufen-Kolleg Bd. 6. Bielefeld.

ESSER, J. 1978: Unterricht über Gewalt. München, Wien, Baltimore.

SOMMER, B. 1998: Zur Konzeption eines Einführungsseminars Gewalt gegen Kinder/Kindesmißhandlung. Didaktische Überlegungen zur Seminarplanung an der Berufsakademie Villingen-Schwenningen, Fachbereich Sozialwesen. In: Unsere Jugend (50), 1998, 9, 414-420.

SOMMER, B. 2000 b: Gewalt gegen Kinder/Kindesmißhandlung. Didaktische Überlegungen zu Konzeption, Durchführung und Auswertung von Einführungsveranstaltungen für Studenten der Sozialpädagogik. Egelsbach, Frankfurt/Main, München, New York.

WOLFF, R. 1975 b: Unterrichtsplan für eine soziologische Anfänger-Übung zum Thema: Gewalt gegen Kinder – Kindesmißhandlung und ihre gesellschaftlichen Ursachen. In: BAST, H. et al. (Hg.), Gewalt gegen Kinder. Reinbek bei Hamburg 1975, 357-365.

5.3. Verzeichnis der verwendeten/weiterführenden Literatur

ABELMANN, K. 1984: „Modern" oder „politisch" – Wohin geht der neue Kinderschutz? In: BRINKMANN, W./HONIG, M.-S. (Hg.), Kinderschutz als sozialpolitische Praxis. München 1984, 145-157.

ABELN, R. 1986: Allein erziehen – aber wie? Anregungen und Beispiele. München.

ADORNO, Th.W. 1973: Studien zum autoritären Charakter. Frankfurt/Main.

ALBRECHT, P.-A./BACKES, O. (Hg.) 1990 a: Verdeckte Gewalt. Plädoyers für eine „Innere Abrüstung". Frankfurt/Main.

ALBRECHT, P.-A./BACKES , O. 1990 b: Verdeckte Gewalt. Prolegomena zu den Plädoyers für eine „Innere Abrüstung". In: ALBRECHT, P.-A./BACKES, O. (Hg.), Verdeckte Gewalt. Plädoyers für eine „Innere Abrüstung". Frankfurt/Main 1990, 7-30.

ALEMANN, H. von 1984[2]: Der Forschungsprozeß. Eine Einführung in die Praxis der empirischen Sozialforschung. Stuttgart.

ALLERBECK, K./HOAG, W. 1985: Jugend ohne Zukunft. München, Zürich.

ALLERT-WYBRANIETZ, K. (Hrsg.) 1988: Ich will leben und meine Katze auch. Kinder schreiben an Reagan und Gorbatschow. München.

AMENDT, G./SCHWARZ, M. 1990: Das Leben unerwünschter Kinder. Bremen.

AMMON, G. 1979: Kindesmißhandlung. München.

ANDRESEN, U. 1993[6]: So dumm sind sie nicht. Von der Würde der Kinder in der Schule. Weinheim.

Arbeitsgemeinschaft Friedenspädagogik AGFP (Hg.) 1985: Alltägliche Gewalt. München.

Arbeitsgruppe Bielefelder Soziologen (Hg.) 1973: Alltagswissen, Interaktion und gesellschaftliche Wirklichkeit. 2 Bde. Reinbek bei Hamburg.

ARIES, P. 1975: Geschichte der Kindheit. München.

ARMSTRONG, L. 1985: „Kiss Daddy Goodnight". Aussprache über Inzest. Frankfurt/Main.

ARNOLD, K. 1980: Kind und Gesellschaft in Mittelalter und Renaissance: Beiträge und Texte zur Geschichte der Kindheit. Paderborn.

ATTESLANDER, P. 1995[8]: Methoden der empirischen Sozialforschung. Berlin, New York.

AYCK, T./STOLTEN, I. 1978: Kinderlos aus Verantwortung. Reinbek bei Hamburg.

AYCK, T./STOLTEN, I. 1988: Keine Lust auf Kinder? Eine politische Streitschrift. Reinbek bei Hamburg.

BAACKE, D. 1979: Ausschnitt und Ganzes – Theoretische und methodologische Probleme bei der Erschließung von Geschichten. In: BAACKE, D./SCHULZE, T. (Hg.), Aus Geschichten lernen. Zur Einübung pädagogischen Verstehens. München 1979, 11-50.

BAACKE, D. 1984: Die 6- bis 12-Jährigen. Einführung in Probleme des Kindesalters. Weinheim, Basel.

BAACKE, D./SCHULZE, T. (Hg.) 1979: Aus Geschichten lernen. Zur Einübung pädagogischen Verstehens. München.

BAADER, U. 1979: Kinderspiele und Spiellieder. 2 Bde. Tübingen.

BACHMANN, I. 1988: Malina. Frankfurt/Main.

BACON, R. 1982: Sozialhistorische Bemerkungen zur Diskussion über familiale Gewalt. In: BERNECKER, A. et al. (Hg.), Ohnmächtige Gewalt. Reinbek bei Hamburg 1982, 52-68.

BADER, B./LANG, E. (Hg.) 1991: Stricher-Leben. Hamburg.

BADRY, E./KNAPP, R./STOCKINGER, H.G. 1998[3]: Arbeitshilfen für Studium und Praxis der Sozialarbeit und Sozialpädagogik. Neuwied, Kriftel.

BAHR, H.-E. 1994: Aggression und Lebenslust. Kooperieren statt konfrontieren. Düsseldorf.

BÄRSCH, W. 1983 a: Gewalt gegen Kinder – ein zentrales Aufgabenfeld des Deutschen Kinderschutzbundes. In: Deutscher Kinderschutzbund (Hg.), Schützt Kinder vor Gewalt. Weinheim 1983, 11-21.

BÄRSCH, W. 1983 b: Gewalt im Bereich der Institutionen: Beispiel Schule. In: Deutscher Kinderschutzbund (Hg.), Schützt Kinder vor Gewalt. Weinheim 1983, 83-95.

BÄRSCH, W. 1990: Die Kinderschutzbewegung und die Arbeit des Kinderschutzbundes bei der Bekämpfung der Gewalt in der Familie. In: Deutsche Richterakademie Trier (Hg.), Gewalt an Frauen – Gewalt in der Familie. Heidelberg 1990, 121-129.

BÄSSLER, R. 1987: Quantitative oder qualitative Sozialforschung in den Sportwissenschaften. Ein Beitrag zur Methodendiskussion. Wien.

BALLAUF, T. 1991: Interpretationen der Kindheit. In: ULLRICH, H./HAMBURGER, F. (Hg.), Kinder am Ende ihres Jahrhunderts. Pädagogische Perspektiven. Langenau/Ulm 1991, 153-168.

BALLOFF, R. 1992: Kinder vor Gericht. Opfer, Täter, Zeugen. München.

BALLSTAEDT, S.-P. 1982: Dokumentenanalyse. In: HUBER, G.L./MANDL, H. (Hg.), Verbale Daten. Eine Einführung in die Grundlagen und Methoden der Erhebung und Auswertung. Weinheim, Basel 1982, 165-176.

BALLSTAEDT, S.-P. 1987: Zur Dokumentenanalyse in der biographischen Forschung. In: JÜTTEMANN, G./THOMAE, H. (Hg.), Biographie und Psychologie. Berlin 1987, 203-216.

BANGE, D. 1991: Sexuell mißbrauchte Jungen. In: BADER, B./LANG, E. (Hg.), Stricher-Leben. Hamburg 1991, 140-152.

BANGE, D. 1992: Die dunkle Seite der Kindheit. Sexueller Mißbrauch an Mädchen und Jungen. Ausmaß, Hintergründe, Folgen. Köln.

BAST, H. 1975: Zur Lage der Kinder in der Bundesrepublik Deutschland. In: BAST, H. et al. (Hg.), Gewalt gegen Kinder. Reinbek bei Hamburg 1975, 45-98.

BAST, H./BERNECKER, A./KASTIEN, I./SCHMITT, G./WOLFF, R. (Hg.) 1975 (Arbeitsgruppe Kinderschutz): Gewalt gegen Kinder. Kindesmißhandlungen und ihre Ursachen. Reinbek bei Hamburg.

BATAILLE, G. 1989^6: Gilles de Rais. Leben und Prozeß eines Kindermörders. Hamburg.

BAUER, G. 1969: Die Kindesmißhandlung. Ein Beitrag zur Kriminologie und Kriminalstatistik sowie der Anwendung des § 223 b StGB. Lübeck.

BAUER, K.W./HENGST, H. (Hg.) 1978: Kritische Stichwörter zur Kinderkultur. München.

BAUER, K.W./HENGST, H. 1980: Wirklichkeit aus zweiter Hand. Kindheit in der Erfahrungswelt von Spielwaren und Medienproduktion. Reinbek bei Hamburg.

BAUMGARDT, U. 1990^3: Kinderzeichnungen – Spiegel der Seele. Kinder zeichnen Konflikte ihrer Familie. Zürich.

BAUMGART, R./EICHENER, V. 1991: Norbert Elias. Zur Einführung. Hamburg.

BAUMGARTEN-WEYMAR, S./TEWES, U./WOLFF, G. 1990: Vom Recht am Kind. Leitfaden für familienrechtliche Auseinandersetzungen. Reinbek bei Hamburg.

BECK, U. 1986: Risikogesellschaft. Auf dem Weg in eine andere Moderne. Frankfurt/Main.

BECK, U./BECK-GERNSHEIM, E. 1990: Das ganz normale Chaos der Liebe. Frankfurt/Main.

BECK-GERNSHEIM, E. 1984: Vom Geburtenrückgang zur Neuen Mütterlichkeit? Über private und politische Interessen am Kind. Frankfurt/Main.

BECK-GERNSHEIM, E. 1988: Die Kinderfrage. Frauen zwischen Kinderwunsch und Unabhängigkeit. München.

BECKER, P. (Hrsg.) 1982 a: Sport und Sozialisation. Reinbek bei Hamburg.

BECKER, P. 1982 b: Zur Soziogenese von Sportlerkarrieren. In: BECKER, P. (Hrsg.), Sport und Sozialisation. Reinbek bei Hamburg 1982, 150-159.

BECKER, W. 1975 a: Erscheinungsformen und Ursachen der Kinderfeindlichkeit in der Bundesrepublik Deutschland. In: GERBER, U. (Hrsg.), Kindeswohl contra Elternwillen? Aspekte eines neuen Familienrechts. Berlin 1975, 32-41.

BECKER, W. 1975 b: Die Kindesmißhandlung – ein familienpathologisches Syndrom. In: Zentralblatt für Jugendrecht und Jugendwohlfahrt (62) 1975, 2, 66-72.

BECKER, W. 1976: Mißhandelte Kinder – Mißhandlungen sind nicht nur Schläge. In: Theorie und Praxis der Sozialpädagogik (84) 1976, 6, 248-253.

BECKER, W. 1977: Kindesmißhandlung. In: Jugendwohl 58, 1977, 1, 8-13.

BECKER, W. 1984: Der Doppelbeschluß für Kinderrechtler. In: Jugendwohl 65, 1984, 9, 349-353.

BEHME, U./SCHMUDE, M. 1983: Der geschützte Raum. Diagnose und Therapie mißhandelter Kinder. Berlin.

BEIDERWIEDEN, J./WINDAUS, E./WOLFF, R. 1990[2]: Jenseits der Gewalt. Hilfen für mißhandelte Kinder. Basel, Frankfurt/Main.

BERENTZEN, D. 1989: „O-Ton – Die Rubrik mit den jugendlichen Gesprächspartnern". In: enfant t. – Monatszeitschrift des Instituts für Kindheit e.V. Berlin, Nr. 8, Juni 1989, S. 5.

BERG, C. (Hrsg.) 1991: Kinderwelten. Frankfurt/Main.

BERGDOLL, K./NAMGALIES-TREICHLER, C. 1987: Frauenhaus im ländlichen Raum. Stuttgart, Berlin, Köln, Mainz.

BERGMAN, I. 1983: Fanny und Alexander. Roman in sieben Bildern. München.

BERGMANN, K./BORRIES, B. von/SCHNEIDER, G (Hg.) 1985: Kindheit in der Geschichte I. 19. und 20. Jahrhundert – Unterrichtsentwürfe, Quellen und Materialien. Düsseldorf.

BERNECKER, A./MERTEN, W./WOLFF, R. (Hg.) 1982: Ohnmächtige Gewalt. Kindesmißhandlung: Folgen der Gewalt, Erfahrungen und Hilfen. Reinbek bei Hamburg.

BERNFELD, S. 1967: Sisyphos oder die Grenzen der Erziehung. Frankfurt/Main.

BERNFELD, S. 1971[4]: Antiautoritäre Erziehung und Psychoanalyse. 3 Bde. (hrsg. v. L. WERDER und R. WOLFF). Frankfurt/Main.

BERTRAM, H. 1985: Zur Situation der Kinder in unserer Gesellschaft. Einige Forschungsnotizen. In: Jugendwohl (66) 1985, 399-407.

BERTRAM, H. 1990: Eine sozial-ökologisch orientierte Berichterstattung im Bereich Kindheit, Jugend und Familie. München.

BERTRAM, H. 1991 a: Zur Zukunft von Kindheit und Familie in der Bundesrepublik. In: ENGFER, A./MINSEL, B./WALPER, S. (Hg.), Zeit für Kinder! Kinder in Familie und Gesellschaft. Weinheim, Basel 1991, 116-124.

BERTRAM, H. 1991 b: Die Familie in Westdeutschland. Stabilität und Wandel familialer Lebensformen. Opladen.

BERTRAM, H. 1993: Sozialberichterstattung zur Kindheit. In: MARKEFKA, M./NAUCK, B. (Hg.), Handbuch der Kindheitsforschung. Neuwied, Kriftel, Berlin 1993, 91-108.

BERTRAM, H./GILLE, M. 1990: Datenhandbuch. Zur Situation von Familien, Kindern und Jugendlichen in der Bundesrepublik Deutschland. Materialien zum 8. Jugendbericht. München.

BETTSCHART, W. 1983: Vernachlässigte Kinder – Kinder ohne Hilfe. In: HAESLER, W.T. (Hrsg.), Kindesmißhandlung. Diessenhofen 1983, 175-191.

BIELER, M. 1989: Still wie die Nacht. Memoiren eines Kindes. Hamburg.

BIERMANN, G. 1969: Kindeszüchtigung und Kindesmißhandlung. Eine Dokumentation. München.

BIERMANN, G. 1973: Über Kindesmißhandlungen. In: Vorgänge (12) 1973, 3, 32-39.

BIERMANN, G. (Hrsg.) 1977: Kinder im Schulstreß. München.

BIERMANN, G. 1978: Hilfen für das mißhandelte Kind. In: Jugendschutz heute 1978, 3, 1-8.

BIERMANN, G. 1979: Hiebe statt Liebe? Über Gewalt als Erziehungsmittel. In: Die Politische Bildung (24) 1979, 183, 27-32.

BIERMANN, G./BIERMANN, R. 1978: Scheidungskinder. In: Praxis der Kinderpsychologie und Kinderpsychiatrie (27) 1978, 6, 221-234.

BIERMANN, G./BIERMANN, R. 1982: Das kranke Kind und seine Umwelt. München, Basel.

Bin ich denn nicht auch ein Kind gewesen? 1986: Deutsche Gedichte über Kinder (hrsg. v. W. FLEMMER). München, Zürich.

BLAGER, F./MARTIN, H.P. 1976: Speech and Language of Abused Children. In: MARTIN, H.P. (Hrsg.), The Abused Child. Cambridge/Mass. 1976, 83-92.

BLEUEL, H.P. 1971: Kinder in Deutschland. München.

BLEUEL, H.P. 1981: Kinder – und die Welt, in der sie leben. Ein Buch für Eltern und Erzieher. Braunschweig.

BÖHM, J./BRUNE, J./FLÖRCHINGER, H./HELBING, A./PINTHER, A. (Hg.) 1993: Deutsch-Stunden. Aufsätze. Was Jugendliche von der Einheit denken. Berlin.

BÖNNER, K.H.: Nichtautoritäre Erziehung. Ein Handbuch für Eltern und Pädagogen. München o.J.

BORNEMAN, E. 1976: Die Welt der Erwachsenen in den „verbotenen" Reimen deutschsprachiger Stadtkinder. Freiburg/Brsg.

BORNEMAN, E. 1979: Das Patriarchat. Ursprung und Zukunft unseres Gesellschaftssystems. Frankfurt/Main.

BORNEMAN, E. 1985: Das Geschlechtsleben des Kindes. Beiträge zur Kinderanalyse und Sexualpädologie. München, Wien, Baltimore.

BOSCH, M. 1991: Vom „kleinen Erwachsenen" zum „idealen Kind". Literaturgeschichtliche Anmerkungen. In: BOSCH, M. (Hrsg.), Kindheitsspuren. Literarische Zeugnisse aus dem Südwesten. Karlsruhe 1991, 293-303.

BOSSMANN, D. 1979: Mütterfeindlichkeit. Von der Schande, Kinder zu haben. Frauen berichten. Hamburg.

BOURDIEU, P. 1982: Die feinen Unterschiede. Kritik der gesellschaftlichen Urteilskraft. Frankfurt/Main.

BRAUNMÜHL, E. von 1975 a: Antipädagogik. Studien zur Abschaffung der Erziehung. Weinheim.

BRAUNMÜHL, E. von 1975 b: Antipädagogische Streitsätze oder: Erziehung als Ideologie. In: Vorgänge 14, 1975.

BRAUNMÜHL, E. von 1978: Zeit für Kinder. Theorie und Praxis von Kinderfeindlichkeit, Kinderfreundlichkeit, Kinderschutz. Frankfurt/Main.

BRAUNMÜHL, E. von/KUPFFER, H./OSTERMEYER, H. 1976: Die Gleichberechtigung des Kindes. Frankfurt/Main.

BRINKMANN, W. 1983: Gewalt gegen Kinder oder Vom dicken Ende unter der Spitze des Eisbergs. In: Deutscher Kinderschutzbund (Hg.), Schützt Kinder vor Gewalt. Weinheim 1983, 37-55.

BRINKMANN, W. 1984: Gewalt gegen Kinder. Eine provokative Skizze gegen Scheinheiligkeit und vordergründige Aufregung. In: BRINKMANN, W./HONIG, M.-S. (Hg.), Kinderschutz als sozialpolitische Praxis. München 1984, 21-43.

BRINKMANN, W. 1993: Kindesmißhandlung und Kinderschutz: Problemangemessene Hilfen zwischen karitativer Mildtätigkeit und fürsorglicher Belagerung. In: GRAESSNER, G./MAUNTEL, C./PÜTTBACH, E. (Hg.), Gefährdungen von Kindern. Problemfelder und präventive Ansätze im Kinderschutz. Opladen 1993, 94-122.

BRINKMANN, W./HONIG, M.-S. (Hg.) 1983: Soziale Praxis gegen familiale Gewalt. München.

BRINKMANN, W./HONIG, M.-S. (Hg.) 1984 a: Kinderschutz als sozialpolitische Praxis. München.

BRINKMANN, W./HONIG, M.-S. 1984 b: Umrisse eines Kinderschutzes als sozialpolitische Praxis. In: BRINKMANN, W./HONIG, M.-S. (Hg.), Kinderschutz als sozialpolitische Praxis. München 1984, 7-20.

BRINKMANN, W./HONIG, M.-S. 1984 c: Gewalt gegen Kinder – Kinderschutz. Eine sozialwissenschaftliche Auswahlbibliographie. München.

BROCHER, T. 1972: Einleitung in P. MOOR, Das Selbstportrait des Jürgen Bartsch. Reinbek bei Hamburg 1972, 13-16.

Brockhaus Enzyklopädie 1989[19]: Bd. 8. Mannheim.

BRONFENBRENNER, U. 1976: Ökologische Sozialisationsforschung. Stuttgart.

BRONFENBRENNER, U. 1983: Ökologische Perspektiven zur Kinder- und Familienpolitik. In: Neue Praxis (13) 1983, 1, 5-13.

BROSZAT, T. 1982: Schläge aus Liebe. Wie Familien versuchen, eine normale Familie zu leben. In: HONIG, M.-S. (Hrsg.), Kindesmißhandlung. München 1982, 53-94.

BROSZAT, T. 1984: Mythos Gewalt. Veröffentlichte Entrüstung als Legitimation von Kinderschutz. In: BRINKMANN, W./HONIG, M.-S. (Hg.), Kinderschutz als sozialpolitische Praxis. München 1984, 44-76.

BROWNMILLER, S. 1983: „Gegen unseren Willen" – Vergewaltigung und Männerherrschaft. Frankfurt/Main.

BRÜCKNER, P. 1972: Zur Sozialpsychologie des Kapitalismus. Frankfurt/Main.

BRÜCKNER, P. 1975: Gewalt in der Sozialisation. Zur Situation in der Familie. In: BAST, H. et al. (Hg.), Gewalt gegen Kinder. Reinbek bei Hamburg 1975, 117-131.

BRÜCKNER, P. 1979: Über die Rolle der Gewalt in der Konstruktion und Zerstörung sozialer Systeme. In: BRÜCKNER, P., Über die Gewalt. Sechs Aufsätze. Berlin 1979, 110-141.

BRÜNDEL, H./HURRELMANN, K. 1994: Gewalt macht Schule. Wie gehen wir mit aggressiven Kindern um? München.

BRÜNINK, J./GLENEWINKEL, W./HERMSEN, H./KERBST, R. 1979: Kindesmißhandlung. Arbeitsmaterialien aus dem Bielefelder Oberstufen-Kolleg Bd. 6. Bielefeld.

BRUNN, H. 1979: Maßnahmen gegen eine kinderfeindliche Welt. In: Die Neue Gesellschaft (26) 1979, 1, 7-10.

BRUNNER, E.J. 1982: Interpretative Auswertung. In: HUBER, G.L./MANDL, H. (Hg.), Verbale Daten. Eine Einführung in die Grundlagen der Erhebung und Auswertung. Weinheim, Basel 1982, 197-219.

BÜCHNER, P. 1983: Vom Befehlen und Gehorchen zum Verhandeln. Entwicklungstendenzen von Verhaltensstandards und Umgangsformen seit 1945. In: PREUSS-LAUSITZ, U. et al. (Hg.), Kriegskinder, Konsumkinder, Krisenkinder. Zur Sozialisationsgeschichte seit dem Zweiten Weltkrieg. Weinheim 1983, 196-212.

BÜCHNER, P. 1989: Individualisierte Kindheit „jenseits von Klasse und Schicht"? Überlegungen zum Stellenwert neuer Dimensionen sozialer Ungleichheit im Kindesalter. In: GEULEN, D. (Hrsg.), Kindheit. Neue Realitäten und Aspekte. Weinheim 1989, 144-159.

BÜCHNER, P. 1990: Aufwachsen in den 80er Jahren. Zum Wandel kindlicher Normalbiographien in der Bundesrepublik Deutschland. In: BÜCHNER, P./KRÜGER, H.-H./CHISHOLM, L. (Hg.), Kindheit und Jugend im interkulturellen Vergleich. Opladen 1990, 79-93.

BÜCHNER, P./KRÜGER, H.-H./CHISHOLM, L. (Hg.) 1990: Kindheit und Jugend im interkulturellen Vergleich. Opladen.

BÜCHNER, P./KRÜGER, H.-H. (Hg.) 1991: Aufwachsen hüben und drüben. Deutsch-deutsche Kindheit und Jugend vor und nach der Vereinigung. Opladen.

BÜCHNER, P./FUHS, B. 1993: Kindersport. In: MARKEFKA, M./NAUCK, B. (Hg.), Handbuch der Kindheitsforschung. Neuwied, Kriftel, Berlin 1993, 491-499.

BÜTTNER, C. 1982: Kriegsangst bei Kindern. München.

BÜTTNER, C. 1989: Gewalt in der Familie. In: HEITMEYER, W./MÖLLER, K./SÜNKER, H. (Hg.), Jugend, Staat, Gewalt. Politische Sozialisation von Jugendlichen, Jugendpolitik und politische Bildung. Weinheim, München 1989, 113-123.

BÜTTNER, C./NICKLAS, H. 1984: Wenn Liebe zuschlägt. Gewalt in Familien. München.

BÜTTNER, C./ENDE, A. (Hg.) 1987: Gefördert und mißhandelt. Kinderleben zwischen 1740 und heute. Weinheim, Basel.

BUJOK-HOHENAUER, E. 1982: Gewalt gegen Kinder. Zum Stand von Forschung und Praxis. In: HONIG, M.-S. (Hrsg.), Kindesmißhandlung. München 1982, 13-52.

Bundesministerium für Justiz 1986: Anhörung „Gewalt gegen Frauen" am 22.10.1986. Bonn.

Bundesministerium für Justiz (Hg.) 1987: Gesprächsrunde zu Fragen der Gewalt am 14.05.1987 im Bundesministerium für Justiz. Bericht. Bonn.

Bundesministerium für Jugend, Familie und Gesundheit (Hg.) 1972: Dritter Jugendbericht. Bonn.

Bundesministerium für Jugend, Familie und Gesundheit (Hg.) 1979: Kindesmißhandlung. Erkennen und Helfen. Eine praktische Anleitung. Bonn.

Bundesministerium für Jugend, Familie und Gesundheit 1979: Mißhandlung von Säuglingen und Kleinkindern. Erkennen und Helfen. Bonn.

Bundesministerium für Jugend, Familie und Gesundheit 1980 a: Kindesmißhandlung – Kinderschutz. Ein Überblick. Bonn.

Bundesministerium für Jugend, Familie und Gesundheit 1980 b: Hilfen für die Familie. Bonn.

Bundesministerium für Jugend, Familie, Frauen und Gesundheit (Hg.) 1986: Vierter Familienbericht. Bonn.

BUNGARD, W./LÜCK, H.E. 1974: Forschungsartefakte und nicht-reaktive Meßverfahren. Stuttgart.

BUSKOTTE, A. 1992: Schlimmer als Schläge? Formen, Folgen und Ursachen psychischer Gewalt. In: Jugend & Gesellschaft 4/5, 1992, 19-21.

BUSSIEK, H. 1978: Bericht zur Lage der Jugend. Frankfurt/Main.

CALLIESS, J. (Hrsg.) 1983 a: Gewalt in der Geschichte. Beiträge zur Gewaltaufklärung im Dienste des Friedens. Düsseldorf.

CALLIESS, J. 1983 b: Gewaltverständnis und Gewaltaufklärung. In: CALLIESS, J. (Hrsg.), Gewalt in der Geschichte. Düsseldorf 1983, 9-16.

CALLIESS, J./LOB, R.E. (Hg.) 1987: Handbuch Praxis der Umwelt- und Friedenserziehung Bd. 1: Grundlagen. Düsseldorf.

CALLIESS, J./LOB, R.E. (Hg.) 1988: Handbuch Praxis der Umwelt- und Friedenserziehung Bd. 3: Friedenserziehung. Düsseldorf.

CALLIESS, R.-P. 1978: Gewalt und Recht. In: RÖTTGERS, K./SANER, H. (Hg.), Gewalt. Grundlagenprobleme in der Diskussion der Gewaltphänomene. Basel, Stuttgart 1978, 50-60.

CARDINAL, M. 1979: Schattenmund. Reinbek bei Hamburg.

CARLHOFF, H.-W./WITTEMANN, S. (Hg.) 1987: Jugend und Gesundheit. Standortbestimmung, Gefährdungen, Lösungsansätze. Stuttgart.

CARMEL, A. 1993: Lämmer. Roman. Zürich.

CHRISTENSEN, G. 1978: Wie wir leben ... Zahlen, Fakten und Analysen zur Frage der Kinder. Dortmund.

CHRISTIANE F. 1980: Wir Kinder vom Bahnhof Zoo (hrsg. v. K. HERMANN und N. RIECK). Hamburg.

CICOUREL, A.V. 1970: Methode und Messung in der Soziologie. Frankfurt/Main.

CLAESSENS, D./KLÖNNE, A./TSCHOEPE, A. 1989: Sozialkunde der Bundesrepublik Deutschland. Grundlagen, Strukturen, Trends in Wirtschaft und Gesellschaft. Reinbek bei Hamburg.

CLAASSEN, H./RAUCH, U. 1980: Gewalt gegen Kinder aus sozialpädagogischer Sicht. Köln.

CLOER, E. 1978: Zur Geschichte der Kindheit und ihrer Erforschung. In: Neue Sammlung (18) 1978, 6, 519-539.

COLEMAN, J.S. 1986: Die asymmetrische Gesellschaft. Weinheim, Basel.

COMBE, A./HELSPER, W. (Hg.) 1991: Hermeneutische Jugendforschung. Theoretische Konzepte und methodologische Ansätze. Opladen.

COVITZ, J. 1993: Der Familienfluch. Seelische Kindesmißhandlung. Olten, Freiburg/Brsg.

CZERMAK, H. 1983: Über die alltägliche Gewalt im Umgang mit Kindern. In: HAESLER, W.T. (Hrsg.), Kindesmißhandlung. Diessenhofen 1983, 59-67.

DAHM, M. 1977: Bedingungen und Funktionen der familiären Gewalt gegen Kinder, dargestellt am Beispiel der Prügelstrafe; unveröffentl. Diplomarbeit am Fachbereich 21, Erziehungswissenschaften, der Philipps-Universität Marburg. Marburg/Lahn.

DANICA, E. 1989: Nicht! München.

DANNER, H. 1989[2]: Methoden geisteswissenschaftlicher Pädagogik. Einführung in Hermeneutik, Phänomenologie und Dialektik. München, Basel.

DEEGENER, G. 1992: Orientierungshilfen bei Kindesmißhandlung. Tabellarische Übersicht zu kompensatorischen Bedingungen und Risikofaktoren. Mainz.

DEEGENER, G. 2000: Die Würde des Kindes. Plädoyer für eine Erziehung ohne Gewalt. Weinheim, Basel.

DEGENHARDT, F.J. 1982: Die Mißhandlung oder Der freihändige Gang über das Gelände der S-Bahn. Reinbek bei Hamburg.

DEISENHOFER, A./DEISENHOFER, U. 1982[13], 1991[18]: Einführung. In: Jugendrecht. München.

DeMAUSE, L. (Hrsg.) 1977: Hört ihr die Kinder weinen? Eine psychogenetische Geschichte der Kindheit. Frankfurt/Main.

DeMAUSE, L. 1980: Gequält, mißbraucht, ermordet. In: Kindheit ist nicht kinderleicht (hrsg. v. der Redaktion der Zeitschrift psychologie heute). Weinheim, Basel 1980, 13-21.

DESSAI, E. 1975: Kinderfreundliche Erziehung in der Stadtwohnung. Ein unorthodoxer Ratgeber. Frankfurt/Main.

DESSAI, E. 1979: Auf dem Weg in die kinderlose Gesellschaft. Reinbek bei Hamburg.

DESSAI, E. 1985: „Kinder? Höchstens eins!" Vom Geburtenrückgang zur künstlichen Menschenproduktion? Reinbek bei Hamburg.

DESSAI, E./ALT-ROSENDAHL, R. 1978: Wohnen und Spielen mit Kindern. Alternativen zur familienfeindlichen Architektur. Frankfurt/Main.

Deutsche Richterakademie Trier (Hg.) 1990: Gewalt an Frauen – Gewalt in der Familie. Heidelberg.

Der Deutsche Weg 1984: Bericht über den Rücktritt der deutschen Kunstturn-Meisterin Yvonne Haug. In: „Der Spiegel" (38. Jg.) 1984, 14 (02.04.1984), 224-227.

Deutscher Bundestag 1985: Sexueller Mißbrauch von Kindern (Antwort der Bundesregierung auf die Große Anfrage der Fraktion Die Grünen). BT-Drucksache 10/3845 vom 18.09.1985.

Deutscher Bundestag 1986: Lebenssituation der Kinder in der Bundesrepublik Deutschland (Antwort der Bundesregierung auf die Große Anfrage der SPD-Fraktion). BT-Drucksache 10/4623 vom 08.01.1986.

Deutscher Bundestag 1989 a: Soziale Lage von Familien und Kindern (Antwort der Bundesregierung auf die Große Anfrage der SPD-Fraktion). BT-Drucksache 11/5106 vom 30.08.1989.

Deutscher Bundestag 1989 b: Umfang und Formen der Kinderarbeit und Lebenssituation arbeitender Kinder in der Bundesrepublik Deutschland (Antwort der Bundesregierung auf die Große Anfrage der Fraktion Die Grünen). BT-Drucksache 11/6082 vom 13.12.1989.

Deutscher Bundestag 1990: Achter Jugendbericht. Bericht über Bestrebungen und Leistungen der Jugendhilfe. BT-Drucksache 11/6576 vom 06.03.1990.

Deutsches Jugendinstitut (Hg.) 1988: Wie geht's der Familie? Ein Handbuch zur Situation der Familien heute. München.

Deutsches Jugendinstitut (Hg.) 1989: Familienalltag. Frauensichten – Männersichten. Reinbek bei Hamburg.

Deutsches Jugendinstitut (Hg.) 1992: Was tun Kinder am Nachmittag? Ergebnisse einer empirischen Studie zur mittleren Kindheit. München.

Deutsches Jugendinstitut (Hg.) 1993: Was für Kinder. Aufwachsen in Deutschland. Ein Handbuch. München.

Deutscher Kinderschutzbund 1982: Jahresthema 1982 – Gewalt gegen Kinder. Hektogr. Manuskript. Hannover.

Deutscher Kinderschutzbund (Hg.) 1983: Schützt Kinder vor Gewalt. Vom reaktiven zum aktiven Kinderschutz. Weinheim.

Deutscher Kinderschutzbund (Hg.) 1985: Wenn Eltern zuschlagen ... Gesellschaftliche Voraussetzungen und Bedingungen der Kinderschutzarbeit. Hannover.

Deutscher Kinderschutzbund (Hg.) 1989: Hilfe statt Gewalt. Die Erklärung des Deutschen Kinderschutzbundes zur gewaltsamen Beeinträchtigung von Kindern in Familien. Hannover.

DEWE, B./FERCHHOFF, W./SÜNKER, H. 1987: Alltagstheorien. In EYFERTH, H./ OTTO, H.-U./THIERSCH, H. (Hg.), Handbuch zur Sozialarbeit/Sozialpädagogik. Neuwied, Darmstadt 1987, 56-72.

DIEMER, A. (Hrsg.) 1971: Der Methoden- und Theorienpluralismus in den Wissenschaften. Meisenheim am Glan.

DIEMER, A. 1977: Elementarkurs Philosophie – Hermeneutik. Düsseldorf.

DIRKS, L. 1989: Die liebe Angst. Reinbek bei Hamburg.

DISKOWSKI, D./HARMS, G./PREISSING, C. 1988: Kinder und Technik. In: HARMS, G./PREISSING, C. (Hg.), Kinderalltag. Beiträge zur Analyse der Veränderung von Kindheit. Berlin 1988, 161-182.

DISKOWSKI, D./PREISSING, C./PROTT, R. 1990: Selbst ist das Kind. Technik im Kinderalltag. In: PREUSS-LAUSITZ, U./RÜLCKER, T./ZEIHER, H. (Hg.), Selbständigkeit für Kinder – die große Freiheit? Kindheit zwischen pädagogischen Zugeständnissen und gesellschaftlichen Zumutungen. Weinheim, Basel 1990, 96-109.

DOEHLEMANN, M. 1979: Von Kindern lernen. Zur Position des Kindes in der Welt der Erwachsenen. München.

DOORMANN, L. 1979: Zur sozialen Situation der Kinder in der Bundesrepublik. In: DOORMANN, L. (Hrsg.), Kinder in der Bundesrepublik. Materialien, Initiativen, Alternativen. Köln 1979, 15-65.

DORPAT, C. 1982: Welche Frau wird so geliebt wie du. Eine Ehegeschichte. Berlin.

DOST, B. 1983: Die Erben des Übels. Kranke Umwelt – kranke Kinder. München.

DOST, B. 1987: Kranke Umwelt – kranke Kinder: Aspekte und Aufgaben einer Umweltmedizin. In: CALLIESS, J./LOB, R.E.. (Hg.), Handbuch Praxis der Umwelt- und Friedenserziehung Bd. 1: Grundlagen. Düsseldorf 1987, 140-152.

DUENSING, F. 1903: Verletzung der Fürsorgepflicht gegenüber Minderjährigen. Ein Versuch zu ihrer strafgesetzlichen Behandlung. Diss. Staatsw. Fak. Univ. Zürich 1903.

DURKHEIM, E. 1983: Der Selbstmord. Frankfurt/Main (Original 1897).

EISENBERG, G./GRONEMEYER, R. 1993: Jugend und Gewalt. Der neue Generationskonflikt oder Der Zerfall der zivilen Gesellschaft. Reinbek bei Hamburg.

ELIAS, N. 1970: Die höfische Gesellschaft. Neuwied.

ELIAS, N. 1971^2: Was ist Soziologie? München.

ELIAS, N. 1972: Soziologie und Psychiatrie. In: WEHLER, H.U. (Hrsg.), Soziologie und Psychoanalyse. Stuttgart 1972, 11-41.

ELIAS, N. 1977^2 a: Über den Prozeß der Zivilisation. Soziogenetische und psychogenetische Untersuchungen. Bd. 1: Wandlungen des Verhaltens in den weltlichen Oberschichten des Abendlandes. Frankfurt/Main.

ELIAS, N. 1977 b: Zur Grundlegung einer Theorie sozialer Prozesse. In: Zeitschrift für Soziologie 6, 1977, 127-149.

ELIAS, N. 1978 a: Soziologie als Sittengeschichte. Interviews. In: psychologie heute (5) 1978, 2, 32-38.

ELIAS, N. 1978 b: Über den Prozeß der Zivilisation. Soziogenetische und psychogenetische Untersuchungen. Bd. 2: Wandlungen der Gesellschaft, Entwurf zu einer Theorie der Zivilisation. Frankfurt/Main.

ELIAS, N. 1979: Über Wandlungen der Angriffslust. In: SPÄTH, B. (Hrsg.), Aggressivität und Erziehung. München 1979, 38-48.

ELKIND, D. 1989: Wenn Eltern zuviel fordern. Die Rettung der Kindheit vor leistungsorientierter Früherziehung. Hamburg.

ELKIND, D. 1991: Das gehetzte Kind. Werden unsere Kleinen zu schnell groß? Hamburg.

ELSCHENBROICH, D. 1977: Kinder werden nicht geboren. Studien zur Entstehung der Kindheit. Frankfurt/Main.

Elternrecht und das Recht der Kinder 1983: Themenheft der Blätter für Wohlfahrtspflege 130, 1983, 1.

ENDE, A. 1980: Damit's kein Prachtkind wird: Kindheit in Deutschland. In: psychologie heute (7) 1980, 12, 37-42.

ENDE, A. 1984: Der alltägliche Krieg gegen die Kinder. In: STEINWEG, R. (Red.), Vom Krieg der Erwachsenen gegen die Kinder. Möglichkeiten der Friedenserziehung. Frankfurt/Main 1984, 18-25.

ENDERS, U. (Hrsg.) 1990^2: Zart war ich, bitter war's. Sexueller Mißbrauch an Mädchen und Jungen. Erkennen, Schützen, Beraten. Köln.

„Endlich Schluß mit Prügel und Gewalt" 1990: „Brigitte"-Dossier Kinderschutz. In: „Brigitte" Nr. 20 vom 19.09.1990, 119-134.

enfant t. 1989: Monatszeitschrift des Instituts für Kindheit e.V. Berlin. Heft 8, Juni 1989. Schwerpunkt: Geschichte der Kindheit. Berlin.

ENGEL, U./HURRELMANN, K. 1989: Psychosoziale Belastung im Jugendalter. Empirische Befunde zum Einfluß von Familie, Schule und Gleichaltrigengruppe. Berlin, New York.

ENGELBERT, A. 1986: Kinderalltag und Familienumwelt. Eine Studie über die Lebenssituation von Vorschulkindern. Frankfurt/Main.

ENGELBERT, A. 1993: Wandel der Familie – Gefährdung für Kinder? In: GRAESSNER, G./MAUNTEL, C./PÜTTBACH, E. (Hg.), Gefährdungen von Kindern. Problemfelder und präventive Ansätze im Kinderschutz. Opladen 1993, 59-80.

ENGELBERT, A./HERLTH, A. 1993: Sozialökologie der Kindheit: Wohnung, Spielplatz und Straße. In: MARKEFKA, M./NAUCK, B. (Hg.), Handbuch der Kindheitsforschung. Neuwied, Kriftel, Berlin 1993, 403-415.

ENGFER, A. 1982: Auswirkungen harten elterlichen Strafens. Diss. Universität Trier.

ENGFER, A. 1986: Kindesmißhandlung. Ursachen, Auswirkungen, Hilfen. Stuttgart.

ENGFER, A. 1990: Entwicklung von Gewalt in sogenannten Normalfamilien. In: MARTINIUS, J./FRANK, R. (Hg.), Vernachlässigung, Mißbrauch und Mißhandlung von Kindern. Erkennen, Bewußtmachen, Helfen. Bern, Stuttgart, Toronto 1990, 59-68.

ENGFER, A. 1993: Kindesmißhandlung und sexueller Mißbrauch. In: MARKEFKA, M./ NAUCK, B. (Hg.), Handbuch der Kindheitsforschung. Neuwied, Kriftel, Berlin 1993, 617-629.

ENGFER, A./MINSEL, B./WALPER, S. (Hg.) 1991: Zeit für Kinder! Kinder in Familie und Gesellschaft. Weinheim, Basel.

ERIKSON, E.H. 1971: Kindheit und Gesellschaft. Stuttgart.

ERNST, H. **1987**: Keine Zeit mehr, Kind zu sein. In: Klein sein, groß werden (hrsg. v. der Redaktion psychologie heute). Thema: Kinderpsychologie. Weinheim, Basel 1987, 141-159.

ERNST, A./STAMPFEL, S. **1991**: Kinder-Report. Wie Kinder in Deutschland leben. Köln.

ESSER, J. **1978**: Unterricht über Gewalt. München, Wien, Baltimore.

ESSER, J. (Hrsg.) **1980**: Wohin geht die Jugend? Gegen die Zukunftslosigkeit unserer Kinder. Reinbek bei Hamburg.

ESSER, J. **1987**: Alltägliche Gewalt. In: CALLIESS, J./LOB, R.E. (Hg.), Handbuch Praxis der Umwelt- und Friedenserziehung Bd. 1: Grundlagen. Düsseldorf 1987, 374-378.

ESSER, J. **1988**: Recht hat immer der Stärkere: Gewalt im Alltag. In: CALLIESS, J./LOB, R.E. (Hg.), Handbuch Praxis der Umwelt- und Friedenserziehung Bd. 3: Friedenserziehung. Düsseldorf 1988, 467-477.

EYFARTH, H./OTTO, H.-U./THIERSCH, H. (Hg.) **1987**: Handbuch zur Sozialarbeit/Sozialpädagogik. Neuwied, Darmstadt.

FAKIENER, I. **1980**: Kindesmißhandlung in der Familie; unveröffentl. Diplomarbeit am Fachbereich 21, Erziehungswissenschaften, der Philipps-Universität Marburg. Marburg/Lahn.

FALTERMAIER, J./SENGLING, D. **1983**: Wenn Kinder und Jugendliche an ihren Lebenswelten scheitern. Herausforderung für die Sozialpädagogik. Arbeitshilfen. Schriftenreihe des Deutschen Vereins für öffentliche und private Fürsorge. Heft 22. Frankfurt/Main.

Familienalltag 1989: s. Deutsches Jugendinstitut 1989.

2. Familienbericht 1975: Familie und Sozialisation. Bonn.

3. Familienbericht 1979: Die Lage der Familien in der Bundesrepublik Deutschland. Bericht der Sachverständigen-Kommission der Bundesregierung. BT-Drucksache 8/3121. Bonn.

Familienwissenschaftliche Forschungsstelle 1987: Modellrechnungen zur wirtschaftlichen Situation von Familienhaushalten unterschiedlicher Kinderzahl. Materialien und Berichte. Stuttgart.

FARIN, K./SEIDEL-PIELEN, E. **1991**: Krieg in den Städten. Jugendgangs in Deutschland. Berlin.

FARSON, R. **1975**: Menschenrechte für Kinder. Die letzte Minderheit. München.

FELDMANN-BANGE, G./KRÜGER, K.-J. (Hg.) **1986**: Gewalt und Erziehung. Bonn.

FELTES, T. **1990**: Gewalt in der Schule. In: SCHWIND, H.-D./BAUMANN, J. (Hg.), Ursachen, Prävention und Kontrolle von Gewalt. Analysen und Vorschläge der Unabhängigen Regierungskommission zur Verhinderung und Bekämpfung von Gewalt (Gewaltkommission). Bd. III. Berlin 1990, 317-341.

FEND, H. 1988: Sozialgeschichte des Aufwachsens. Bedingungen des Aufwachsens und Jugendgestaltung im 20. Jahrhundert. Frankfurt/Main.

FERCHHOFF, W. 1993: Kindheit und Sport. In: Zentrum für Kindheits- und Jugendforschung (Hg.), Wandlungen der Kindheit. Theoretische Überlegungen zum Strukturwandel der Kindheit heute. Opladen 1993, 182-198.

FEYERABEND, P. 1991³: Wider den Methodenzwang. Frankfurt/Main.

FICHTENKAMM, R. 1987: Familiale Übergänge im Wandel. Die sozialwissenschaftliche und die statistische Literatur über qualitative Erhebungs- und Auswertungsmethoden und über die Bedeutung dieser Methoden für die Familienforschung. Wiesbaden.

FINGER, E. 1963: Kindesmißhandlung mit Todesfolgen. In: Kriminalistik 17, 1963.

FIRESTONE, S. 1973: Nieder mit der Kindheit. In: Kursbuch 34 „Kinder". Berlin 1973, 1-24.

FISCH, J. 1987: Gewalt und Frieden in der Geschichte. In: CALLIESS, J./LOB, R.E. (Hg.), Handbuch Praxis der Umwelt- und Friedenserziehung Bd. 1: Grundlagen. Düsseldorf 1987, 322-330.

FISCHER-KOWALSKI, M. 1989: Zur Modernisierung von Eltern-Kind-Verhältnissen. In: Zukunft von Kindheit und Schule. Dokumentation eines Symposiums anläßlich des 15-jährigen Bestehens des Instituts für Schulentwicklungsforschung am 18.11.1988. Dortmund 1989, 67-77.

FLADE, A. 1993: Haben unsere Kinder noch Freiräume? Wohnumwelten von Kindern. In: Jugend & Gesellschaft 1993, 2, 10-13.

FLEMMER, W. (Hrsg.) 1986: Bin ich denn nicht auch ein Kind gewesen? Deutsche Gedichte über Kinder. München, Zürich.

FLESSNER, H./FRIESE, M./KNAKE-WERNER, H./LAUDOWICZ, E./ SCHUNTER-KLEEMANN, S./SENSER-JOESTER, B./STEINBERG, A. 1989: Frauenunterdrückung und Familienverhältnisse. Frankfurt/Main.

FLICK, U. 1991: Stationen des qualitativen Forschungsprozesses. In: FLICK,U./KARDOFF, E. von/KEUPP, H./ROSENSTIEL, L. von/WOLFF, S. (Hg.), Handbuch Qualitative Sozialforschung. Grundlagen, Konzepte, Methoden und Anwendungen. München 1991, 147-173.

FLITNER, A. 1982: Konrad, sprach die Frau Mama ... Über Erziehung und Nicht-Erziehung. Berlin.

FÖLLING-ALBERS, M. 1989 a: Kindheit heute. Herausforderungen für die Grundschule. In: Die Grundschule (21) 1989, 5, 10-12.

FÖLLING-ALBERS, M. (Hrsg.) 1989 b: Veränderte Kindheit – Veränderte Grundschule. Arbeitskreis Grundschule e.V. Frankfurt/Main.

FÖLLING-ALBERS, M. 1989 c: Veränderte Kindheit: Herausforderungen für die Schule. In: MELZER, W./SÜNKER, H. (Hg.), Wohl und Wehe der Kinder. Pädagogische Vermittlungen von Kindheitstheorie, Kinderleben und gesellschaftlichen Kindheitsbildern. Weinheim, München 1989, 62-76.

FÖLLING-ALBERS, M. 1991: Schulkinder heute. Auswirkungen veränderter Kindheit auf Unterricht und Schulleben. Oldenburg.

FÖLLING-ALBERS, M./HOPF, A.: Vom Kindergartenkind zum Grundschulkind. Eine Soziotopforschung zum Aufwachsen von Kindern in verschiedenen Lebenswelten. Fortlaufend. Oldenburg, Regensburg (o.J.).

FÖSTER, M. (Hrsg.) 1984: Jürgen Bartsch. Nachruf auf eine „Bestie". Dokumente, Bilder, Interviews. Das Buch zum Film von R. SCHÜBEL. Essen.

FORSCHNER, M. 1985: Gewalt und politische Gesellschaft. In: SCHÖPF, A. (Hrsg.), Aggression und Gewalt. Anthropologisch-sozialwissenschaftliche Beiträge. Würzburg 1985, 13-36.

FRANZKOWIAK, P. 1993: Gesundheit und Gesundheitsforschung. Ein Überblick. In: GRAESSNER, G./MAUNTEL, C./PÜTTBACH, E. (Hg.), Gefährdungen von Kindern. Problemfelder und präventive Ansätze im Kinderschutz. Opladen 1993, 132-146.

FRASER, S. 1988: Meines Vaters Haus. Die Geschichte eines Inzests. Düsseldorf.

Frauen für den Frieden Basel (Hg.) 1983: Unsere tägliche Gewalt. Oft nicht erkannte Formen von Repression in unserer Gesellschaft. Basel.

FREESE, H.-L. 1989: Kinder sind Philosophen. Weinheim, Berlin.

FRIEBEL, H. 1976: Aggressivität und Gewalt. Arbeitsmaterialien und Diskussionen zur konstruktiven Aggressionserziehung und kritischen Gewaltkontrolle. Wuppertal.

FRIEDRICHS, J. 1985[13]: Methoden empirischer Sozialforschung. Opladen.

FRINDTE, W. 1993: „Die Gewalt herrscht ...". Aspekte einer sozialpsychologischen Betrachtung. In: KEMPF, W. et al. (Hg.), Gewaltfreie Konfliktlösungen. Interdisziplinäre Beiträge zu Theorie und Praxis friedfertiger Konfliktbearbeitung. Heidelberg 1993, 17-34.

FROESE, L. 1979: Zehn Gebote für Erwachsene. Texte für den Umgang mit Kindern. Frankfurt/Main.

FRÜHWALD, W./JAUSS, H.R./KOSELLECK, R./MITTELSTRASS, J./STEINWACHS, B. 1991: Geisteswissenschaften heute. Eine Denkschrift. Frankfurt/Main.

FUCHS, A. 1993: Gewaltbegriff und Funktion von Gewalt. In: KEMPF, W. et al. (Hg.), Gewaltfreie Konfliktlösungen. Interdisziplinäre Beiträge zu Theorie und Praxis friedfertiger Konfliktbearbeitung. Heidelberg 1993, 35-53.

FUCHS, W. 1979: Zur Reflexivität der biographischen Methode. Werkstattbericht Hagen: Fernuniversität, Zentrales Institut für Fernstudienforschung. Hagen.

FUCHS, W. 1984: Biographische Forschung. Opladen.

FUCHS, W. 1988: Methoden und Ergebnisse der qualitativ orientierten Jugendforschung. In: KRÜGER, H.-H. (Hrsg.), Handbuch der Jugendforschung. Opladen 1988, 181-204.

GADAMER, H.-G. 1975[4]: Wahrheit und Methode. Grundzüge einer philosophischen Hermeneutik. Tübingen.

GALEY, I. 1988: Ich weinte nicht, als Vater starb. Bern.

GALTUNG, J. 1971: Gewalt, Frieden und Friedensforschung. In: SENGHAAS, D. (Hrsg.), Kritische Friedensforschung. Frankfurt/Main 1971, 55-104.

GALTUNG, J. 1975: Strukturelle Gewalt. Beiträge zur Friedens- und Konfliktforschung. Reinbek bei Hamburg.

GALTUNG, J. 1978: Der besondere Beitrag der Friedensforschung zum Studium der Gewalt: Typologien. In: RÖTTGERS, K./SANER, H. (Hg.), Gewalt. Grundlagenprobleme in der Diskussion der Gewaltphänomene. Basel 1978, 9-32.

GALTUNG, J. 1987: Begriffsbestimmung: Frieden und Krieg. In: CALLIESS, J./LOB, R.E. (Hg.), Handbuch Praxis der Umwelt- und Friedenserziehung Bd. 1: Grundlagen. Düsseldorf 1987, 331-336.

GALTUNG, J. 1993: Kulturelle Gewalt. In: WEHLING, H.-G. (Red.), Aggression und Gewalt. Stuttgart, Berlin, Köln 1993, 52-73.

GALTUNG, J./KINKELBUR, D./NIEDER, M. (Hg.) 1993: Gewalt im Alltag und in der Weltpolitik. Friedenswissenschaftliche Stichwörter zur Zeitdiagnose. Münster.

GALUSKE, M. 1998: Methoden der Sozialen Arbeit. Weinheim, München.

GARDINER, M. 1982: Mörder ohne Schuld. Warum Kinder töten. Gründe und Hintergründe. Frankfurt/Main.

GARDINER-SIRTLE, A. 1983: Als Kind mißbraucht. Frauen brechen ihr Schweigen. München.

GARZ, D./KRAINER, K. 1983: Brauchen wir andere Forschungsmethoden? Beiträge zur Diskussion interpretativer Verfahren. Frankfurt/Main.

GEERDS, F. 1981: Zur Kriminologie der Tötungsdelikte II. In: Polizei heute/Kriminalpraxis 1981, 2, 4-11.

GEISSLER, R. 1992: Die Sozialstruktur Deutschlands. Ein Studienbuch zur Entwicklung im geteilten und vereinten Deutschland. Opladen.

GELLES, R.J. 1975: Kindesmißhandlung als Psychopathologie. Eine soziologische Kritik und Neuformulierung des Problems. In: BAST, H. et al. (Hg.), Gewalt gegen Kinder. Reinbek bei Hamburg 1975, 263-277.

GELLES, R.J. 1978: Neuere Forschungen über Ausmaß und Ursachen familialer Gewalt. In: Kinderschutz-Zentrum Berlin (Hg.), Forum Kindesmißhandlung. Berlin 1978.

GELLRICH, H. 1967: Kindesmißhandlungen – ein ernstes Problem. In: Kriminalistik 21, 1967.

GERBER, U. (Hrsg.) 1975: Kindeswohl contra Elternwillen? Aspekte eines neuen Familienrechts. Berlin.

Gesellschaft für Familienforschung e.V. (Hg.) 1987: Gewalt gegen Frauen: Ursachen und Interventionsmöglichkeiten. Literaturanalyse von E. NEUBAUER, U. STEINBRECHER, S. DRESCHER-ALDENDORFF. Schriftenreihe des Bundesministeriums für Jugend, Familie, Frauen und Gesundheit Bd. 212. Stuttgart, Berlin, Köln, Mainz.

GEULEN, D. (Hrsg.) 1989: Kindheit. Neue Realitäten und Aspekte. Weinheim.

Gewalt gegen Frauen 1992: Aktionswochen der Ministerin für die Gleichstellung von Mann und Frau gemeinsam mit den kommunalen Gleichstellungsbeauftragten des Landes Nordrhein-Westfalen. Dokumentation. Düsseldorf.

Gewalt in der Erziehung 1983: Fünf Beiträge zum Thema Kinderschutz. In: Blätter der Wohlfahrtspflege 130, 1983, 1, 22 f.

GIELER, W./LÜSCHER, K. 1975: Die Soziologie des Kindes in historischer Sicht. In: Neue Sammlung 15, 1975, 441-463.

GIESE, S. 1999: „Die Erinnerung ist wie eine Zeitbombe" – Familiale Gewalterfahrung als Wiederholungsphänomen am Beispiel autobiographischer Dokumentation; unveröffentl. Diplomarbeit an der Berufsakademie Villingen-Schwenningen, Fachbereich Sozialwesen. VS-Schwenningen.

GIESECKE, H. 1993[6]: Das Ende der Erziehung. Neue Chancen für Familie und Schule. Stuttgart.

GIESECKE, H. 1996[5]: Pädagogik als Beruf. Grundformen pädagogischen Handelns. Weinheim, München.

GIESEN, D. 1979: Kindesmißhandlung? Zur Kinder- und Familienfeindlichkeit in der Bundesrepublik Deutschland. Paderborn, München, Wien, Zürich.

GIL, D.G. 1975: Gewalt gegen Kinder. In: BAST H. et al. (Hg.), Gewalt gegen Kinder. Reinbek bei Hamburg 1975, 241-263.

GILLEN, G./MÖLLER, M. 1992: Anschluß verpaßt. Armut in Deutschland. Bonn.

GILLES, A. 1987: Nur ich allein. Aufwachsen als Einzelkind. In: HAGEDORN, F. (Hrsg.), Kindsein ist kein Kinderspiel. Frankfurt/Main 1987, 36-58.

GINZBURG, N. 1983: Mein Familienlexikon. Frankfurt/Main.

GLASS, G. 1994: Vorwurf: Kindesmißbrauch. Tagebuch eines Alptraumes. Düsseldorf.

GLATZER, W./ZAPF, W. (Hg.) 1984: Lebensqualität in der Bundesrepublik. Objektive Lebensbedingungen und subjektives Wohlbefinden. Frankfurt/Main, New York.

GLÖER, N./SCHMIDESKAMP-BÖHLER, I. 1990: Verlorene Kindheit: Jungen als Opfer sexueller Gewalt. München.

GLÖER, N./SCHMIDESKAMP-BÖHLER, I.: „Das glaubt mir doch keiner ...". Sexuelle Gewalt gegen Jungen. Freiburg/Brsg. o.J.

GMELIN, O.F. 1978: Mama ist ein Elefant. Eltern entdecken eine neue Sprache: Die Symbolwelt der Kinderzeichnungen. Stuttgart.

GÖHRING, H.-J. 1975[4]: Das Recht des Kindes und der Eltern. München.

GOLDSTEIN, J./FREUD, A./SOLNIT, A.J. 1982 a: Jenseits des Kindeswohls. Frankfurt/Main.

GOLDSTEIN, J./FREUD, A./SOLNIT, A.J. 1982 b: Diesseits des Kindeswohls. Frankfurt/Main.

GOLLUCH, N./KOCHAN, S. 1985: Das fröhliche Kinderhasser-Buch. Frankfurt/Main.

GOODE, W.J. 1975: Gewalt und Gewalttätigkeit in der Familie. In: BAST, H. et al. (Hg.), Gewalt gegen Kinder. Reinbek bei Hamburg 1975, 131-155.

GORDON, T. 1980: Familienkonferenz. Die Lösung von Konflikten zwischen Eltern und Kind. Reinbek bei Hamburg.

GORGES, R. 1996: Didaktik. Eine Einführung für soziale Berufe. Freiburg/Brsg.

GOSTOMZYK, J.G. 1976: Kindesmißhandlung. In: Zeitschrift für Allgemeinmedizin 1976, 20, 1048-1055.

GRANT, J.P. (Hrsg.) 1993: Zur Situation der Kinder in der Welt 1993. Köln.

GREFE, C./JERGER-BACHMANN, J. 1992: „Das blöde Ozon-Loch". Kinder und Umweltängste. München.

GREFFRATH, M. 1984: Vom Schaukeln der Dinge – Montaignes Versuche. Ein Lesebuch. Berlin.

GRIES, S./VOIGT, D. 1989: Kindesmißhandlung in Deutschland. Geht die DDR einen Sonderweg? In: VOIGT, D. (Hrsg.), Qualifikationsprozesse und Arbeitssituation von Frauen in der Bundesrepublik und in der DDR. Berlin 1989, 41-76.

GRONEMEYER, R. 1993: Das Blut deines Bruders. Die Zukunft der Gewalt. Düsseldorf, Wien, New York, Moskau.

GROSSE-OETRINGHAUS, H.-M./NUSCHELER, F. 1988: Kinderhände. Kinderarbeit in der Dritten Welt. Ein terre-des-homme-Buch. Baden-Baden.

GRÜNDEWALD, G. 1988: „Bitte schaffen Sie die Atomwaffen ab!" – Kinder und Atomkriegsängste. In: CALLIESS, J./LOB, R.E. (Hg.), Handbuch Praxis der Umwelt- und Friedenserziehung Bd. 3: Friedenserziehung. Düsseldorf 1988, 478-487.

GSTETTNER, P. 1980: Biographische Methoden in der Sozialisationsforschung. In: HURRELMANN, K./ULICH, D. (Hg.), Handbuch der Sozialisationsforschung. Weinheim 1980, 371-392.

GSTETTNER, P. 1981: Die Eroberung des Kindes durch die Wissenschaft. Aus der Geschichte der Disziplinierung. Reinbek bei Hamburg.

GUGEL, G. 1983: Erziehung und Gewalt. Wie durch Familie, Schule, Fernsehen, Spielzeug und Jugendliteratur Aggression und Gewalt entstehen. Waldkirch.

GUGGENBÜHL-CRAIG, A. 1992: Der Segen der Gewalt. In: PFLÜGLER, P.M. (Hrsg.), Gewalt – warum? Der Mensch: Zerstörer und Gestalter. Olten 1992, 164-183.

GUTJAHR, K./SCHRADER, A. 1990: Sexueller Mädchenmißbrauch. Ursachen, Erscheinungen, Folgewirkungen und Interventionsmöglichkeiten. Köln.

HABERMAS, J. 1985: Zur Logik der Sozialwissenschaften. Frankfurt/Main.

HABERMAS, J. 1990: Gewaltmonopol, Rechtsbewußtsein und demokratischer Prozeß. Erste Eindrücke bei der Lektüre des „Endgutachtens" der Gewaltkommission. In: ALBRECHT, P.-A./BACKES, O. (Hg.), Verdeckte Gewalt. Plädoyers für eine „Innere Abrüstung". Frankfurt/Main 1990, 180-188.

HACKER, F. 1971: Aggression. Die Brutalisierung der Modernen Welt. Wien, München, Zürich.

HÄRTLING, P. 1986: Brief an meine Kinder. Stuttgart.

HÄSING, H./JANUS, L. 1994: Ungewollte Kinder. Annäherungen, Beispiele, Hilfen. Reinbek bei Hamburg.

HAFFNER, S. 1978: Gewalt in der Ehe. Berlin.

HAGEDORN, F. (Hrsg.) 1987: Kindsein ist kein Kinderspiel. Frankfurt/Main.

HAGEMANN-WHITE, C./KAVEMANN, B./KOOTZ, J./WEINMANN, U./WILDT, C.C./BURGARD, R./SCHEU, U. 1981: Hilfen für mißhandelte Frauen. Stuttgart, Berlin, Köln, Mainz.

HALAMICKOVA, J. (Hrsg.) 1990: Die Kinder dieser Welt. Gedichte aus zwei Jahrhunderten. Frankfurt/Main.

HANDKE, P. 1972: Wunschloses Unglück. Erzählung. Salzburg.

HANDKE, P. 1984: Kindergeschichte. Frankfurt/Main.

HARDACH-PINKE, I. 1993: Kindheit in Bewegung. Aus zwei Jahrhunderten deutscher Sozialgeschichte. In: Deutsches Jugendinstitut (Hg.), Was für Kinder. Aufwachsen in Deutschland. Ein Handbuch. München 1993, 35-42.

HARDACH-PINKE, I./HARDACH, G. (Hg.) 1978 a: Deutsche Kindheiten. Autobiographische Zeugnisse 1700-1900. Kronberg.

HARDACH-PINKE, I./HARDACH, G. 1978 b: Einer Sozialgeschichte der Kindheit entgegen. In: HARDACH-PINKE, I./HARDACH, G. (Hg.), Deutsche Kindheiten. Autobiographische Zeugnisse 1700-1900. Kronberg 1978, 9-15.

HARDACH-PINKE, I./HARDACH, G. (Hg.) 1981: Kinderalltag. Reinbek bei Hamburg.

HARMS, G. 1989: Die Lebenssituation heutiger Kinder. In: Grundschule 5, 1989, 13-15.

HARMS, G./PREISSING, C./RICHTERMEIER, A. 1985: Kinder und Jugendliche in der Großstadt. Zur Lebenssituation 9- bis 14-jähriger Kinder und Jugendlicher. Berlin.

HARMS, G./PREISSING, C. (Hg.) 1988: Kinderalltag. Beiträge zur Analyse der Veränderung von Kindheit. Berlin.

HARTEN, H.-C. 1993: Kindheitsgeschichte als Utopiegeschichte. In: Deutsches Jugendinstitut (Hg.), Was für Kinder. Aufwachsen in Deutschland. Ein Handbuch. München 1993, 43-50.

HASSENSTEIN, B./HASSENSTEIN, H. 1978: Was Kindern zusteht. München.

HECK, A. 1993: Friedenspädagogik. Analyse und Kritik. Essen.

HEER, H. 1983: Als ich neun Jahre alt war, kam der Krieg. Reinbek bei Hamburg.

HEGE, M./SCHWARZ, G. 1992: Gewalt gegen Kinder. Zur Vernetzung sozialer Unterstützungssysteme im Stadtteil. München.

HEIDE, C. 1981: Kind in Deutschland. Hamburg.

HEIDELOFF, F./LANGOSCH, I. 1998: Methoden- und Sozialkompetenz. Trainingskonzepte für die Aus- und Weiterbildung von Sozialwissenschhaftlern. Freiburg/Brsg.

HEINSEN, E. 1982: Wie groß ist das Ausmaß an Gewalt gegen Kinder? Probleme mit Zählungen und Schätzungen zur Kindesmißhandlung. In: HONIG, M.-S. (Hrsg.), Kindesmißhandlung. München 1982, 96-126.

HEINZE, T. 1987: Qualitative Sozialforschung. Erfahrungen, Probleme und Perspektiven. Opladen.

HEINZEN, G./KOCH, U. 1985: Von der Nutzlosigkeit erwachsen zu werden. Reinbek bei Hamburg.

HEITMEYER, W./MÖLLER, K./SÜNKER, H. (Hg.) 1989: Jugend, Staat, Gewalt. Politische Sozialisation von Jugendlichen, Jugendpolitik und politische Bildung. Weinheim, München.

HELFER, R.E./KEMPE, C.H. (Hg.) 1978: Das geschlagene Kind. Frankfurt/Main.

HENGST, H. 1981: Tendenzen der Liquidierung von Kindheit. In: HENGST, H./KÖHLER, M./RIEDMÜLLER, B./WAMBACH, M.M., Kindheit als Fiktion. Frankfurt/Main 1981, 11-72.

HENGST, H. (Hrsg.) 1985 a: Kindheit in Europa. Zwischen Spielplatz und Computer. Frankfurt/Main.

HENGST, H. 1985 b: Kinderalltag im internationalen Vergleich. Zur Einführung. In: HENGST, H. (Hrsg.), Kindheit in Europa. Zwischen Spielplatz und Computer. Frankfurt/Main 1985, 9-16.

HENGST, H. 1985 c: Perspektiven einer subjektorientierten Kinderkulturforschung. Ein Ausblick. In: HENGST, H. (Hrsg.), Kindheit in Europa. Zwischen Spielplatz und Computer. Frankfurt/Main 1985, 302-315.

HENGST, H. 1988: Medien und Veränderung der Kindheit. In: HARMS, G./PREISSING, C. (Hg.), Kinderalltag. Beiträge zur Analyse der Veränderung von Kindheit. Berlin 1988, 109-134.

HENNE, H. 1986: Jugend und ihre Sprache. Darstellung, Materialienkritik. Berlin.

HENNIG, E. 1989: Was leistet das Konzept der „strukturellen Gewalt"? In: HEITMEYER, W./MÖLLER, K./SÜNKER, H. (Hg.), Jugend, Staat, Gewalt. Politische Sozialisation von Jugendlichen, Jugendpolitik und politische Bildung. Weinheim, München 1989, 57-79.

HENNIG, U./KEIM, K.D./SCHULZ ZUR WIESCH, J. 1984: Spuren der Mißachtung. Zum Verhältnis von Jugendproblemen und Stadtstruktur. Frankfurt/Main.

HENRICHS, N. 1971: Zum Problem des Vorverständnisses. In: DIEMER, A. (Hrsg.), Der Methoden- und Theorienpluralismus in den Wissenschaften. Meisenheim am Glan 1971, 40-55.

HENTIG, H. von 1975: Vorwort. In: ARIES, P., Geschichte der Kindheit. München 1975, 7-44.

HENTIG, H. von 1976: Was ist eine humane Schule? München.

HENTIG, H. von 1987: „Humanisierung". Eine verschämte Rückkehr zur Pädagogik. Andere Wege zur Veränderung der Schule. Stuttgart.

HERMANN, K./GEBHARDT, H. 1980: Andi. Der beinahe zufällige Tod des Andreas Z. Hamburg.

HERRMANN, U./RENFTLER, S./ROTH, L. 1980: Bibliographie zur Geschichte der Kindheit, Jugend und Familie. München.

HERZKA, H.S. 1989 a: Seelische Gewalt gegen Kinder. In: RETZLAFF, I. (Hrsg.), Gewalt gegen Kinder. Mißhandlung und sexueller Mißbrauch Minderjähriger. Neckarsulm 1989, 106-122.

HERZKA, H.S. 1989 b: Die neue Kindheit. Dialogische Entwicklung – autoritätskritische Erziehung. Basel.

HESSE, H. 1970: Unterm Rad. Frankfurt/Main.

HETTLAGE, R. (Hrsg.) 1990: Die Bundesrepublik. Eine Bilanz. München.

HETTLAGE, R. 1992: Familienreport. Eine Lebensform im Umbruch. München.

HIERDEIS, H./HUG, T. 1992: Pädagogische Alltagstheorien und erziehungswissenschaftliche Theorien. Ein Studienbuch zur Einführung. Bad Heilbrunn/Obb.

HILDEBRANDT, H./SCHULTZ, M.-L. 1984: „Wenn ich traurig bin, dann bin ich auch krank". Kinder, Körper, Gesundheit. Reinheim.

HILDENBRAND, B. 1984: Methodik der Einzelfallforschung. Hagen.

HILKE, R./KEMPF, W. (Hg.) 1982: Aggression. Naturwissenschaftliche und kulturwissenschaftliche Perspektiven der Aggressionsforschung. Bern, Stuttgart, Berlin.

HILLE, B. 1980: Kindergesellschaft? Wie unsere Kinder aufwachsen. Köln.

HINZ, M. 1991: Kindsein und Kindheit im deutschen Familienrecht. Bestandsaufnahme und notwendige Reformen. In: ENGFER, A./MINSEL, B./WALPER, S. (Hg.), Zeit für Kinder! Kinder in Familie und Gesellschaft. Weinheim, Basel 1991, 90-111.

HIRIGOYEN, M.-F. 2000^2: Die Masken der Niedertracht. Seelische Gewalt im Alltag und wie man sich dagegen wehren kann. München.

HISCHER, E. 1978: Das Kind im Krankenhaus. Eine Herausforderung der Sozialpädagogik. München.

HÖHN, C. 1993: Kindheit in den Ländern der Europäischen Gemeinschaft im Spiegel der Statistik. In: Deutsches Jugendinstitut (Hg.), Was für Kinder. Aufwachsen in Deutschland. Ein Handbuch. München 1993, 51-72.

HOEHNE, R. 1993: Wie geht's den Kindern? Kind und Gesundheit. In: Deutsches Jugendinstitut (Hg.), Was für Kinder. Aufwachsen in Deutschland. Ein Handbuch. München 1993, 229-233.

HÖLTERSHINKEN, D. 1983 a: Gewalt im Bereich der Wohnung und des Wohnumfeldes. In: Deutscher Kinderschutzbund (Hg.), Schützt Kinder vor Gewalt. Weinheim 1983, 72-82.

HÖLTERSHINKEN, D. 1983 b: Gewalt im Bereich der Medien – am Beispiel Kind und Fernsehen. In: Deutscher Kinderschutzbund (Hg.), Schützt Kinder vor Gewalt. Weinheim 1983, 96-105.

HOERNING, E.M. 1980: Biographische Methode in der Sozialforschung. In: Das Argument (22) 1980, 123, 677-687.

HOFFMANN-RIEM, C. 1980: Die Sozialforschung einer interpretativen Soziologie. In: Kölner Zeitschrift für Soziologie und Sozialpsychologie 32, 1990, 339-372.

HOFMANN, J. 1985: Anmerkungen zur begriffsgeschichtlichen Entwicklung des Gewaltbegriffs. In: SCHÖPF, A. (Hrsg.), Aggression und Gewalt. Anthropologisch-sozialwissenschaftliche Beiträge. Würzburg 1985, 259-272.

HOLT, J. 1978: Zum Teufel mit der Kindheit. Über die Bedürfnisse und Rechte von Kindern. Wetzlar.

HOLTMANN, E. 1991: Politik-Lexikon. München.

HONIG, M.-S. 1979 a: Welcher Tropfen bringt das Faß zum Überlaufen? Latente Gewalt im Familienalltag. In: SARTORIUS, W. (Hrsg.), „... auch wenn das Kind schon blau geschlagen ist". München 1979, 31-40.

HONIG, M.-S. 1979 b: Nicht nur die Kinder leiden. Familienpolitische Voraussetzungen moderner Kinderschutzarbeit. In: Sozialmagazin (4) 1979, 11, 57-59.

HONIG, M.-S. 1981 a: Thesen zur inneren Struktur und Belastbarkeit von Familien. In: Forum Jugendhilfe 1981, 30-32.

HONIG, M.-S. 1981 b: Der Mythos, daß eine glückliche Kindheit machbar ist. In: päd. extra sozialarbeit 5, 1981, 7/8, 30-35.

HONIG, M.-S. (Hrsg.) 1982 a: Kindesmißhandlung. München.

HONIG, M.-S. 1982 b: Was tun Jugendämter in Fällen von Kindesmißhandlung? Ergebnisse einer Umfrage. In: HONIG, M.-S. (Hrsg.), Kindesmißhandlung. München 1982, 127-170.

HONIG, M.-S. 1983: Wie kann man sinnvoll von „Gewalt in Familien" sprechen? In: Deutscher Kinderschutzbund (Hg.), Schützt Kinder vor Gewalt. Weinheim 1983, 56-71.

HONIG, M.-S. 1984: Wider einen familistisch verkürzten Kinderschutz. Thesen zum Zusammenhang von Familienökonomie, Frauenfrage und Philanthropie. In: BRINKMANN, W./HONIG, M.-S. (Hg.), Kinderschutz als sozialpolitische Praxis. München 1984, 125-144.

HONIG, M.-S. 1987: Das Dunkelfeld der Gewalt und der zivilisatorische Auftrag der Professionellen. Folgerungen aus einer Studie über Gewalthandeln in Familien. In: KARSTEN, M.-E./OTTO, H.-U. (Hg.), Die sozialpädagogische Ordnung der Familie. Beiträge zum Wandel familialer Lebensweisen und sozialpädagogischer Interventionen. Weinheim, München 1987, 87-99.

HONIG, M.-S. 1988 a: Kindheitsforschung. Abkehr von der Pädagogisierung. In: Soziologische Revue (11) 1988, 2, 169-178.

HONIG, M.-S. 1988 b: Vom alltäglichen Übel zum Unrecht. Über den Bedeutungswandel familialer Gewalt. In: Deutsches Jugendinstitut (Hg.), Wie geht's der Familie? Ein Handbuch zur Situation der Familie heute. München 1988, 189-202.

HONIG, M.-S. 1989: Individualisierung und Kindeswohl: Ist „Gewalt" ein Schlüsselbegriff zum Verständnis der sozialen Lage von Kindern in der Bundesrepublik? In: MELZER, W./SÜNKER, H. (Hg.), Wohl und Wehe der Kinder. Pädagogische Vermittlungen von Kindheitstheorie, Kinderleben und gesellschaftlichen Kindheitsbildern. Weinheim, München 1989, 121-143.

HONIG, M.-S. 1990 a: Kinderfeindlich? Kinderfreundlich? Schwierigkeiten bei dem Versuch, sich ein Bild von der sozialen Lage der Kinder in der Bundesrepublik zu machen. In: Diskurs 0/90, München 1990, 57-61.

HONIG, M.-S. 1990 b: Kindheit in der Bundesrepublik Deutschland. Zum Stand der Kindheitsforschung – Kindheit als „Entwicklungstatsache" und „Erziehungstatsache". In: Blätter der Wohlfahrtspflege 137, 1990, 4, 95-97.

HONIG, M.-S. 1990 c: Gewalt in der Familie. In: SCHWIND, H.-D./BAUMANN, J. (Hg.), Ursachen, Prävention und Kontrolle von Gewalt. Analysen und Vorschläge der Unabhängigen Regierungskommission zur Verhinderung und Bekämpfung von Gewalt (Gewaltkommission). Bd. III: Sondergutachten. Berlin 1990, 343-361.

HONIG, M.-S. 1992: Verhäuslichte Gewalt. Frankfurt/Main.

HONIG, M.-S. 1993: Sozialgeschichte der Kindheit im 20. Jahrhundert. In: MARKEFKA, M./NAUCK, B. (Hg.), Handbuch der Kindheitsforschung. Neuwied, Kriftel, Berlin 1993, 207-218.

HOPF, A./HOPF, A. (Hg.) 1986: Geliebtes Kind. Elternbriefe aus zwölf Jahrhunderten. Ismaning.

HOPF, A./HOPF, A. (Hg.) 1987: Geliebte Eltern. Kinderbriefe aus zwölf Jahrhunderten. Ismaning.

HOPF, C./WEINGARTEN, E. (Hg.) 1979: Qualitative Sozialforschung. Stuttgart.

HOPF, H.H. 1980: Kinderträume. Traumbilder verstehen und auf sie eingehen. Reinbek bei Hamburg.

HORN, K. 1967: Dressur oder Erziehung. Schlagrituale und ihre gesellschaftliche Funktion. Frankfurt/Main.

HORN, K. 1972: Gibt es einen Aggressionstrieb? In: Psyche 26, 1972, 799-817.

HORN, K. 1973: Ohnmacht der Aggressionsforschung. In: Bild der Wissenschaft 1973, 5, 341-348.

HORN, K. 1974 a: Die humanwissenschaftliche Relevanz der Ethologie im Lichte einer sozialwissenschaftlich verstandenen Psychoanalyse. In: ROTH, G. (Hrsg.), Kritik der Verhaltensforschung. München 1974, 190-221.

HORN, K. 1974 b: Die gesellschaftliche Produktion der Gewalt. In: RAMMSTEDT, O. (Hrsg.), Gewaltverhältnisse und die Ohnmacht der Kritik. Frankfurt/Main 1974, 59-106.

HORN, K. 1978: Gewalt und Aggression. In: RÖTTGERS, K./SANER, E. (Hg.), Gewalt. Grundlagenprobleme in der Diskussion der Gewaltphänomene. Basel 1978, 33-49.

HORN, K. 1979: Wissenschaft und Gewalt. In: psychologie heute (6) 1979, 7, 30-39.

HORN, K. 1982: Was macht das Subjekt der Erfahrungswissenschaften mit sich selbst? Einige Vorfeldprobleme psychologischer Aggressions- und Gewaltforschung. In: HILKE, R./KEMPF, W. (Hg.), Aggression. Bern 1982, 186-207.

HORN, K. 1985: Aggression und Gewalt. Vom gegenwärtigen Schicksal menschlicher Expressivität. In: SCHÖPF, A. (Hrsg.), Aggression und Gewalt. Würzburg 1985, 123-142.

HORNSTEIN, W. 1968: Vorwort zum Forschungsbericht von U. MENDE und H. KIRSCH, Beobachtungen zum Problem der Kindesmißhandlung. München 1968, 5 ff.

HOWALD, H./HAHN, E. (Hg.) 1982: Kinder im Leistungssport. Basel.

HOWARD, F. 1988: Lilians Geheimnis. Wien.

HUBER, W. 1993: Die tägliche Gewalt. Gegen den Ausverkauf der Menschenwürde. Freiburg, Basel, Wien.

HÜGLI, A./LÜBCKE, P. (Hg.) 1992: Philosophie im 20. Jahrhundert. Bd. 1: Phänomenologie, Hermeneutik, Existenzphilosophie und Kritische Theorie. Reinbek bei Hamburg.

HURRELMANN, K. 1988: Sozialisation und Gesundheit. Somatische, psychische und soziale Risikofaktoren im Lebenslauf. Weinheim, München.

HURRELMANN, K. 1990 a: Kinder im Dauerstreß. Wenn Eltern zu viel Leistung fordern. In: psychologie heute (17) 1990, 2, 27-29.

HURRELMANN, K. 1990 b: Gewalt in der Schule. In SCHWIND, H.-D./BAUMANN, J. (Hg.), Ursachen, Prävention und Kontrolle von Gewalt. Bd. III. Berlin 1990, 363-379.

HURRELMANN, K. 1991: Politische Ängste. Wie Kinder und Jugendliche auf Kriegsgefahren reagieren. In: enfant t. (4) 1991, 1, 67-77.

HURRELMANN, K./MANSEL, J. 1993: Individualisierung in der Freizeit? In: Zentrum für Kindheits- und Jugendforschung (Hg.), Wandlungen der Kindheit. Opladen 1993, 77-93.

HUSCHKE-RHEIN, R. 1987, 1993^2: Systemökologische Wissenschafts- und Methodenlehre. Ein Lehr- und Studienbuch für Pädagogen und Sozialwissenschaftler. Bd. 2: Qualitative Forschungsmethoden und Handlungsforschung. Köln (Neuauflage 1993).

Internationales Jahr des Kindes 1978: Programm der Nationalen Kommission für die Vorbereitung und Durchführung des Internationalen Jahres des Kindes (1979) in der Bundesrepublik Deutschland. Bonn.

JACOB, J. 1987: Kinder in der Stadt. Freizeitaktivitäten, Mobilität und Raumwahrnehmung. Pfaffenweiler.

JAHODA, M. 1991: Marie Jahoda, Paul F. Lazarsfeld & Hans Zeisel: „Die Arbeitslosen von Marienthal". In: FLICK, U. et al. (Hg.), Handbuch Qualitative Sozialforschung. Grundlagen, Konzepte, Methoden und Anwendungen. München 1991, 119-122.

JAHODA, M./LAZARSFELD, P.F./ZEISEL, H. 1975: Die Arbeitslosen von Marienthal. Ein soziographischer Versuch. Frankfurt/Main (Original 1932).

JEZIOROWSKI, J. 1977: Kein Platz für Kinder. Freiburg/Brsg.

JOCHIMS, L. 1990: Bilder zeigen fehlende Chancen. Ausstellung „Mit den Augen der Kinder" im Bürgersaal eröffnet. In: „Südkurier" Konstanz (46) 1990, Nr. 260 vom 09.11.1990, S. 20.

JOHANSEN, E.M. 1978: Betrogene Kindheit. Eine Sozialgeschichte. Frankfurt/Main.

JOHNS, I. 1993: Zeit alleine heilt nicht. Sexuelle Kindesmißhandlung – wie wir schützen und helfen können. Freiburg, Basel, Wien.

JOPT, U.-J. 1989: Kindeswohl und soziale Elternschaft. In: MELZER, W./SÜNKER, H. (Hg.), Wohl und Wehe der Kinder. Pädagogische Vermittlungen von Kindheitstheorie,

Kinderleben und gesellschaftlichen Kindheitsbildern. Weinheim, München 1989, 169-188.

JÜRGENS, H.W./POHL, W. 1975: Kinderzahl – Wunsch und Wirklichkeit. Stuttgart.

JÜTTEMANN, G. (Hrsg.) 1985: Qualitative Forschung. Weinheim, Basel.

JÜTTEMANN, G./THOMAE, H. (Hg.) 1987: Biographie und Psychologie. Berlin.

5. Jugendbericht 1980: Bericht über Bestrebungen und Leistungen der Jugendhilfe. BT-Drucksache 8/3685.

6. Jugendbericht 1984: Verbesserung der Chancengleichheit von Mädchen in der Bundesrepublik Deutschland. BT-Drucksache 10/1007.

7. Jugendbericht 1986: Jugendhilfe und Familie. Die Entwicklung familienunterstützender Leistungen der Jugendhilfe und ihre Perspektiven. BT-Drucksache 10/6730.

Jugendrecht 1991[18]: Stand 01.01.1991. München.

Jugendwerk der Deutschen Shell (Hg.) 1981: Jugend '81. Lebensentwürfe, Alltags-Kulturen, Zukunftsbilder. 4 Bde. Hamburg.

Jugendwerk der Deutschen Shell (Hg.) 1984: Eine Generation stellt sich vor. Reinbek bei Hamburg.

Jugendwerk der Deutschen Shell (Hg.) 1985: Jugendliche und Erwachsene '85. Generationen im Vergleich. 5 Bde. Opladen.

Jugendwerk der Deutschen Shell (Hg.) 1992: Jugend '92. Lebenslagen, Orientierungen und Entwicklungsperspektiven im vereinigten Deutschland. 4 Bde. Opladen.

JUNGJOHANN, E. 1991: Kinder klagen an. Angst, Leid und Gewalt. Frankfurt/Main.

JUNNE, G. 1993[3]: Kritisches Studium der Sozialwissenschaften. Eine Einführung in Arbeitstechniken. Stuttgart, Berlin, Köln.

KAGAN, J. 1980: Elternliebe ist keine Lebensversicherung. In: Kindheit ist nicht kinderleicht (hrsg. v. der Redaktion der Zeitschrift psychologie heute). Weinheim 1980, 29-37.

KAHL, R. 1987: Nee, erwachsen werden will ich nicht. Veränderungen im Verhältnis der Generationen. In: Kindheit ist nicht kinderleicht (hrsg. v. der Redaktion der Zeitschrift psychologie heute). Weinheim 1980, 11-35.

KAISER, G. 1983: Kindesmißhandlung gestern und heute aus kriminologischer Sicht. In: HAESLER, W.T. (Hrsg.), Kindesmißhandlung. Diessenhofen 1983, 11-33.

KAMINSKI, G./MAYER, R. 1984: Kinder und Jugendliche im Hochleistungssport. Schorndorf.

KARDOFF, E. von 1991: Qualitative Sozialforschung. Versuch einer Standortbestimmung. In: FLICK, U. et al. (Hg.), Handbuch Qualitative Sozialforschung. München 1991, 3-8.

KAREDIG, A. 1990: Zieh dich schon mal aus, ich hol' inzwischen den Stock. Versuch einer Aufarbeitung. Frankfurt/Main.

Karin Q. 1978: „Wahnsinn, das ganze Leben ist Wahnsinn". Ein Schülertagebuch (hrsg. v. der Projektgruppe Jugendbüro). Frankfurt/Main.

KAUFMANN, B. 1980: Kindesmißhandlung. Zur Analyse und Kritik vorliegender Erklärungsansätze; unveröffentl. Diplomarbeit am Fachbereich 21, Erziehungswissenschaften, der Philipps-Universität Marburg. Marburg/Lahn.

KAUFMANN, F.X. 1980: Kinder als Außenseiter der Gesellschaft. In: Merkur 8, 1980, 34, 761-771.

KAVEMANN, B./LOHSTÖTER, I. 1984: „Väter als Täter". Sexuelle Gewalt gegen Mädchen. Reinbek bei Hamburg.

KAVEMANN, B./LOHSTÖTER, I. 1986: Sexuelle Gewalt gegen Mädchen in der Familie. In: FELDMANN-BANGE, G. (Hrsg.), Gewalt und Erziehung. Bonn 1986, 94-105.

KECKEISEN, W. 1974: Die gesellschaftliche Definition abweichenden Verhaltens. Perspektiven und Grenzen des labeling approach. München.

KEIM, K.D. 1981 a: Stadt und Gewalt. Problemstruktur, Fallstudien, Vorschläge. Deutsches Institut für Urbanistik. Berlin.

KEIM, K.D. 1981 b: Stadtstruktur und alltägliche Gewalt. Fallstudie Wolfsburg-Werthagen. Frankfurt/Main, New York.

KELLER, G.: Der grüne Heinrich. Roman. München 1987 (Nach der Textfassung der Ausgabe von 1853).

KELLMER-PRINGLE, M. 1979: Was Kinder brauchen. Stuttgart.

KEMPE, R.S./KEMPE, C.H. 1980: Kindesmißhandlung. Stuttgart.

KEMPF, W./FRINDTE, W./SOMMER, G./SPREITER, M. (Hg.) 1993: Gewaltfreie Konfliktlösungen. Interdisziplinäre Beiträge zu Theorie und Praxis friedlicher Konfliktbearbeitung. Heidelberg.

KEY, E. 1978: Das Jahrhundert des Kindes. Königstein/Ts. (Original Berlin 1902).

KIELMANSEGG, P. 1978: Politikwissenschaft und Gewaltproblematik. In: GEISSLER, H. (Hrsg.), Der Weg in die Gewalt. Geistige und gesellschaftliche Ursachen des Terrorismus und seine Folgen. München, Wien 1978, 69-79.

Das Kind in dem ich stak 1991: Gedichte und Geschichten über die Kindheit (hrsg. v. J. HILDEBRANDT und E. ZELLER). Frankfurt/Main.

Kinderfeindlichkeit in Krankenhaus und Schule 1979: Evangelische Akademie Hofgeismar. Protokolle der Akademietagung vom 04.-06.02.1977. Hofgeismar.

Kinderkultur 1987: 25. Deutscher Volkskundekongreß in Bremen vom 07.-12.10.1985 (hrsg. v. K. KÖSTLIN). Bremen.

Kinderleben 1988: Kinderleben. Dichter erzählen von Kindern (hrsg. v. U. KÖHLER). Frankfurt/Main.

Kinderschutz-Zentrum Berlin 1976: Plan und Begründung. Berlin.

Kinderschutz-Zentrum Berlin (Hg.) 1979: Forum Kindesmißhandlung. Prävention, Intervention, Nachsorge. Berlin.

„Kinder sind gewaltlos zu erziehen" 1990: Satz soll ins Bürgerliche Gesetzbuch – Großaktion gegen Prügelstrafe. In: „Südkurier" Konstanz (46) Nr. 217 vom 19.09.1990, S. 4.

Kindheit ist nicht kinderleicht 1980: hrsg. v. der Redaktion der Zeitschrift psychologie heute. Weinheim.

KINTZER, I. 1986: Interventionsmaßnahmen – Prävention und Therapie. In: ENGFER, A., Kindesmißhandlung. Ursachen, Auswirkungen, Hilfen. Stuttgart 1986, 125-160.

KLAGES, H./KMIECIAK, P. (Hg.) 1984: Wertwandel und gesellschaftlicher Wandel. Frankfurt/Main, New York.

KLAFKI, W. 1971: Erziehungswissenschaft – Theorie einer Praxis. In: RÜCKRIEM, G.M./WOLF, W./FREUDENSTEIN, R./BECKMANN, H.-K./LINGELBACH, K.-C./IBEN, G./DIEDERICH, J., Erziehungswissenschaft. Eine Einführung. Bd. 3. Frankfurt/Main 1971, 175-183.

KLAUS, G./BUHR, M. (Hg.) 1972: Marxistisch-leninistisches Wörterbuch der Philosophie. Reinbek bei Hamburg.

Klein sein, groß werden 1987: Thema: Kinderpsychologie; hrsg. v. der Redaktion der Zeitschrift psychologie heute. Weinheim, Basel 1987.

KLEINING, G. 1991: Methodologie und Geschichte qualitativer Sozialforschung. In: FLICK, U. et al. (Hg.), Handbuch Qualitative Sozialforschung. München 1991, 11-22.

KLOEHN, E. 1977: Verhaltensstörungen – eine neue Kinderkrankheit? Ursachen, Symptome, Therapien. München.

KLOSINSKI, G. (Hrsg.) 1988: Psychotherapeutische Zugänge zum Kind und zum Jugendlichen. Bern.

KLOSINSKI, G. 1993: Aggressives Verhalten als Endstrecke eines bio-psychosozialen Prozesses. In: WEHLING, H.-H. (Red.), Aggression und Gewalt. Stuttgart, Berlin, Köln 1993, 24-36.

KLUGE, B./LOEBEN-FURTWÄNGLER, S./REICHEL, J./STEINHILBER-SCHWAB, B. 1984: Vergiftete Umwelt, gefährdete Kinder. „Die große Vergiftung", Folge 4. Reinbek bei Hamburg.

KLUGE, N. (Hrsg.) 1989: Der Liebe auf der Spur. Das Buch zur achtteiligen Spielfilm-Serie über Liebe und Sexualität. Düsseldorf.

KNÖSEL, P. 1993: Die Rechtsstellung von Kindern/Jugendlichen im Rechtssystem der Bundesrepublik Deutschland. In: GRAESSNER, G./MAUNTEL, C./PÜTTBACH, E. (Hg.), Gefährdungen von Kindern. Opladen 1993, 147-177.

KNUTH, K.-H. 1975: Lebensgeschichte und Kindesmißhandlung. Bericht einer Mutter. In: BAST, H. et al. (Hg.), Gewalt gegen Kinder. Reinbek bei Hamburg 1975, 99-117.

KOCKA, J./JESSEN, R. 1990: Die abnehmende Gewaltsamkeit sozialer Proteste. Vom 18. zum 20. Jahrhundert. In: ALBRECHT, P.-A./BACKES, O. (Hg.), Verdeckte Gewalt. Plädoyers für eine „Innere Abrüstung". Frankfurt/Main 1990, 33-57.

KÖHLER, K. 1991: Kindesmißbrauch: Gewalt ver-rückt die Seele. Zur Rekonstruktion der Lebensgeschichte von psychisch Kranken. Wiesbaden.

KÖHLER, M. 1985: Betreute Kinder und die Sehnsucht nach Kindheit. Eine bundesdeutsche Topographie. In: HENGST, H. (Hrsg.), Kindheit in Europa. Zwischen Spielplatz und Computer. Frankfurt/Main 1985, 174-200.

KÖHLER, U. (Hrsg.) 1988: s. Kinderleben 1988.

KOERS, A.J. 1975: Kindesmißhandlung und Kinderschutz in den Niederlanden. In: BAST, H. et al. (Hg.), Gewalt gegen Kinder. Reinbek bei Hamburg 1975, 298-313.

KOERS, A.J. 1980: Psychodynamische und therapeutische Aspekte bei Kindesmißhandlung. In: Kinderschutz-Zentrum Berlin (Hg.), Forum Kindesmißhandlung. Berlin 1980, 97-101.

KOERS, A.J. 1982: Wege der Hilfe bei Kindesmißhandlung. In: BERNECKER, A. et al. (Hg.), Ohnmächtige Gewalt. Reinbek bei Hamburg 1982, 123-151.

KOERS, A.J. 1983 a: Gewalt gegen Kinder. Mißhandlung und Vernachlässigung. In: PERNHAUPT, G. (Hrsg.), Gewalt am Kind. Wien 1983, 174-192.

KOERS, A.J. 1983 b: Gewalt gegen Kinder. Mißhandlung und Vernachlässigung. In: Monatsschrift für Kinderheilkunde 131, 1983.

KÖNIG, E. 1991: Interpretatives Paradigma: Rückkehr oder Alternative zur Hermeneutik. In: HOFFMANN, D. (Hrsg.), Bilanz der Paradigmendiskussion in der Erziehungswissenschaft. Leistungen, Defizite, Grenzen. Weinheim 1991, 49-63.

KÖNIG, E./ZEDLER, P. (Hg.) 1982: Erziehungswissenschaftliche Forschung: Positionen, Perspektiven, Probleme. Paderborn, München.

KÖTTGEN, U. 1967: Kindesmißhandlung. In: Monatsschrift für Kinderheilkunde 115, 1967, 186-192.

KOLLER, B./PLISSON, D./ZELLWEGER, N. 1987: Wir Kinder haben Rechte. Mödling.

KOSCHMIEDER, A. 1985: Der letzte Dreck? Eine junge Prostituierte erzählt. In: ECKERLE, E. (Hrsg.), Durchs Netz gefallen. Kalkulierte Armut in der BRD. Dortmund 1985, 72-77.

KRATZSCH, W. 1971: Psychosoziale Untersuchungen zur Kindesmißhandlung. Studie an einer ausgewählten Gruppe. Berlin.

KRÜGER, H.-H. (Hrsg.) 1988: Handbuch der Jugendforschung. Opladen.

KRUPP, H.-J./SCHUPP, J. (Hg.) 1987: Lebenslagen im Wandel: Daten 1987. Frankfurt/Main, New York.

KUCZYNSKI, J. 1968: Studien zur Geschichte der Lage des arbeitenden Kindes in Deutschland von 1700 bis zur Gegenwart. 2 Bde. Berlin (DDR).

KÜHN, F. 1990: Es fing ganz harmlos an. Freiburg, Basel, Wien.

KÜRBISCH, F.G. (Hrsg.) 1983: Wir lebten nie wie Kinder. Ein Lesebuch. Bonn.

KULESSA, H. (Hrsg.) 1987: „Tagebuch eines halbwüchsigen Mädchens". Frankfurt/Main.

KUPFFER, H. 1974: Antipsychiatrie und Antipädagogik. In: Die Deutsche Schule (66) 1974, 9, 591-604.

KUPFFER, H. 1980: Erziehung – Angriff auf die Freiheit. Weinheim.

KUPFFER, H. 1983: Der Gedanke des Kinderschutzes in der ersten Hälfte des zwanzigsten Jahrhunderts – ein historischer Rückblick. In: Deutscher Kinderschutzbund (Hg.), Schützt Kinder vor Gewalt. Weinheim, Basel 1983, 25-36.

Kursbuch 34 1973: Kinder. Berlin.

Kursbuch 54 1978: Jugend. Berlin.

Kursbuch 72 1983: Die neuen Kinder. Berlin.

LAMNEK, S. 1988: Qualitative Sozialforschung. Bd. 1: Methodologie. München.

LAMNEK, S. 1989: Qualitative Sozialforschung. Bd. 2: Methoden und Techniken. München.

LAMPRECHT, R. 1982: Kampf ums Kind. Wie Richter und Gutachter das Sorgerecht anwenden. Reinbek bei Hamburg.

LANG, S. 1985: Lebensbedingungen und Lebensqualität von Kindern. Frankfurt/Main, New York.

LANG, T. 1990: Hilfe durch Selbsthilfe: Kinder. Kinderschutzorganisationen: Berichte, Informationen, Adressen. München.

LANGE, E. 1990: Gegenwartsgesellschaften: Bundesrepublik Deutschland. Die Wirtschafts- und Sozialstruktur der Bundesrepublik. Stuttgart.

LAPPESSEN, K. 1991: Was ist mit Anna? München.

LAROCHE-REEFF, M. 1981: Kinderspiele, Spielplätze und Plätze zum Spielen. Theoretische Überlegungen, praktische Lösungen und Ergebnisse einer Meinungsumfrage bei Kindern. Trier.

LAUNER, E. 1991: Global '91. Eine Zukunft für die Kinder. Bericht über den Zustand unseres Planeten (ARD-Fernsehfilm vom 03.06.1991).

LEBOYER, F. 1981: Geburt ohne Gewalt. München.

LEDIG, M. 1988: Auswirkungen gewandelter Familienstrukturen auf heutige Kindheit. Neue Perspektiven für öffentliche Erziehung. In: HARMS, G./PREISSING, C. (Hg.), Kinderalltag. Beiträge zur Analyse der Veränderung von Kindheit. Berlin 1988, 9-36.

LEIDECKER, G./KIRCHHÖFER, D./GÜTTLER, P. (Hg.) 1991: Ich weiß nicht, ob ich froh sein soll. Kinder erleben die Wende. Stuttgart.

LEITHÄUSER, T./VOLMERG, B. 1979: Anleitung zur empirischen Hermeneutik. Psychoanalytische Textinterpretation als sozialwissenschaftliches Verfahren. Frankfurt/Main.

LEMPP, R. 1983: Kinder unerwünscht. Anmerkungen eines Kinderpsychiaters. Zürich.

LEMPP, R. 1986: Familie im Umbruch. München.

LEMPP, R. 1992: Vorwort zu K.-H. LINDEMANN, „Der wird ein Leben lang sicher untergebracht sein müssen". In: Neue Praxis 5, 1992, 438 f.

LENK, H. 1993: Philosophie und Interpretation. Vorlesungen zur Entwicklung konstruktionalistischer Interpretationsansätze. Frankfurt/Main.

LENK, K. 1986: Alltagswelten von Jugendlichen. Eine empirische Studie über jugendliche Handlungstypen. Frankfurt/Main, New York.

LENZEN, D. 1985: Mythologie der Kindheit. Die Verewigung des Kindlichen in der Erwachsenenkultur. Versteckte Bilder und vergessene Geschichten. Reinbek bei Hamburg.

LENZEN, D. 1989: Kindheit. In: LENZEN, D. (Hrsg.), Pädagogische Grundbegriffe. Bd. 2. Reinbek bei Hamburg 1989, 845-859.

LENZEN, K.-D. 1978: Kinderkultur. Die sanfte Anpassung. Frankfurt/Main.

LESSING, H. (Hrsg.) 1984: Kriegskinder. Betroffene Kinder aus dem Zweiten Weltkrieg erzählen. Frankfurt/Main.

LEVETZOW, G. von 1934: Die seelische Kindermißhandlung. Phil. Diss. Heidelberg 1934.

LIEDHOFF, J. 1982: Auf der Suche nach dem verlorenen Glück. Gegen die Zerstörung unserer Glücksfähigkeit in der frühen Kindheit. München.

LIEGLE, L. 1987: Welten der Kindheit und Familie. Beiträge zu einer pädagogischen und kulturvergleichenden Sozialisationsforschung. Weinheim, München.

LINDEMANN, K.-H. 1992: „Der wird sein Leben lang sicher untergebracht sein müssen". Der ungewöhnliche Fall Thomas Wagner – eine Kette von falschen Einschätzungen, fehlgeschlagenen Hilfemaßnahmen und eine unerwartete Lösung. In: Neue Praxis 3, 1992, 220-240.

LIPPERT, E./WACHTLER, G. (Hg.) 1988: Frieden. Ein Handwörterbuch (Studienbücher zur Sozialwissenschaft Bd. 47). Opladen.

LOCKE, J. 1970: Gedanken über Erziehung. Stuttgart.

LÖSEL, F./SELG, H./SCHNEIDER, U./MÜLLER-LUCKMANN, E. 1990: Gutachten der Unterkommission I, Psychologie. In: SCHWIND, H.-D./BAUMANN, J. (Hg.), Ursachen, Prävention und Kontrolle von Gewalt. Bd. II. Berlin 1990, 1-156.

LOFFL-HAAG, E. 1991: Hört ihr die Kinder lachen? Zur Kindheit im Spätmittelalter. Pfaffenweiler.

LORENZER, A. 1979: Die Analyse der subjektiven Struktur von Lebensläufen und das gesellschaftliche Objektive. In: BAACKE, D./SCHULZE, T. (Hg.), Aus Geschichten lernen. München 1979, 129-145.

LÜDTKE, A. 1983: Gewalt im Alltag: Herrschaft, Leiden, „Körpersprache"? Formen direkter und „sanfter" Gewalt in der bürgerlichen Gesellschaft. In: CALLIESS, J. (Hrsg.), Gewalt in der Geschichte. Düsseldorf 1983, 271-295.

LÜSCHER, K. 1976: Die Entwicklung der Rolle des Kindes. In: HURRELMANN, K. (Hrsg.), Sozialisation und Lebenslauf. Reinbek bei Hamburg 1976, 129-150.

LÜSCHER, K. (Hrsg.) 1979 a: Sozialpolitik für das Kind. Stuttgart.

LÜSCHER, K. 1979 b: Sozialpolitik für das Kind. Ein allgemeiner Bezugsrahmen. In: LÜSCHER, K. (Hrsg.), Sozialpolitik für das Kind. Stuttgart 1979, 12-48.

LÜSCHER, K. 1990: Politik für das Kind. Perspektiven, Probleme, Chancen für Kinder in Familie und Gesellschaft. In: Blätter der Wohlfahrtspflege 137, 1990, 4, 97-99.

LUTTER, H. 1993: „Ein Klaps hat noch keinem geschadet". Gewalt gegen Kinder in Familien. In: Jugend & Gesellschaft 2, 1993, 14-16.

MAGS (Minister für Arbeit, Gesundheit und Soziales des Landes NW) 1981: Bericht über die Situation des Kindes in Nordrhein-Westfalen (Landeskinderbericht). Köln.

MAGS (Minister für Arbeit, Gesundheit und Soziales für das Land NW) 1990: 3. Familienbericht der Landesregierung Nordrhein-Westfalen. Düsseldorf.

MAIER, E. 1987: Woran Kinder und Jugendliche krank werden. In: CARLHOFF, H.-W./ WITTEMANN, P. (Hg.), Jugend und Gesundheit. Stuttgart 1987, 14-32.

MALLETT, C.-H. 1985: Kopf ab! Gewalt in Märchen. Hamburg.

MALLETT, C.-H. 1990[2]: Untertan Kind. Nachforschungen über Erziehung. Frankfurt/Main, Berlin.

MALSON, L./ITARD, J./MANNONI, O. 1972: Die wilden Kinder. Frankfurt/Main.

MANN, I. 1978: Die Kraft geht von den Kindern aus. Die stufenweise Befreiung von der Lehrerrolle. Gießen.

MANSEL, J./HURRELMANN, K. 1991: Alltagsstreß bei Jugendlichen. Eine Untersuchung über Lebenschancen, Lebensrisiken und psychosoziale Befindlichkeiten im Statusübergang. Weinheim, München.

MANTELL, D.M. 1988: Familie und Aggression. Zur Einübung von Gewalt und Gewaltlosigkeit. Frankfurt/Main (Original 1972).

MARKEFKA, M. 1993: Kinder: Objekte der Politik. In: MARKEFKA, M./NAUCK, B. (Hg.), Handbuch der Kindheitsforschung. Neuwied, Kriftel, Berlin 1993, 511-523.

MARKEFKA, M./NAUCK, B. (Hg.) 1993: Handbuch der Kindheitsforschung. Neuwied, Kriftel, Berlin.

MARTIN, E. 1997[4]: Didaktik der sozialpädagogischen Arbeit. Eine Einführung in die Probleme und Möglichkeiten. Weinheim, München.

MARTIN, J./NITSCHKE, A. (Hg.) 1986: Zur Sozialgeschichte der Kindheit. Freiburg, München.

MARTINIUS, J. 1989: Persönlichkeitsentwicklung mißhandelter Kinder. In: RETZLAFF, I. (Hrsg.), Gewalt gegen Kinder. Mißhandlung und sexueller Mißbrauch Minderjähriger. Neckarsulm 1989, 92-99.

MARTINIUS, J./FRANK, R. (Hg.) 1990: Vernachlässigung, Mißbrauch und Mißhandlung von Kindern. Erkennen, Bewußtmachen, Helfen. Bern, Stuttgart, Toronto.

MATTHES, J. 1973: Einführung in das Studium der Soziologie. Reinbek bei Hamburg.

MAYER, S. 1990: Gipfel für Kinder. Wider die Nöte der Schwächsten. In: „Die Zeit" (46), 30 (21.09.1990), 1.

MAYRING, P. 1990: Einführung in die qualitative Sozialforschung. Eine Anleitung zu qualitativem Denken. München.

McGHEE, C. 1984: Kindesmißhandlung und Kinderschutz. Ein amerikanischer Blick auf Verhältnisse in der Bundesrepublik Deutschland. In: BÜTTNER, C./ENDE, A. (Hg.), Kinderleben in Geschichte und Gegenwart. Weinheim, Basel 1984, 237-252.

MEAD, M. 1974: Der Konflikt der Generationen. Jugend ohne Vorbild. München.

MEBES, M./SANDROCKH, L. 1988: Kein Küßchen auf Kommando. Ein Bilder-Malbuch. Berlin.

MECKEL, C. 1979: Suchbild. Über meinen Vater. Düsseldorf.

MEINBERG, E. (Hrsg.) 1984: Kindheit – interdisziplinär betrachtet. Studientexte zur aktuellen Kindheitsforschung. Köln.

MEINERZHAGEN, M. (Hrsg.) 1988: Bäume und Vögel gibt es nicht mehr. Kinder schreiben über ihre Zukunft. Hamburg.

MEINHOF, U.M. 1968: Jürgen Bartsch und die Gesellschaft. In: MEINHOF, U.M., Die Würde des Menschen ist antastbar. Berlin 1980, 112-116 (Original Konkret 1/68).

MELZER, W. 1991: Kindsein und Heranwachsen in der Familie. Zum Wandel familialer Lebensformen in der Bundesrepublik Deutschland. In: BÜCHNER, P./KRÜGER, H.-H. (Hg.), Aufwachsen hüben und drüben. Opladen 1991, 69-87.

MELZER, W./SÜNKER, H. (Hg.) 1989: Wohl und Wehe der Kinder. Pädagogische Vermittlungen von Kindheitstheorie, Kinderleben und gesellschaftlichen Kindheitsbildern. Weinheim, München.

MENDE, U./KIRSCH, H. 1968: Beobachtungen zum Problem der Kindesmißhandlung. München.

MERTENS, F. 1984: Ich wollte Liebe und lernte hassen. Zürich.

MERTENS, F. 1985: Auch du stirbst einsamer Wolf. Ein Bericht. Zürich.

MERZ, H. 1988: Die verborgene Wirklichkeit. Geschichte einer Verstörung. Frankfurt/Main.

MEVES, C. 1987: Mut zum Erziehen. Seelische Gesundheit – wie können wir sie unseren Kindern vermitteln? Freiburg/Brsg.

MEYER, E. (Hrsg.) 1982: Kinder und Jugendliche in seelischer Not. Möglichkeiten der pädagogischen und therapeutischen Intervention durch Lehrer, Eltern und Erzieher. Braunschweig.

MEYERs Großes Universal-Lexikon 1982: Bd. 5. Mannheim, Wien, Zürich 1982.

MILBURN, D. 1982: Kindesmord. Berlin, Schlechtenwegen.

MILGRAM, S. 1982: Das Milgram-Experiment. Zur Gehorsamsbereitschaft gegenüber Autorität. Reinbek bei Hamburg (Original 1974).

MILLER, A. 1979: Das Drama des begabten Kindes und die Suche nach dem wahren Selbst. Frankfurt/Main.

MILLER, A. 1980: Am Anfang war Erziehung. Frankfurt/Main.

MILLER, A. 1981: Du sollst nicht merken. Variationen über das Paradies-Thema. Frankfurt/Main.

MILLER, A. 1985 a: Bilder einer Kindheit. Frankfurt/Main.

MILLER, A. 1988 b: Das verbannte Wissen. Frankfurt/Main.

MILLER, A. 1990 a: Abbruch der Schweigemauer. Frankfurt/Main.

MILLER, A. 1990 b: Vorwort. In: STETTBACHER, J.K., Wenn Leiden einen Sinn haben soll. Hamburg 1990, 9-13.

MITTERAUER, M. 1986: Sozialgeschichte der Jugend. Frankfurt/Main.

MOGEL, H. 1984: Ökopsychologie. Eine Einführung. Stuttgart.

MOGGACH, D. 1985: „Rot vor Scham". Geschichte einer zerstörten Unschuld. Reinbek bei Hamburg.

MOOR, P. 1972: Das Selbstportrait des Jürgen Bartsch. Reinbek bei Hamburg.

MOOR, P. 1991: Jürgen Bartsch: Opfer und Täter. Das Selbstbildnis eines Kindermörders in Briefen. Reinbek bei Hamburg.

MORRIS, M. 1988: Diesmal überlebe ich. Berlin.

MORRISON, T. 1979: Sehr blaue Augen. Reinbek bei Hamburg.

MOSER, T. 1987: Jugendkriminalität und Gesellschaftsstruktur. Zum Verhältnis von soziologischen, psychologischen und psychoanalytischen Theorien des Verbrechens. Frankfurt/Main.

MUCHOW, M./MUCHOW, H.H. 1978: Der Lebensraum des Großstadtkindes. Bensheim (Original 1934).

MÜHLICH, E./MÜHLICH-KLINGER, J. 1988: Raum ist in der kleinsten Hütte? Wie Familien wohnen. In: Deutsches Jugendinstitut (Hg.), Wie geht's der Familie? Ein Handbuch zur Situation der Familien heute. München 1988, 333-343.

MÜLLER-THURAU, C.P. 1986: „Jetzt will ich Dir eine Geschichte erzählen ...". Unbefugte Bemerkungen zur Erziehung. Berlin, Frankfurt/Main.

MUES, M. 1982: Interventionen durch die Sozialarbeit bei Kindesmißhandlung in der Familie. Dortmund.

MUMMENDEY, A. (Hrsg.) 1984: Social Psychology of Aggression. Berlin, Heidelberg, New York, Tokio.

Mut zum Träumen 1987: Wie Kinder sich ihre Zukunft vorstellen – gemalt und geschrieben für den WDR-Wettbewerb (hrsg. v. R. HORBELT im Auftrag des Westdeutschen Rundfunks). Frankfurt/Main.

NAPP-PETERS, A. 1985: Ein-Elternteil-Familie. Soziale Randgruppe oder neues familiales Selbstverständnis? Weinheim, München.

NARR, W.-D. 1973: Gewalt und Legitimität. In: Leviathan 1, 1973, 7-42.

NARR, W.-D. 1974: Gewalt und Legitimität. In: RAMMSTEDT, O. (Hrsg.), Gewaltverhältnisse und die Ohnmacht der Kritik. Frankfurt/Main 1974, 9-58.

NARR, W.-D. 1983: Über Notwendigkeit und Möglichkeiten, Gewalt zu bewerten. In: CALLIESS, J. (Hrsg.), Gewalt in der Geschichte. Düsseldorf 1983, 37-72.

NARR, W.-D. 1987: Gesellschaftliche Konflikte: Ungerechtigkeit, Ausbeutung, Unterdrückung. In: CALLIESS, J./LOB, R.E. (Hg.), Handbuch Praxis der Umwelt- und Friedenserziehung. Bd. 1: Grundlagen. Düsseldorf 1987, 364-373.

NARR, W.-D. 1988: Gewalt. In: LIPPERT, E./WACHTLER, G. (Hg.), Frieden. Ein Handwörterbuch. Opladen 1988, 158-175.

NARR, W.-D. 1990: Staatsgewalt und friedsame Gesellschaft. Einige Notizen zu ihrem Verhältnis in der Bundesrepublik. In: ALBRECHT, P.-A./BACKES, O. (Hg.), Verdeckte Gewalt. Plädoyers für eine „Innere Abrüstung". Frankfurt/Main 1990, 58-73.

NASSEN, U. (Hrsg.) 1982: Klassiker der Hermeneutik. Paderborn.

NAU, E. 1961: Persönlichkeiten der Täter und Opfer bei Kindesmißhandlungsfällen. In: Kindesmißhandlungen – Sechs Vorträge. Berlin 1961, 3-16.

NAU, E. 1964: Das Delikt der Kindesmißhandlung in forensisch-psychiatrischer Sicht. In: Münchener Medizinische Wochenschrift 1964, 21, 971-974.

NAU, E. 1967: Kindesmißhandlung. In: Monatsschrift für Kinderheilkunde 1967, 4, 192-195.

NAUCK, B. 1993 a: Lebensqualität von Kindern. Befunde und Lücken der Sozialberichterstattung. In: Deutsches Jugendinstitut (Hg.), Was für Kinder. Aufwachsen in Deutschland. Ein Handbuch. München 1993, 222-228.

NAUCK, B. 1993 b: Sozialstrukturelle Differenzierung der Lebensbedingungen von Kindern in West- und Ostdeutschland. In: MARKEFKA, M./NAUCK, B. (Hg.), Handbuch der Kindheitsforschung. Neuwied, Kriftel, Berlin 1993, 143-163.

NAVE-HERZ, R. (Hrsg.) 1988 a: Wandel und Kontinuität der Familie in der Bundesrepublik Deutschland. Stuttgart.

NAVE-HERZ, R. 1988 b: Kontinuität und Wandel in der Bedeutung, in der Struktur und Stabilität von Ehe und Familie in der Bundesrepublik Deutschland. In: NAVE-HERZ, R. (Hrsg.), Wandel und Kontinuität der Familie in der Bundesrepublik Deutschland. Stuttgart 1988, 61-94.

NAWRATH, C. 1990: Tätigkeit und Bedeutung der Frauenhäuser in der Bundesrepublik Deutschland. In: Deutsche Richterakademie Trier (Hg.), Gewalt an Frauen – Gewalt in der Familie. Heidelberg 1990, 95-102.

NEIDHARDT, F. 1973: Aggressivität und Gewalt in der modernen Gesellschaft. In: NEIDHARDT, F./SACK, F./WÜRTENBERGER, T./LÜSCHER, K./THIERSCH, H./COLLATZ, K.-G., Aggressivität und Gewalt in unserer Gesellschaft. München 1973, 15-37.

NEIDHARDT, F. 1979: Aggressivität und Gewalt in der modernen Gesellschaft. In: SPÄTH, B. (Hrsg.), Aggressivität und Erziehung. München, Zürich 1979, 64-74.

NEIDHARDT, F. 1986: Gewalt. Soziale Bedeutungen und sozialwissenschaftliche Bestimmung des Begriffs. In: „Was ist Gewalt?" Auseinandersetzungen mit einem Begriff; hrsg. v. Bundeskriminalamt. Bd. 1. Wiesbaden 1986, 109-147.

NEIDHARDT, F./SACK, F./WÜRTENBERGER, T./LÜSCHER, K./THIERSCH, H./ COLLATZ, K.-G. 1973: Aggressivität und Gewalt in unserer Gesellschaft. München.

NEUBAUER, G./EMMERICH, I./ACHTERWINTER, D. 1993: Gefährdungslagen in 'verinselten' Lebensräumen: Sexueller Mißbrauch. In: Zentrum für Kindheits- und Jugendforschung (Hg.), Wandlungen der Kindheit. Opladen 1993, 163-181.

NEUMANN, K. (Hrsg.) 1981: Kindsein. Zur Lebenssituation von Kindern in modernen Gesellschaften. Göttingen.

NEUMANN, K. 1993: Zum Wandel der Kindheit vom Ausgang des Mittelalters bis an die Schwelle des 20. Jahrhunderts. In: MARKEFKA, M./NAUCK, B. (Hg.), Handbuch der Kindheitsforschung. Neuwied, Kriftel, Berlin 1993, 191-205.

NEUMANN, K./PRÜSSNER, G./NASNER-MAAS, E. 1981: Kinder am Rande der Gesellschaft. In: NEUMANN, K. (Hrsg.), Kindsein. Göttingen 1981, 185-216.

NICKEL, H. 1975^3: Entwicklungspsychologie des Kindes- und Jugendalters. Bd. 1: Allgemeine Grundlagen. Die Entwicklung bis zum Schuleintritt. Bern.

NICKLAS, H. 1984: Erziehung zum Ekel vor Gewalt. Überlegungen zur Frage der Affektkontrolle in der Friedenserziehung. In: STEINWEG, R. (Red.), Vom Krieg der Erwachsenen gegen die Kinder. Möglichkeiten der Friedenserziehung. Frankfurt/Main 1984, 239-250.

NICKLAS, H. 1988: Friedensfähigkeit als Ziel von Erziehung und Bildung. Begründungszusammenhänge und Lernziele. In: CALLIESS, J./LOB, R.E. (Hg.), Handbuch Praxis der Umwelt- und Friedenserziehung. Bd. 3: Friedenserziehung. Düsseldorf 1988, 24-31.

NISSEN, G. 1986[2]: Psychische Störungen im Kindes- und Jugendalter. Ein Grundriß der Kinder- und Jugendpsychiatrie. Berlin, Heidelberg, New York, Tokio.

NISSEN, U. 1990: Was tun Kinder am Nachmittag? Freizeiträume von Mädchen und Jungen. In: Lehrer Journal – Grundschulmagazin (9), 1990, 53-55.

NISSEN, U. 1993: Verhäuslicht, verinselt und verplant? Ergebnisse eines Forschungsprojektes zum Alltag von Kindern. In: Jugend & Gesellschaft 2, 1993, 1-6.

NITSCH, K. 1977: Kindesmißhandlung. In: Fortschritte der Medizin (95) 1977, 25, 1611-1612.

NITSCH, K. (Hrsg.) 1978: Was wird aus unseren Kindern? Gesellschaftspolitische Folgen frühkindlicher Verwahrlosung. Heidelberg.

NITSCH, K. 1980: Gewalt gegen Kinder. Wege zur Überwindung. In: Kinderschutz aktuell 1980, 4, 2-4.

NITSCH, K. 1983: „Gewaltlose Erziehung". In: PERNHAUPT, G. (Hrsg.), Gewalt am Kind. Wien 1983, 92-97.

NIX, W. 1958: Die Mißhandlung Abhängiger. Eine kriminologische Darstellung der Vergehen nach § 223 b StGB an Hand von Fällen aus den Jahren 1949-1955. Diss. Rechts- und Staatswiss. Fak. Bonn 1958.

NOACK, M. 1979: Ursachen von Kindesmißhandlung; unveröffentl. Examensarbeit am Fachbereich 21, Erziehungswissenschaften, Fachrichtung Heil- und Sonderpädagogik, der Philipps-Universität Marburg. Marburg/Lahn.

NYSSEN, F. 1989: Lieben Eltern ihre Kinder? Quellendiskussion zur Geschichte der Kindheit. Frankfurt/Main, Bern, New York, Paris.

ODENT, M. 1978: Die sanfte Geburt. Die Leboyer-Methode in der Praxis. München.

OELKERS, J./LEHMANN, T. 1983: Antipädagogik. Herausforderung und Kritik. Braunschweig.

OLBING, H./BACHMANN, K.D./GROSS, R. (Hg.) 1989: Kindesmißhandlung. Eine Orientierung für Ärzte, Juristen, Sozial- und Erzieherberufe. Köln.

O'NEILL, E. 1989: Eines langen Tages Reise in die Nacht. Schauspiel in vier Akten (1960). Frankfurt/Main.

OPP, K.-D. 1976: Methodologie der Sozialwissenschaften. Einführung in Probleme ihrer Theoriebildung. Reinbek bei Hamburg.

OPPOLZER, S. 1966: Denkformen und Forschungsmethoden der Erziehungswissenschaft. Bd. 1: Hermeneutik, Phänomenologie, Dialektik, Methodenkritik. München.

OSTERMEYER, H. 1976: Das Kind im Recht. In: BRAUNMÜHL, E. et al., Die Gleichberechtigung des Kindes. Frankfurt/Main 1976, 57-109.

OSTERMEYER, H. 1981: Gewalt gegen Kinder. In: Vorgänge (53) 1981, 20, 85-88.

PAPCKE, S. 1983: Formen und Funktionen von Gewalt in historischer und systematischer Perspektive. In: CALLIESS, J. (Hrsg.), Gewalt in der Geschichte. Düsseldorf 1983, 19-36.

PAPESCH, W. 1993: Wenn Kinder zu(rück)schlagen. Vom Kreislauf der Gewalt in Familie, Schule und Gesellschaft. Bühl.

Peace Bird (Hg.) 1989: Kinder für den Frieden. München.

PERMIEN, H. 1988: Zwischen Existenznöten und Emanzipation. Alleinerziehende Eltern. In: Deutsches Jugendinstitut (Hg.), Wie geht's der Familie? Ein Handbuch zur Situation der Familie heute. München 1988, 89-97.

PERNHAUPT, G. (Hrsg.) 1983 a: Gewalt am Kind. Wien.

PERNHAUPT, G. 1983 b: Fehlerziehung als Ursache psychosozialer Schädigung. In: PERNHAUPT, G. (Hrsg.), Gewalt am Kind. Wien 1983, 58-67.

PERNHAUPT, G. 1983 c: Die Quellen der Gewalt. Von der Geburt bis ins Erwachsenenalter. In: PERNHAUPT, G. (Hrsg.), Gewalt am Kind. Wien 1983, 227-231.

PERNHAUPT, G./CZERMAK, H. 1980: Die gesunde Ohrfeige macht krank. Über die alltägliche Gewalt im Umgang mit Kindern. Wien.

PETER-HABERMANN, I. 1979: Kinder müssen verunglücken. Von der Aussichtslosigkeit, bei uns Kinder vor Autos zu schützen. Reinbek bei Hamburg.

PETERSSEN, W.H. 1996[5]: Wissenschaftliche(s) Arbeiten. Eine Einführung für Schüler und Studenten. München.

PETRI, H. 1978: Mehr Kindesmißhandlungen – auch ein ärztliches Problem. In: Deutsches Ärzteblatt (75) 1978, 9, 509-513.

PETRI, H. 1979: Soziale Schicht und psychische Erkrankung im Kindes- und Jugendalter. Göttingen.

PETRI, H. 1980: Die Rolle des Arztes bei der Verhütung von Kindesmißhandlungen und Kinderzüchtigung. In: Münchener Medizinische Wochenschrift 122, 1980, 1007-1010.

PETRI, H. 1981 a: Aspekte familialer Gewalt. Eine empirische Untersuchung. In: Psyche 35, 1981, 10, 927-962.

PETRI, H. 1981 b: Kindesmißhandlung und Kindesrechte. Erfahrungswissen, Normstruktur und Entscheidungsrationalität. In: Psyche 35, 1981, 10, 972-974.

PETRI, H. 1983 a: Gewaltfaktoren in der medizinischen Versorgung von Kindern. In: Deutscher Kinderschutzbund (Hg.), Schützt Kinder vor Gewalt. Weinheim 1983, 106-115.

PETRI, H. 1983 b: Präventive Maßnahmen gegen familiäre Gewalt. In: PERNHAUPT, G. (Hrsg.), Gewalt am Kind. Wien 1983, 98-101.

PETRI, H. 1987: Angst und Frieden. Psychoanalyse und gesellschaftliche Verantwortung. Frankfurt/Main.

PETRI, H. 1989: Erziehungsgewalt. Zum Verhältnis von persönlicher und gesellschaftlicher Gewaltausübung in der Erziehung. Frankfurt/Main.

PETRI, H. 1990: Warum ein Klaps schadet. In: „Endlich Schluß mit Prügel und Gewalt". „Brigitte"-Dossier Kinderschutz. In: „Brigitte" Nr. 20 vom 19.09.1990, 122-125.

PETRI, H. 1992^2: Umweltzerstörung und die seelische Entwicklung unserer Kinder. Zürich.

PETRI, H./LAUTERBACH, M. 1975: Gewalt in der Erziehung. Plädoyer zur Abschaffung der Prügelstrafe. Frankfurt/Main.

PEUCKERT, R. 1991: Familienformen im sozialen Wandel. Opladen.

PFLÜGLER, P.M. (Hrsg.) 1992: Gewalt – warum? Der Mensch: Zerstörer und Gestalter. Olten.

PFOHL, S.J. 1983: Die „Entdeckung" der Kindesmißhandlung. In: STALLBERG, F.W./ SPRINGER, W. (Hg.), Soziale Probleme. Grundlegende Beiträge zu ihrer Theorie und Analyse. Darmstadt, Neuwied 1983, 151-167.

PIEPER, M. (Hrsg.) 1994: Beziehungskisten und Kinderkram. Neue Formen der Elternschaft. Frankfurt/Main, New York.

PILZ, G.A. 1982: Wandlungen der Gewalt im Sport. Eine entwicklungssoziologische Analyse unter besonderer Berücksichtigung des Frauensports. Ahrensburg bei Hamburg.

PILZ, G.A. (Hrsg.) 1986: Sport und Verein. Reinbek bei Hamburg.

PILZ, G.A. 1992: Gewalt. In: ASANGER, R./WENNINGER, G. (Hg.), Handwörterbuch der Psychologie. Weinheim 1992, 261-264.

PILZ, G.A./TREBELS, A. 1976: Aggression und Konflikt im Sport. Standortbestimmung der Aggressions- und Konfliktforschung im Sport und Diskussion aus erziehungswissenschaftlicher Sicht. Ahrensburg bei Hamburg.

PIONTEK, M. 1990: Mißbraucht. Meine verratene Kindheit. Frankfurt/Main.

PIZZEY, E. 1978: Schrei leise. Mißhandlungen in der Familie. Frankfurt/Main.

PLACK, A. 1991: Die Gesellschaft und das Böse. Eine Kritik der herrschenden Moral. Frankfurt/Main (Original 1967).

PLATEN, H. 1988: Kindsmord. Der Fall Weimar. Berlin.

PLATH, S. 1975: Briefe nach Hause. München.

PLATH, S. 1978: Die Glasglocke. Frankfurt/Main.

PLESSEN, M.-L./ZAHN, P. von 1979: Zwei Jahrtausende Kindheit. Köln.

PLÖGER, W. 1986: Phänomenologie und ihre Bedeutung für die Pädagogik. Paderborn, München.

POSTMAN, N. 1983: Das Verschwinden der Kindheit. Frankfurt/Main.

PRAMM, H. 1980: Sexuelle Delikte an Kindern. In: Kindheit ist nicht kinderleicht (hrsg. v. der Redaktion der Zeitschrift psychologie heute). Weinheim 1980, 121-126.

PRECHTL, P. 1991: Husserl zur Einführung. Hamburg.

PREISSING, C./PREUSS-LAUSITZ, U./ZEIHER, H. 1990: Veränderte Kindheitsbedingungen: Neue Freiheiten, neue Zumutungen, neue Chancen? In: PREUSS-LAUSITZ, U./ RÜLCKER, T./ZEIHER, H. (Hg.), Selbständigkeit für Kinder – die große Freiheit? Kindheit zwischen pädagogischen Zugeständnissen und gesellschaftlichen Zumutungen. Weinheim, Basel 1990, 10-19.

PRESTIEN, H.-C. 1983: Die Bundesrepublik Deutschland – ein sozialer Rechtsstaat für Erwachsene. In: Deutscher Kinderschutzbund (Hg.), Schützt Kinder vor Gewalt. Weinheim 1983, 116-125.

PREUSS-LAUSITZ, U. et al. (Hg.) 1983: Kriegskinder, Konsumkinder, Krisenkinder. Zur Sozialisationsgeschichte seit dem Zweiten Weltkrieg. Weinheim 1983.

PREUSS-LAUSITZ, U./RÜLCKER, T./ZEIHER, H. (Hg.) 1990: Selbständigkeit für Kinder – die große Freiheit? Kindheit zwischen pädagogischen Zugeständnissen und gesellschaftlichen Zumutungen. Weinheim, Basel.

Projektseminar „Wo Marburger Kinder spielen" 1985: Seminar am Fachbereich 21, Erziehungswissenschaften, BE Sportwissenschaft, der Philipps-Universität Marburg; Veranstaltungsleiter Prof. Dr. P. BECKER, SS 1985. Ergebnisse der Arbeitsgruppen. Marburg/Lahn.

Prügeln ist Elternrecht 1982: Kindesmißhandlung. In: päd. extra sozialarbeit 6, 1982, 9.

QUANDT, S. (Hrsg.) 1978: Kinderarbeit und Kinderschutz in Deutschland 1783-1976. Quellen und Anmerkungen. Paderborn.

QUORTRUP, J. 1993: Die soziale Definition von Kindheit. In: MARKEFKA, M./NAUCK, B. (Hg.), Handbuch der Kindheitsforschung. Neuwied, Kriftel, Berlin 1993, 109-124.

RABE, H. 1980: Die Entdeckung der Kindheit. Konstanz.

RABE-KLEBERG, U. 1985: Zivilisierte Kindheit? Soziologische Überlegungen zur neueren Geschichte der Kindheit. In: BERGMANN, K./BORRIES, B. von/ SCHNEIDER, G. (Hg.), Kindheit in der Geschichte I. 19. und 20. Jahrhundert. Düsseldorf 1985, 227-246.

RABE-KLEBERG, U./ZEIHER, H. 1984: Kindheit und Zeit. Über das Eindringen moderner Zeitorganisation in die Lebensbedingungen von Kindern. In: Zeitschrift für Sozialisationsforschung und Erziehungssoziologie (4) 1984, 1, 23-43.

RADBILL, S.X. 1978: Mißhandlung und Kindestötung in der Geschichte. In: HELFER, R.E./KEMPE, C.H. (Hg.), Das geschlagene Kind. Frankfurt/Main 1978, 37-65.

RAME, F./FO, D. 1985: Offene Zweierbeziehung. Eine Mutter. Die Vergewaltigung. Drei Stücke und eine Nachbemerkung zu Franca Rame. Berlin.

RAMMSTEDT, O. (Hrsg.) 1974 a: Gewaltverhältnisse und die Ohnmacht der Kritik. Frankfurt/Main.

RAMMSTEDT, O. 1974 b: Gewalt und Hierarchie. In: RAMMSTEDT, O. (Hrsg.), Gewaltverhältnisse und die Ohnmacht der Kritik. Frankfurt/Main 1974, 132-156.

RAMMSTEDT, O. 1974 c: Zum Leiden an der Gewalt. In: RAMMSTEDT, O. (Hrsg.), Gewaltverhältnisse und die Ohnmacht der Kritik. Frankfurt/Main 1974, 235-254.

RAMMSTEDT, O. 1989: Wider ein individuums-orientiertes Gewaltverständnis. In: HEITMEYER, W./MÖLLER, K./SÜNKER, H. (Hg.), Jugend, Staat, Gewalt. Politische Sozialisation von Jugendlichen, Jugendpolitik und politische Bildung. Weinheim, München 1989, 47-56.

RAPOPORT, A. 1990: Ursprünge der Gewalt. Ansätze zur Konfliktforschung. Darmstadt.

RASCH, W. 1984: Vorwort zu „Nachruf auf eine Bestie". In: FÖSTER, M. (Hrsg.), Jürgen Bartsch. Nachruf auf eine „Bestie". Dokumente, Bilder, Interviews. Das Buch zum Film. Essen 1984, 9-17.

RASCHKE, J. 1988[2]: Soziale Bewegungen. Ein historisch-systematischer Grundriß. Frankfurt/Main, New York.

RATHGEBER, R./MITLEGER, R. 1988: Wer hat das letzte Wort? Das Rechtsverhältnis zwischen Eltern und Kindern. In: Deutsches Jugendinstitut (Hg.), Wie geht's der Familie? Ein Handbuch zur Situation der Familie heute. München 1988, 425-434.

RAUCHFLEISCH, U. 1992: Allgegenwart von Gewalt. Göttingen.

RAUSCHENBERGER, H. (Hrsg.) 1988: „Durch die Kinder lernt man erst die Zeit begreifen". Über den Wandel von Erziehungsvorstellungen im 20. Jahrhundert. Frankfurt/Main.

REHBEIN, K. (Hrsg.) 1977: Reader zu „Devianz, Verwahrlosung, Kriminalität bei Kindern und Jugendlichen". Marburg/Lahn.

RENSEN, B. 1992: Fürs Leben geschädigt. Sexueller Mißbrauch und seelische Verwahrlosung von Kindern. Stuttgart.

RETZLAFF, I. (Hrsg.) 1989: Gewalt gegen Kinder. Mißhandlung und sexueller Mißbrauch Minderjähriger. Neckarsulm.

RICHTER, H.-E. 1993: Aufwachsen in einer Gesellschaft mit Zukunftsängsten. Veränderungen des Verhältnisses zwischen Eltern und Kindern. In: Deutsches Jugendinstitut (Hg.), Was für Kinder. Aufwachsen in Deutschland. Ein Handbuch. München 1993, 172-179.

RIEDMÜLLER, B. 1981: Hilfe, Schutz und Kontrolle. Zur Verrechtlichung der Kindheit. In: HENGST, H. et al. (Hg.), Kindheit als Fiktion. Frankfurt/Main 1981, 132-190.

RIENITS, H. 1988: Soziales Kindsein in Zeiten der Krise. In: HARMS, G./PREISSING, C. (Hg.), Kinderalltag. Beiträge zur Analyse der Veränderung von Kindheit. Berlin 1988, 37-90.

RIJNAARTS, J. 1988: Lots Töchter. Über den Vater-Tochter-Inzest. Düsseldorf.

ROCHEFORT, C. 1977: Kinder. München.

ROCHEL, M. 1974: Kindesmißhandlung. Gerichtsmedizinische und psychologische Aspekte. Diss. Mainz 1974.

RÖHRS, H. 1971[2]: Forschungsmethoden in der Erziehungswissenschaft. Stuttgart, Berlin, Köln, Mainz.

RÖTTGERS, K. 1974: Andeutungen zu einer Geschichte des Redens über die Gewalt. In: RAMMSTEDT, O. (Hrsg.), Gewaltverhältnisse und die Ohnmacht der Kritik. Frankfurt/Main 1974, 157-234.

RÖTTGERS, K./SANER, H. (Hg.) 1978: Gewalt. Grundlagenprobleme in der Diskussion der Gewaltphänomene. Basel.

ROLFF, H.G. 1982 a: Kindheit im Wandel. In: ROLFF, H.G./KLEMM, K./TILLMANN, K. (Hg.), Jahrbuch der Schulentwicklung Bd. 2. Weinheim 1982, 207-235.

ROLFF, H.G. 1982 b: Antipädagogik – oder warum man nicht nicht erziehen kann. In: betrifft erziehung (15) 1982, 11, 48-52.

ROLFF, H.G./ZIMMERMANN, P. 1989: Fragen an die Zukunft der Kindheit. In: Zukunft von Kindheit und Schule 1989, 79-89.

ROLFF, H.G./ZIMMERMANN, P. 1985, 1990[2]: Kindheit im Wandel. Eine Einführung in die Sozialisation im Kindesalter. Weinheim, Basel.

ROLINSKI, K./EIBL-EIBESFELDT, I. (Hg.) 1990: Gewalt in unserer Gesellschaft. Gutachten für das Bayerische Staatsministerium des Innern. Berlin.

ROOS, P./HASSAUER, F. 1982: Kinderwunsch – Reden und Gegenreden zum Thema Wunschkinder. Weinheim, Basel.

ROSE, L. 1991: Das Drama des begabten Mädchens. Lebensgeschichten junger Kunstturnerinnen. Weinheim, München.

ROSENBAUM, H. (Hrsg.) 1974: Familie und Gesellschaftsstruktur. Frankfurt/Main.

ROSSBERG, E. 1989: Einzelkinder. Reinbek bei Hamburg.

ROST, F. 1997: Techniken wissenschaftlichen Arbeitens. In: LENZEN, D. (Hrsg.), Erziehungswissenschaft. Ein Grundkurs. Reinbek bei Hamburg 1997[3], 592-624.

ROTH, J. 1982: „Es ist halt so ...". Reportagen aus dem alltäglichen Elend. Reinbek bei Hamburg.

ROUSSEAU, J.J. 1968: Emile oder Über die Erziehung. Stuttgart.

RÜLCKER, T. 1989: Familienbedingungen heutiger Kinder. In: Die Grundschule (21) 1989, 5, 16-18.

RÜLCKER, T. 1990: Veränderte Familien, selbständigere Kinder? In: PREUSS-LAUSITZ, U./RÜLCKER, T./ZEIHER, H. (Hg.), Selbständigkeit für Kinder – die große Freiheit? Kindheit zwischen pädagogischen Zugeständnissen und gesellschaftlichen Zumutungen. Weinheim, Basel 1990, 38-53.

RUSCH, R. (Hrsg.) 1986: Mein Vater ist kein ausgebranntes Streichholz. Kinder schreiben über Arbeit. Darmstadt, Neuwied.

RUSCH, R. (Hrsg.) 1989: So soll die Welt nicht werden. Kinder schreiben über ihre Zukunft. Kevelaer.

RUSCH, R. (Hrsg.) 1993 a: Gewalt. Kinder schreiben über Erlebnisse, Ängste, Auswege. Frankfurt/Main.

RUSCH, R. (Hrsg.) 1993 b: Plötzlich ist alles ganz anders. Kinder schreiben über unser Land. München.

RUSH, F. 1982: Das bestgehütete Geheimnis: sexueller Mißbrauch. Berlin.

RUTSCHKY, K. (Hrsg.) 1977: Schwarze Pädagogik. Quellen zur Naturgeschichte der bürgerlichen Erziehung. Frankfurt/Main.

RUTSCHKY, K. (Hrsg.) 1983: Deutsche Kinderchronik. Wunsch- und Schreckensbilder aus vier Jahrhunderten. Köln.

RUTSCHKY, K. 1992: Erregte Aufklärung Kindesmißbrauch: Fakten und Fiktionen. Hamburg.

SACK, F. 1973: Zur Definition der Gewalt – am Beispiel Jugend. In: NEIDHARDT, F. et al., Aggressivität und Gewalt in unserer Gesellschaft. München 1973, 39-61.

SACK, F./EIDMANN, D. 1985: Gewalt in der Familie. Kurzfassung des Forschungsberichtes. Hannover.

SACK, H.-G. 1980: Jugend, Sportverein und sozialer Wandel. In: QUELL, M. (Hrsg.), Sport, Soziologie und Erziehung. Berlin 1980, 52-82.

SACK, H.-G. 1986: Zur Bedeutung des Sports in der Jugendkultur. Eine Reanalyse der Studie Jugend '81. In: PILZ, G.A. (Hrsg.), Sport und Verein. Reinbek bei Hamburg 1986, 114-131.

SADE, M. de 1990[12]: Justine oder Vom Mißgeschick der Tugend. Frankfurt/Main, Berlin.

SANER, H. 1982: Hoffnung und Gewalt. Zur Ferne des Friedens. Basel.

SARTORIUS, W. (Hrsg.) 1979: „... auch wenn das Kind schon blau geschlagen ist". Aus der Arbeit der Beratungsstelle für Kinderschutzarbeit München. München.

SCHÄFERS, B. 1990[5]: Gesellschaftlicher Wandel in Deutschland: Ein Studienbuch zur Sozialstruktur und Sozialgeschichte der Bundesrepublik. Stuttgart.

SCHAIBLE-FINK, B. 1968: Das Delikt der körperlichen Kindesmißhandlung. Literatur, Statistik, Kasuistik. Hamburg.

SCHALLE, B./PFÜTZE, H./WOLFF, R. (Hg.) 1981: Schau unter jeden Stein. Merkwürdiges aus Kultur und Gesellschaft. Frankfurt/Main.

SCHALLENBERG, G. 1961: Kindesmißhandlung. Diss. Med. Fak. Düsseldorf 1961.

SCHATZMAN, M. 1978: Die Angst vor dem Vater. Reinbek bei Hamburg.

SCHERER, R. 1975: Das dressierte Kind. Sexualität und Erziehung: Über die Einführung der Unschuld. Berlin.

SCHEU, U. 1977: Wir werden nicht als Mädchen geboren – wir werden dazu gemacht. Zur frühkindlichen Erziehung in unserer Gesellschaft. Frankfurt/Main.

SCHILLING, J. 1995[2]: Didaktik/Methodik der Sozialpädagogik. Grundlagen und Konzepte. Neuwied, Kriftel, Berlin.

SCHLEYER, F. 1958: Studien über das Delikt der gewalttätigen Kindesmißhandlung. In: Monatsschrift für Kriminologie und Strafrechtsreform 41, 1958.

SCHMIDT, H.-L./HISCHER, E./SACHTLEBEN, P. (Hg.) 1983: Die Welt unserer Kinder im Krankenhaus von heute. Eine Diskussion von Fachleuten und Laien. München.

SCHNAITMANN, G.W. 1991: Der Friedensbegriff aus der Sicht von Schülern. Eine hermeneutisch-empirische Studie über naive Friedensauffassungen von Schülern. Frankfurt/Main.

SCHNEEWIND, K./BECKMANN, M./ENGFER, A. 1983: Eltern und Kinder. Stuttgart.

SCHNEIDER, G. 1992: Noch immer weint das Kind in mir. Eine Geschichte von Mißbrauch, Gewalt und neuer Hoffnung. Freiburg/Brsg.

SCHNEIDER, U. 1987: Körperliche Gewaltanwendung in der Familie. Notwendigkeit, Probleme und Möglichkeiten eines strafrechtlichen und strafverfahrensrechtlichen Schutzes. Berlin.

SCHNEIDER, U. 1990: Gewalt in der Familie. In: SCHWIND, H.-D./BAUMANN, J. (Hg.), Ursachen, Prävention und Kontrolle von Gewalt. Bd. III: Sondergutachten. Berlin 1990, 503-573.

SCHNEIDER, U. 1993: Gewalt in der Familie. In: WEHLING, H.-G. (Red.), Aggression und Gewalt. Stuttgart, Berlin, Köln 1993, 85-100.

SCHNEIDER, V. 1975: Rechtliche, terminologische und gerichtsmedizinische Aspekte zum Problem der Kindesmißhandlung und der Kindesvernachlässigung. In: Deutsches Ärzteblatt 1975, 11, 640 ff.

SCHOENEBECK, H. von 1980 a: Antipädagogik für Pädagogen. Freundschaft mit Kindern. In: BECK, J./BOEHNCKE, H. (Hg.), Jahrbuch für Lehrer 5. Reinbek bei Hamburg 1980, 42-50.

SCHOENEBECK, H. von 1980 b: Der Versuch ein kinderfreundlicher Lehrer zu sein. Ein Tagebuch. Frankfurt/Main.

SCHOENEBECK, H. von 1980 c: Determinanten personaler Kommunikation mit jungen Menschen. Das Kommunikationsmodell Amication. Ergebnisse von Kleingruppenforschung mit Teilnehmern im Alter von drei bis siebzehn Jahren, basierend auf Kommunikationsvorstellungen von C.R. Rogers und der Antipädagogik. Diss. Univ. Osnabrück 1980.

SCHOENEBECK, H. von 1982 a: Unterstützen statt Erziehen. München.

SCHOENEBECK, H. von 1982 b: Botschaften des Zuhörens. Die Kommunikation von Person zu Person. Mühlheim.

SCHOENEBECK, H. von 1983: Antipädagogik-Forschung. Methode und Bericht der ersten Kinderrechts-Promotion. Mühlheim.

SCHOENEBECK, H. von 1985: Antipädagogik im Dialog. Eine Einführung in antipädagogisches Denken. Weinheim, Basel.

SCHOENEBECK, H. von/BONTE, J.E. 1982: Freundschaft mit Kindern. Münster.

SCHÖPF, A. (Hrsg.) 1985: Aggression und Gewalt. Anthropologisch-sozialwissenschaftliche Beiträge. Würzburg.

SCHOTTMAYER, G./CHRISTMANN, R. 1977: Kinderspielplätze. Beiträge zur kinderorientierten Gestaltung der Wohnumwelt. 2 Bde. Stuttgart.

SCHRAMM, H. 1965: Kindesmißhandlung und -vernachlässigung. In: Grundlagen der Kriminalistik. Hamburg.

SCHREIBER, L.H. 1971: Mißhandlung von Kindern und alten Menschen. Hamburg.

SCHÜTZE, Y. 1988: Zur Veränderung im Eltern-Kind-Verhältnis seit der Nachkriegszeit. In: NAVE-HERZ, R. (Hrsg.), Wandel und Kontinuität der Familie in der Bundesrepublik Deutschland. Stuttgart 1988, 95-114.

SCHULZE, T. 1979: Autobiographie und Lebensgeschichte. In: BAACKE, D./SCHULZE, T. (Hg.), Aus Geschichten lernen. München 1979, 51-98.

SCHWARZER, H. 1993: Kinderunfälle im Straßenverkehr. Zahlen und Hilfen. In: Deutsches Jugendinstitut (Hg.), Was für Kinder. Aufwachsen in Deutschland. Ein Handbuch. München 1993, 277-292.

Schweigen ist Schuld 1993: Ein Lesebuch der Verlagsinitiative gegen Gewalt und Fremdenhaß. Frankfurt/Main.

SCHWEITZER, R. von 1979: Kinder und ihre Kosten. In: LÜSCHER, K. (Hrsg.), Sozialpolitik für das Kind. Stuttgart 1979, 113-142.

SCHWELIEN, M. (Hrsg.) 1982: Vorbereitet fürs Leben? Deutsche Abiturreden heute. Heidelberg.

SCHWIND, H.-D./BAUMANN, J. (Hg.) 1990: Ursachen, Prävention und Kontrolle von Gewalt. Analysen und Vorschläge der Unabhängigen Regierungskommission zur Verhinderung und Bekämpfung von Gewalt (Gewaltkommission). 4 Bde. Berlin.

SEBBAR, L. 1980: Gewalt an kleinen Mädchen. Naumburg/Elbenberg.

SEGETH, U.-V. 1980: Kinder die sich verkaufen. Eine Analyse der Prostitution von weiblichen Minderjährigen. Frankfurt/Main, Berlin, Wien.

SEIBERT, K. 1974: Rechtlose Kindheit. Ein Kapitel über Ursachen und Entstehung einer chancenlosen Minderheit in unserer Gesellschaft. Weinheim, Basel.

SEIFFERT, H. 1970: Einführung in die Wissenschaftstheorie 2. Geisteswissenschaftliche Methoden: Phänomenologie, Hermeneutik und kritische Methode. München.

SELG, H./MEES, U./BERG, D. 1988: Psychologie und Aggression. Göttingen.

SELG, H./KLAPPROTT, J./KAMENZ, R. 1992: Forschungsmethoden der Psychologie. Stuttgart, Berlin, Köln.

SENSEBUSCH, J./SENSEBUSCH, T. 1992: Gewalt in der Familie. „Spiegelbild" und/oder „Austragungsort" der Gewalt in der Gesellschaft? In: Jugend & Gesellschaft 4/5, 1992, 1-3.

SERENY, G. 1980: Ein Kind mordet. Der Fall Mary Bell. Frankfurt/Main.

SHORTER, E. 1983: Die Geburt der modernen Familie. Reinbek bei Hamburg.

SICHTERMANN, B. 1982: Vorsicht Kind. Eine Arbeitsplatzbeschreibung für Mütter, Väter und andere. Reinbek bei Hamburg.

SIEBECK, E.-M. 1975: Genese und Erscheinungsformen der Kindesmißhandlung; unveröffentl. Examensarbeit am Fachbereich 21, Erziehungswissenschaften, Fachrichtung Heil- und Sonderpädagogik, der Philipps-Universität Marburg. Marburg/Lahn.

SIEBENSCHÖN, L. 1988: Wenn du die Freiheit hast ... Die antiautoritäre Generation wird erwachsen. München.

SIEDER, R. 1987: Sozialgeschichte der Familie. Frankfurt/Main.

„Sind so kleine Hände" 1984: Warum hat die Turnerin Yvonne Haug aufgegeben? Film von H.-J. Usko in der ZDF-Reihe „Der Sportspiegel" vom 01.06.1984 (Mitschrift).

SILVERMAN, F.N. 1978: Röntgenologische Aspekte. In: HELFER, R.E./KEMPE, C.H. (Hg.), Das geschlagene Kind. Frankfurt/Main 1978, 94-117.

SOEFFNER, H.-G. (Hrsg.) 1979: Interpretative Verfahren in den Sozial- und Textwissenschaften. Stuttgart.

SOEFFNER, H.-G. 1983: Alltagsverstand und Wissenschaft. Anmerkungen zu einem alltäglichen Mißverständnis. In: ZEDLER, P./MOSER, H. (Hg.), Aspekte qualitativer Sozialforschung. Studien zur Aktionsforschung, empirischen Hermeneutik und reflexiver Sozialtechnologie. Opladen 1983, 13-50.

SOEFFNER, H.-G. 1989: Auslegung des Alltags – der Alltag der Auslegung. Zur wissenssoziologischen Konzeption einer sozialwissenschaftlichen Hermeneutik. Frankfurt/Main.

SÖLLE, D. 1994: Gewalt: Ich soll mich nicht gewöhnen. Düsseldorf.

SOMMER, B. 1984: Kinder und Jugendliche im Leistungssport; unveröffentl. Seminararbeit am Institut für Sportwissenschaft der Philipps-Universität Marburg. Marburg/Lahn.

SOMMER, B. 1991: Kindheit und Kindsein in der Bundesrepublik Deutschland der 80er und 90er Jahre des 20. Jahrhunderts. Ausgewählte Aspekte kindlicher Lebenswirklichkeit und Tendenzen der Veränderung in Lebenslauf und Lebensalltag von Kindern unter besonderer Berücksichtigung der Bedeutung von Gewaltphänomenen in Erziehung und Gesellschaft („Gewalt gegen Kinder"); unveröffentl. Diplomarbeit am Fachbereich 21, Erziehungswissenschaften, der Philipps-Universität Marburg. Marburg/Lahn.

SOMMER, B. 1995: Zum Bedeutungswandel von Gewalt gegen Kinder. Aspekte qualitativen Wandels des Phänomens Gewalt gegen Kinder als Problem sozialer Wirklichkeit. Phil. Diss. Univ. Marburg/Lahn.

SOMMER, B. 1996 a: Zum Bedeutungswandel von Gewalt gegen Kinder. Aspekte qualitativen Wandels des Phänomens Gewalt gegen Kinder als Problem sozialer Wirklichkeit. Egelsbach, Frankfurt/Main, St. Peter Port.

SOMMER, B. 1996 b: Anmerkungen zum aktuellen Forschungsstand über psychische Gewalt gegen Kinder. Subjektive Gewalterfahrungen und (auto-)biographische Literatur. In: Unsere Jugend (48), 1996, 7, 300-310.

SOMMER, B. 1997 a: Pädagogik in der Neurologischen Rehabilitation hirngeschädigter Kinder und Jugendlicher. Zur Notwendigkeit einer wissenschaftlichen Grundlegung. In: Unsere Jugend (49) 1997, 1, 18-21.

SOMMER, B. 1997 b: Pädagogik und Neurologische Rehabilitation hirngeschädigter Kinder und Jugendlicher. In: STEINEBACH, Chr. (Hrsg.), Heilpädagogik für chronisch kranke Kinder und Jugendliche. Freiburg/Brsg. 1997, 175-186.

SOMMER, B. 1998: Zur Konzeption eines Einführungsseminar Gewalt gegen Kinder/Kindesmißhandlung. Didaktische Überlegungen zur Seminarplanung an der Berufsakademie Villingen-Schwenningen, Fachbereich Sozialwesen. In: Unsere Jugend (50), 1998, 9, 414-420.

SOMMER, B. 1999: Pädagogik und Neurologische Rehabilitation hirngeschädigter Kinder, Jugendlicher und junger Erwachsener. Standortbestimmung und Perspektiven einer wissenschaftlichen Grundlegung. Egelsbach, Frankfurt/Main, München, New York.

SOMMER, B. 2000 a: Zur Konzeption eines Einführungsseminars Wissenschaftliches Arbeiten. Didaktische Überlegungen zur Seminarplanung an der Berufsakademie Villingen-Schwenningen, Fachbereich Sozialwesen. In: Unsere Jugend (52) 2000, 7/8, 320-331.

SOMMER, B. 2000 b: Gewalt gegen Kinder/Kindesmißhandlung. Didaktische Überlegungen zu Konzeption, Durchführung und Auswertung von Einführungsveranstaltungen für Studenten der Sozialpädagogik. Egelsbach, Frankfurt/Main, München, New York.

SOMMER, B./KUONATH, Chr. 2001: Biographie und Behinderung: Krankheit, Rehabilitation und Lebensgeschichte eines Jugendlichen in Selbstzeugnissen. Ein autobiographisch orientierter Forschungsansatz. Egelsbach, Frankfurt/Main, München, New York.

SPÄTH, B. (Hrsg.) 1979: Aggressivität und Erziehung. München, Zürich.

SPANGENBERG, N. 1982: Gewalt in Familien. Ein Versuch über das „Böse". In: BERNECKER, A. et al. (Hg.), Ohnmächtige Gewalt. Reinbek bei Hamburg 1982, 93-108.

SPANHEL, D./HOTAMANIDIS, S. (Hg.) 1988: Die Zukunft der Kindheit. Die Verantwortung der Erwachsenen für das Kind in einer unheilen Welt. Weinheim.

SPECHT, F./WEBER, M. (Hg.) 1981: Kinder in unserer Gesellschaft. Chancen und Risiken. Göttingen.

SPEICHERT, H. 1986: In tausend Spiegeln. Jugendliche und Erwachsene 1985. Eine Studie wird vorgestellt. Reinbek bei Hamburg.

SPÖHRING, W. 1989: Qualitative Sozialforschung. Stuttgart.

SPRING, J. 1988: Zu der Angst kommt noch die Scham. Die Geschichte einer sexuell mißbrauchten Tochter. München.

STASIUS, H. 1987: Menschenrechte. Gesetze ohne Gewähr. Reinbek bei Hamburg.

Statistisches Bundesamt Wiesbaden (Hg.): Statistische Jahrbücher für die Bundesrepublik Deutschland. Stuttgart, Mainz 1978, 1979, 1980, 1981, 1982, 1983, 1984, 1985, 1986, 1987, 1988, 1989, 1990.

Statistisches Bundesamt Wiesbaden (Hg.) 1979: Die Situation der Kinder in der Bundesrepublik Deutschland. Stuttgart, Mainz.

STAUDT, C. 1994: „LehrerInnen – nur Opfer oder auch Täter?" Ein Bericht aus der Schülerperspektive. In: Pädagogik (46) 1994, 3, 17-20.

STEELE, B./POLLOCK, C. 1978: Eine psychiatrische Untersuchung von Eltern, die Säuglinge und Kleinkinder mißhandelt haben. In: HELFER, R.E./KEMPE, C.H. (Hg.), Das geschlagene Kind. Frankfurt/Main 1978, 161-243.

STEENFATT, M. 1986: Nele – ein Mädchen ist nicht zu gebrauchen. Reinbek bei Hamburg.

STEINHAGE, R. 1989: Sexueller Mißbrauch an Mädchen. Ein Handbuch für Beratung und Therapie. Reinbek bei Hamburg.

STEINHAUSEN, H.-C. 1975: Sozialmedizinische Aspekte der körperlichen Kindesmißhandlung. In: BAST, H. et al. (Hg.), Gewalt gegen Kinder. Reinbek bei Hamburg 1975, 277-292.

STEINWEG, R. (Red.) 1983: Faszination der Gewalt. Frankfurt/Main.

STEINWEG, R. (Red.) 1984: Vom Krieg der Erwachsenen gegen die Kinder. Möglichkeiten der Friedenserziehung. Frankfurt/Main.

STETTBACHER, A. 1987: UN-ge-HÖRT. Tägliche Kinds-Mißhandlungen. Bern.

STETTBACHER, J.K. 1990[2]: Wenn Leiden einen Sinn haben soll. Hamburg.

STÖRIG, H.J. 1976[11]: Kleine Weltgeschichte der Philosophie. 2 Bde. Frankfurt/Main.

STOPPER, H.S. 1981: Kindheit heute unter dem Anspruch von Wachstum, Leistung und Verwaltung. In: NEUMANN, K. (Hrsg.), Kindsein. Göttingen 1981, 62-71.

STRAUB, U./SCHRÖDER, B. 1978[2]: Kinder in Wohngemeinschaften. Herford.

STRAUSS, E. 1900: Freund Hein. Eine Lebensgeschichte. Berlin.

STRECKER, D. 1989: Kinder müssen nicht verunglücken. Fellach-Oeffingen.

STROMBERGER, R. 1982: Tod eines Schülers. Wer ist schuld am Selbstmord von Claus Wagner? München.

STRUCK, P. 1993: Familie und Erziehung. Pädagogik zum Anfassen. Neuwied, Kriftel, Berlin.

STRUCK, P. 1994: Erziehung gegen Gewalt. Ein Buch gegen die Spirale von Aggression und Haß. Neuwied, Kriftel, Berlin.

STRUCK, P. 1995: Zuschlagen, Zerstören, Selbstzerstören. Wege aus der Spirale der Gewalt. Darmstadt.

SUDHÖLTER, K./BOYE, H. 1979: Welche Rechte haben Kinder und Jugendliche in der Bundesrepublik? In: DOORMANN, L. (Hrsg.), Kinder in der Bundesrepublik. Köln 1979, 66-73.

SÜNKER, H. 1993: Kindheit zwischen Individualisierung und Institutionalisierung. In: Zentrum für Kindheits- und Jugendforschung (Hg.), Wandlungen der Kindheit. Opladen 1993, 15-31.

TALBERT, M. 1989: Das Messer aus Papier. Kevelaer.

TAUSCH, R. 1981: Chancen und Risiken für Kinder heute. In: SPECHT, F./WEBER, M. (Hg.), Kinder in unserer Gesellschaft. Chancen und Risiken. Göttingen 1981, 11-30.

THALMANN, H.-C. 1974[2]: Verhaltensstörungen bei Kindern im Grundschulalter. Eine Untersuchung über die Verbreitung und die sozialen und emotionalen Hintergrundfaktoren. Stuttgart.

THIERSCH, H./WERTHEIMER, J./GRUNWALD, K. (Hg.) 1994: „... überall in den Köpfen und Fäusten". Auf der Suche nach Ursachen und Konsequenzen von Gewalt. Darmstadt.

THIESEN, P. 1991: Sozialpädagogik lehren. Kleines Kompendium des Unterrichtens an Ausbildungsstätten für Sozialpädagogik/Sozialarbeit. Weinheim, Basel.

TIKKANEN, M. 1980: Wie vergewaltige ich einen Mann? Reinbek bei Hamburg.

TIMMERMANN, D./MELZER, W. 1993: Wandel der Kindheit und öffentliche Erziehung. (Selbst-)Kritische Reflexionen über Ansätze der Kindheitsforschung. In: Zentrum der Kindheits- und Jugendforschung (Hg.), Wandlungen der Kindheit. Opladen 1993, 32-48.

TRAPPE, M./STELLER, P. 1982: Die gewalttätige Familie. Berlin.

TRÖMEL-PLÖTZ, S. (Hrsg.) 1984: Gewalt durch Sprache. Die Vergewaltigung von Frauen in Gesprächen. Frankfurt/Main.

TRUBE-BECKER, E. 1964: Die Kindesmißhandlung in gerichtlich-medizinischer Sicht. In: Deutsche Zeitschrift für die gesamte Gerichtsmedizin 1964, 173-183.

TRUBE-BECKER, E. 1966: Kindesmißhandlungen mit tödlichem Ausgang. In: Deutsches Ärzteblatt 1966, 26, 1663-1671.

TRUBE-BECKER, E. 1973: Die Kindesmißhandlung und ihre Folgen. In: Pädiatrische Praxis 12, 1973, 389-399.

TRUBE-BECKER, E. 1982: Gewalt gegen das Kind. Vernachlässigung, Mißhandlung, sexueller Mißbrauch und Tötung von Kindern. Heidelberg.

TRUBE-BECKER, E. 1987: Sexuelle Mißhandlung von Kindern – Soziologische Gesichtspunkte. In: Das öffentliche Gesundheitswesen 43, 1987, 5.

TRUBE-BECKER, E. 1989: Kindesmißhandlung als soziales Problem. In: RETZLAFF, I. (Hrsg.), Gewalt gegen Kinder. Neckarsulm 1989, 26-35.

TRUBE-BECKER, E. 1992: Mißbrauchte Kinder. Sexuelle Gewalt und wirtschaftliche Ausbeutung. Heidelberg.

ULICH, M./OBERHUEMER, P. 1993: Und sie machen sich ein Bild ... Familie aus der Sicht von Kindern. In: Deutsches Jugendinstitut (Hg.), Was für Kinder. Aufwachsen in Deutschland. Ein Handbuch. München 1993, 120-126.

ULLRICH, H. 1991: Vom Kinde lernen. Betrachtungen über die fortdauernde Aktualität des romantischen Blicks auf das Kind in einer veränderten Kindheit. In: ULLRICH, H./ HAMBURGER, F. (Hg.), Kinder am Ende ihres Jahrhunderts. Pädagogische Perspektiven. Langenau/Ulm 1991, 91-112.

ULLRICH, W. 1964: Die Kindesmißhandlung in strafrechtlicher, kriminologischer und gerichtsmedizinischer Sicht. Neuwied.

VALERE, V. 1982: Das Haus der verrückten Kinder. Frankfurt/Main.

VALERE, V. 1989: Malika oder Komm mit in meinen Traum. München (Original 1979).

VOLLMERG, U. 1977: Gesellschaftliche Verhältnisse und individuelles Verhalten in der Aggressionsforschung. Eine kritische Bestandsaufnahme. In: STEINWEG, R. (Hrsg.), Friedensanalysen. Für Theorie und Praxis 5, Schwerpunkt Aggression. Frankfurt/Main 1977, 15-84.

Vorgänge 53, 1981: Was unsere Kinder seelisch krank macht. München.

Vorgänge 85, 1987: Phänomen Gewalt. München.

VORLÄNDER, K. 1967: Philosophie der Neuzeit. Die Aufklärung. Geschichte der Philosophie V. Reinbek bei Hamburg.

VORLÄNDER, K. 1979: Philosophie der Renaissance. Beginn der Naturwissenschaft. Geschichte der Philosophie III. Reinbek bei Hamburg.

VOSS, R. 1983: „... und dann reden sie nicht mehr mit uns". Gewaltförmige Lebensstrukturen und das Sorgentelefon für Kinder und Jugendliche des DKSB. In: Deutscher Kinderschutzbund (Hg.), Schützt Kinder vor Gewalt. Weinheim 1983, 138-146.

VOSSEBEIN, P. 1984: Tommy ... oder sonstwer. Fallstudie über eine Lebensgeschichte. In: BRINKMANN, W./HONIG, M.-S. (Hg.), Kinderschutz als sozialpolitische Praxis. München 1984, 198-213.

WACHTER, O. 1985: Heimlich ist mir unheimlich. Zürich, Köln.

WAGNER-WINTERHAGER, L. 1981: Zur Sozialgeschichte der Kindheit. In: NEUMANN, K. (Hrsg.), Kindsein. Göttingen 1981, 50-61.

WAHL, K. 1988 a: Geld, Sinn, Streß – Was Erwerbsarbeit für Familien bedeutet. In: Deutsches Jugendinstitut (Hg.), Wie geht's der Familie? Ein Handbuch zur Situation der Familie heute. München 1988, 229-236.

WAHL, K. 1988 b: Stimmt die Kasse? Einkommen und Ausgaben von Familien. In: Deutsches Jugendinstitut (Hg.), Wie geht's der Familie? Ein Handbuch zur Situation der Familie heute. München 1988, 246 f.

WAHL, K. 1989: Die Modernisierungsfalle. Gesellschaft, Selbstbewußtsein und Gewalt. Frankfurt/Main.

WAHL, K. 1990: Studien über Gewalt in Familien. Gesellschaftliche Erfahrung, Selbstbewußtsein, Gewalttätigkeit. München.

WAHL, K. et al. 1980: Familien sind anders! Wie sie sich selbst sehen: Anstöße für eine neue Familienpolitik. Reinbek bei Hamburg.

WAHL, K./HONIG, M.-S./GRAVENHORST, L. 1982: Wissenschaftlichkeit und Interessen. Zur Herstellung subjektivitätsorientierter Sozialforschung. Frankfurt/Main.

WAHL, K./HONIG, M.-S./GRAVENHORST, L. 1985: Plurale Wirklichkeiten als Herausforderung an die Soziologie. Methodologische und forschungspraktische Überlegungen am Beispiel von „Gewalt in Familien". In: Soziale Welt. Sonderband 3. 1985, 391-412.

WAHLDEN, C. 2001: Kurzer Rock. Hamburg.

WALKER, A. 1984: Die Farbe lila. Reinbek bei Hamburg.

WALTER, J. (Hrsg.) 1989: Sexueller Mißbrauch im Kindesalter. Heidelberg.

WALTER, U. 1983: Gewalt gegen Kinder als gesellschaftliches Problem unter Berücksichtigung sozialtherapeutischer Maßnahmen; unveröffentl. Diplomarbeit am Fachbereich Sozialarbeit der Fachhochschule Fulda. Versmold.

WARD, C. 1978: Das Kind in der Stadt. Frankfurt/Main.

WASCHKUHN, A. 1985: Aggression und Gewalt im Lichte der Friedens- und Konfliktforschung. In: SCHÖPF, A. (Hrsg.), Aggression und Gewalt. Anthropologisch-sozialwissenschaftliche Beiträge. Würzburg 1985, 273-289.

„Was macht Ihr mit den Kindern" 1990: Die Kinder vom Babystrich (Fernsehfilm ZDF vom 25.10.1990).

WASSMO, H. 1984: Das Haus mit der blinden Glasveranda. München.

WASSMO, H. 1985: Der stumme Raum. München.

WASSMO, H. 1987: Gefühlloser Himmel. München.

WEBER, H. 1979: Mut zur Phantasie: Kinder lernen über Kinder. Kinder lernen über sich und ihre Schulsituation, über Kinder in Randgruppen und in der Dritten Welt. Reinbek bei Hamburg.

WEBER-KELLERMANN, I. 1979: Die Kindheit: Kleidung und Wohnen, Arbeit und Spiel. Eine Kulturgeschichte. Frankfurt/Main.

WEBER-KELLERMANN, I. 1987: Kindheit als Kontext. In: Kinderkultur 1987, 41-44.

WEBER-KELLERMANN, I./EICKE-JENNEMANN, D./FALKENBERG, R. 1985: Der Kinder neue Kleider. Zweihundert Jahre deutsche Kindermoden in ihrer sozialen Zeichensetzung. Frankfurt/Main.

WEEBER, R. 1987: Wie gesund wohnen unsere Kinder? Wohnbedürfnisse und Wohnverhältnisse. In: CARLHOFF, H.-W./WITTEMANN, P. (Hg.), Jugend und Gesundheit. Standortbestimmung, Gefährdungen, Lösungsansätze. Stuttgart 1987, 106-118.

WEHLING, H.-G. (Red.) 1993: Aggression und Gewalt. Stuttgart, Berlin, Köln.

WEIGAND, W. 1985: Michel de Montaigne. Eine Biographie. München.

WELLHÖFER, P.R. 1984: Grundstudium sozialwissenschaftlicher Methoden und Arbeitsweisen: Eine Einführung für Sozialwissenschaftler und Sozialarbeiter/-pädagogen. Stuttgart.

WENTURIS, N./VAN HOVE, W./DREIER, V. 1992: Methodologie der Sozialwissenschaften. Eine Einführung. Tübingen.

WESTON, J.T. 1978: Die Pathologie von Kindesmißhandlungen. In: HELFER, R.E./ KEMPE, C.H. (Hg.), Das geschlagene Kind. Frankfurt/Main 1978, 118-158.

„Wie am Roulette-Tisch" 1991: Mit ungewöhnlichen Finanzierungsmodellen planen ehrgeizige Eltern die Tenniskarrieren ihrer Kinder. In: „Der Spiegel" (45) 1991, Nr. 17 vom 22.04.1991, 204-206.

„Wie können Kinder vor Drogen geschützt werden?" 1991: „Endlich bewegt sich was". Ariane Barth berichtet über Möglichkeiten der Rettung der Kinder vor den Süchten. In: „Der Spiegel" (45) 1991, Nr. 21 vom 20.05.1991, 70-91.

WIENHUES, J. 1982: Das Kind im Krankenhaus. Bd. 1: Einführung in die Krankenpädagogik für Eltern, pädagogisches und medizinisches Fachpersonal. Bonn.

WILD, R. 1987: Die Vernunft der Väter. Zur Psychographie von Bürgerlichkeit und Aufklärung in Deutschland am Beispiel ihrer Literatur für Kinder. Stuttgart.

WILLE, R./STAAK, M./WAGNER, T. 1967: Kindesmißhandlungen. Psychosoziale Konstellationen und Katamnesen. In: Münchener Medizinische Wochenschrift 109, 1967, 989-997.

WILSON, T.P. 1970: Theorien der Interaktion und Modelle soziologischer Erklärung. In: Arbeitsgruppe Bielefelder Soziologen (Hg.), Alltagswissen, Interaktion und gesellschaftliche Wirklichkeit. Bd. 1: Symbolischer Interaktionismus und Ethnomethodologie. Reinbek bei Hamburg 1973, 54-79.

WIMMER-PUCHINGER, B./REISEL, B./LEHNER, M./ZEUG, M./ GRIMM, M. 1991: Gewalt gegen Kinder. Wissenschaftliche Analyse der sozialen und psychischen Bedingungen von gewalthaften Erziehungsstilen als Basis für Strategien von kurz- und langfristigen Präventivmaßnahmen. Eine Studie des Ludwig-Boltzmann-Instituts für Gesundheitspsychologie der Frau. Im Auftrag des Bundesministeriums für Umwelt, Jugend und Familie. Wien.

WINGEN, M. 1979: Wohnbedingungen von Kindern: Anmerkungen zu einer familien- und kindergerechten Wohnungspolitik. In: LÜSCHER, K. (Hrsg.), Sozialpolitik für das Kind. Stuttgart 1979, 49-68.

WINGEN, M. 1987[2]: Kinder in der Industriegesellschaft – wozu? Analysen, Perspektiven, Kurskorrekturen. Zürich.

WINGEN, M./STUTZER, E. 1988: Alleinerziehende. Demographische und sozioökonomische Daten. In: Jugendwohl 69, 1988, 483-494.

WINKELS, C./NAWRATH, C. 1990: Kinder in Frauenhäusern. Eine empirische Untersuchung in Nordrhein-Westfalen. Düsseldorf.

WINKLER, M. 1982: Stichworte zur Antipädagogik. Stuttgart.

WINN, M. 1984: Kinder ohne Kindheit. Reinbek bei Hamburg.

WITTENHAGEN, U./WOLFF, R. 1980: Kindesmißhandlung – Kinderschutz. Broschüre hrsg. v. Bundesministerium für Jugend, Familie und Gesundheit. Bonn.

WITZEL, A. 1982: Verfahren der qualitativen Sozialforschung. Überblicke und Alternativen. Frankfurt/Main, New York.

WÖLFEL-SCHRAMM, H. 1992: Das Schattenreich der Anti-Pädagogik. Prolegomena zu einer jeden zukünftigen Erziehungswissenschaft, die weder als Schwarze Pädagogik noch als Anti-Pädagogik wird auftreten können. Frankfurt/Main.

WOLF, R. 1980: Kindesmißhandlung in der BRD. Ursachen, Formen, Maßnahmen; unveröffentl. Diplomarbeit am Fachbereich 21, Erziehungswissenschaften, der Philipps-Universität Marburg. Marburg/Lahn.

WOLFF, R. 1975 a: Kindesmißhandlung und ihre Ursachen. In: BAST, H. et al. (Hg.), Gewalt gegen Kinder. Reinbek bei Hamburg 1975, 13-45.

WOLFF, R. 1975 b: Unterrichtsplan für eine soziologische Anfänger-Übung zum Thema: Gewalt gegen Kinder – Kindesmißhandlung und ihre gesellschaftlichen Ursachen. In: BAST, H. et al. (Hg.), Gewalt gegen Kinder. Reinbek bei Hamburg 1975, 357-365.

WOLFF, R. 1976: Mit Niederschlägen muß gerechnet werden. In: Sozialmagazin (1) 1976, 4, 14-27.

WOLFF, R. 1979 a: Sozialwissenschaftliche Perspektiven zur Kindheit. In: Ästhetik und Kommunikation (38) 1979, 10, 89-92.

WOLFF, R. 1979 b: Probleme und Methoden neuer Kinderschutzarbeit. In: SARTORIUS, W. (Hrsg.), „... auch wenn das Kind schon blau geschlagen ist". München 1979, 41-62.

WOLFF, R. 1981 a: Gesichtspunkte einer Theorie familialer Gewalt. In: SCHALLER, B./ PFÜTZE, H./WOLFF, R. (Hg.), Schau unter jeden Stein. Merkwürdiges aus Kultur und Gesellschaft. Frankfurt/Main 1981, 345-359.

WOLFF, R. 1981 b: Gewalt gegen Kinder ist nicht zu verbieten. Kindesmißhandlung als ethnopsychische Störung. In: päd. extra sozialarbeit (5) 1981, 9, 40-44.

WOLFF, R. 1981 c: Kindesmißhandlung/Kinderschutz. In: PETZOLD, H.-J./SPEICHERT, H. (Hg.), Handbuch pädagogischer und sozialpädagogischer Praxisbegriffe. Reinbek bei Hamburg 1981, 248-250.

WOLFF, R. 1982 a: Kindesmißhandlung als ethnopsychische Störung. In: BERNECKER, A. et al. (Hg.), Ohnmächtige Gewalt. Reinbek bei Hamburg 1982, 69-80.

WOLFF, R. 1982 b: Der schwierige Versuch, Neues zu schaffen. Zur Entwicklung des Kinderschutz-Zentrums Berlin. In: BERNECKER, A. et al. (Hg.), Ohnmächtige Gewalt. Reinbek bei Hamburg 1982, 111-122.

WOLFF, R. 1982 c: Präventiver Kinderschutz – Das erste Lebensjahr. Eltern und Kinder in städtischen Lebensumständen: Notlage – Hilfen. In: BERNECKER, A. et al. (Hg.), Ohnmächtige Gewalt. Reinbek bei Hamburg 1982, 215-232.

WOLFF, R. 1983 a: Hilflose Gewaltkritik. 7 Thesen über die Erziehung zur Friedfertigkeit. In: Frieden – Anregungen für den Ernstfall. Sonderheft 1983 der pädagogischen Zeitschriften des Friedrich-Verlages. Seelze.

WOLFF, R. 1983 b: Kindesmißhandlung – Wie können wir helfen? In: FALTERMEIER, J./ SENGLING, D. (Hg.), Wenn Kinder und Jugendliche an ihren Lebenswelten scheitern. Frankfurt/Main 1983, 17-35.

WOLFF, R. 1986 a: Gewalt im Sozialisationsprozeß der Familie. In: WOLFF, R./ ALBRECHT, H.-J./STRUNK, P., Gewalt gegen Kinder. Das Phänomen der Kindesmißhandlung aus sozialpsychologischer, kriminologischer und jugendpsychiatrischer Sicht. Freiburg/Brsg. 1986, 7-25.

WOLFF, R. 1986 b: Gewalt in der Familie. Zur Theorie und Empirie der Kindesmißhandlung. In: FELDMANN-BANGE, G./KRÜGER, K.-J. (Hg.), Gewalt und Erziehung. Bonn 1986, 71-80.

WOLFF, R. 1990: Das Doppelgesicht der Gewalt in Familien und Hilfesystemen. In: ALBRECHT, P.-A./BACKES, O. (Hg.), Verdeckte Gewalt. Plädoyers für eine „Innere Abrüstung". Frankfurt/Main 1990, 174-179.

WOLFF, R. 1992: Mitarbeit in der Endredaktion von Kindesmißhandlung. Erkennen und Helfen, hrsg. v. Bundesministerium für Familie und Senioren. Bonn.

WÜNSCHE, K. 1979: Die Wirklichkeit des Hauptschülers. Berichte von Kindern der schweigenden Mehrheit. Frankfurt/Main.

WÜRTENBERGER, T. 1973: Gewalt und Kriminalität in der Familie. In: NEIDHARDT, F./SACK, F./WÜRTENBERGER, T./LÜSCHER, K./THIERSCH, H./COLLATZ, K.-G., Aggressivität und Gewalt in unserer Gesellschaft. München 1973, 63-82.

WUTHENOW, R.-R. (Hrsg.) 1982 [3]: Montaigne. Essays. Frankfurt/Main.

ZDF (Hrsg.) 1991: „Ich kann nicht beschreiben, wie die Angst ist". Kinderbriefe für den Frieden. Niedernhausen/Ts.

ZEDLER, P. 1983 a: Entwicklungslinien und Kontexte interpretativer Theoriebildung. In: Zeitschrift für Pädagogik, 18. Beiheft. Beiträge zum 8. Kongreß der Deutschen Gesellschaft für Erziehungswissenschaft. Weinheim, Basel 1983, 321-332.

ZEDLER, P. 1983 b: Einleitung. In: ZEDLER, P./MOSER, M. (Hg.), Aspekte qualitativer Sozialforschung. Opladen 1983, 7-11.

ZEIHER, H. 1983: Die vielen Räume der Kinder. Zum Wandel räumlicher Lebensbedingungen seit 1945. In: PREUSS-LAUSITZ, U. et al. (Hg.), Kriegskinder, Konsumkinder, Krisenkinder. Weinheim 1983, 176-195.

ZEIHER, H. 1988: Verselbständigte Zeit – Selbständigere Kinder? In: Neue Sammlung (28) 1988, 1, 75-92.

ZEIHER, H. 1989: Modernisierungen in den sozialen Formen von Gleichaltrigenkontakten. In: GEULEN, D. (Hrsg.), Kindheit. Neue Realitäten und Aspekte. Weinheim 1989, 68-85.

ZEIHER, H. 1990: Kindheit: Organisiert und isoliert. In: psychologie heute (17) 1990. 2, 20-27.

ZEIHER, H.J./ZEIHER, H. 1993: Organisation von Raum und Zeit im Kinderalltag. In: MARKEFKA, M./NAUCK, B. (Hg.), Handbuch der Kindheitsforschung. Neuwied, Kriftel, Berlin 1993, 389-401.

Zentrum für Kindheits- und Jugendforschung (Hg.) 1993: Wandlungen der Kindheit. Theoretische Überlegungen zum Strukturwandel der Kindheit heute. Opladen.

ZENZ, G. 1978: Einleitung zur deutschen Ausgabe. In: HELFER, R.E./KEMPE, C.H. (Hg.), Das geschlagene Kind. Frankfurt/Main 1978, 17-34.

ZENZ, G. 1979: Kindesmißhandlung und Kindesrechte. Frankfurt/Main.

ZIEGLER, F. 1990: Kinder als Opfer von Gewalt. Ursachen und Interventionsmöglichkeiten. Bern, Stuttgart, Toronto.

ZIMMER, K. 1979: Das einsame Kind. München.

ZIMMERMANN, P. 1982: Kindheit im Wandel. In: betrifft erziehung 15, 1982, 26-31.

ZINNECKER, J. 1978: Recherchen zum Lebensraum des Großstadtkindes. Eine Reise in verschüttete Lebenswelten und Wissenschaftstraditionen. In: MUCHOW, M./ MUCHOW, H.H., Der Lebensraum des Großstadtkindes. Bensheim 1978, 10-41.

ZINNECKER, J. 1979: Straßensozialisation. Versuch, einen unterschätzten Lernort zu thematisieren. In: Zeitschrift für Pädagogik 25, 1979, 727-746.

ZINNECKER, J. 1985: Kindheit, Erziehung, Familie. In: Jugendwerk der Deutschen Shell (Hg.), Jugendliche und Erwachsene '85. Generationen im Vergleich. Bd. 3: Jugend der fünfziger Jahre – heute. Opladen 1985, 97-292.

ZINNECKER, J. 1989: Die Versportung jugendlicher Körper. In: BRETTSCHNEIDER, W.-D./BAUR, J./BRÄUTIGAM, M. (Hg.), Sport im Alltag von Jugendlichen. Sportwissenschaftliche und sozialwissenschaftliche Beiträge. Schorndorf 1989, 133-159.

ZINNECKER, J. 1990 a: Kindheit, Jugend und soziokultureller Wandel in der Bundesrepublik Deutschland. Forschungsstand und begründete Annahmen über die Zukunft von Kindheit und Jugend. In: BÜCHNER, P./KRÜGER, H.-H./CHISHOLM, L. (Hg.), Kindheit und Jugend im interkulturellen Vergleich. Opladen 1990, 17-36.

ZINNECKER, J. 1990 b: Sportives Kind und jugendliches Körperkapital. In: Neue Sammlung 30, 1990, 645-653.

ZORN, F. 1979: Mars. „Ich bin jung und reich und gebildet; und ich bin unglücklich, neurotisch und allein ...". Frankfurt/Main.

ZUBKE, F. 1981: Recht der Eltern – Recht des Kindes. In: NEUMANN, K. (Hrsg.), Kindsein. Göttingen 1981, 143-148.

ZÜRN, S. 1988: Gewalt gegen Frauen in Karlsruhe. Situationsbericht. Analyse, Maßnahmen (Im Auftrag der Frauenbeauftragten der Stadt Karlsruhe). Karlsruhe.

STICHWORTVERZEICHNIS

A

alltägliche Gewalt   23, 45, 52, 84, 93, 114, 133, 134, 135, 136, 148

Antipädagogik   40, 42

autobiographische Zeugnisse   79, 80, 123

B

Bedeutungswandel von *Gewalt gegen Kinder*   15, 60

biographische Forschung   52, 77, 78, 80, 90, 92, 139

E

emotionale Gewalt   38, 68, 83, 139, 144

Erklärungsmodelle   92, 93, 94, 96, 97, 98, 100, 101, 104, 106, 107, 108, 109, 111, 112, 113, 128, 129, 131

Erziehungsgewalt   94, 102, 108, 116-119, 130

F

familiale Gewalt   13, 34, 35, 41, 69, 72, 73, 77, 79, 88, 90, 109, 110, 111, 143, 145

Frauenbewegung   40, 69, 73, 79, 88, 90, 143

Friedensbewegung   40, 69, 73, 79, 88, 90, 143

G

Gesellschaftskritik   40, 79, 143

Gewaltforschung   12, 15, 24, 25, 45, 49, 68, 70, 72, 73, 75, 84, 122, 128, 129, 139, 140, 141, 143, 145, 146, 147

Gewalt gegen Frauen   14, 16, 40, 41, 69, 73, 79, 88, 91, 118

Gewalt in der Erziehung 23, 49, 50, 99, 116, 118, 119, 120, 121, 125, 130, 131, 133
Gewalt in der Familie 56, 62, 82, 88
Gewaltverständnis 114
Geschichte der Kindheit 141

K

Kinderrechtsbewegung 40, 42, 88, 143
Kindheit 12, 13, 15, 38, 46, 67, 73, 80, 81, 91, 96, 97, 99, 114, 116, 121, 124, 125, 130, 139
Kindheitsforschung 15
körperliche Gewalt 38, 39, 40, 45, 57, 66, 68, 72, 76, 77, 81, 83, 87, 92, 114, 124, 139, 140, 141, 142, 144, 145
Körperliche Kindesmißhandlung 41, 60, 79, 83, 97, 115, 133, 136, 141, 144
Körperliche Mißhandlung 12, 55, 75
Kreislauf der Gewalt 13, 73

N

Neue Soziale Protestbewegungen 40, 69, 73, 79, 88, 90, 118, 138, 143

O

Ökologiebewegung 40, 69, 73, 79, 88, 90, 143

P

psychische Gewalt gegen Kinder 12, 23, 27, 42, 49, 50, 55, 59, 63, 68 ff., 87, 88, 89, 90, 92, 124, 125, 128, 133, 135, 140, 143, 144, 147, 148

S

seelische Gewalt 12, 38, 45, 57, 58, 68, 76

seelische Gewalt gegen Kinder 25, 42, 52, 63, 71, 76, 77, 78, 79, 84, 87, 89, 90, 114, 122, 123, 133, 134, 136, 139, 141, 144

seelische Kindesmißhandlung 41, 75, 79, 89

seelische Mißhandlung 75, 98

sexuelle Gewalt gegen Kinder 12, 125, 141

sexueller Mißbrauch 14, 41, 55, 68, 73, 91, 141

Sozialforschung 52, 131

Sozialgeschichte der Kindheit 64

strukturelle Gewalt 55, 59, 88, 107, 108, 115, 118, 119

T

Teilnehmer- und *Prozeßorientiertheit* 17, 22, 27, 28, 29, 43 ff., 48, 126, 127, 128, 136

W

Wiederentdeckung *familialer Gewalt* 41, 69, 73, 79

Personenverzeichnis

ALBRECHT, P.-A. 88
AMMON, G. 94, 96, 97, 106

BACKES, O. 88
BERGMAN, I. 30, 31, 34, 43, 48, 49, 51, 59, 68, 81, 127
BOSCH, M. 80
BRINKMANN, W. 109, 110
BUJOK-HOHENAUER, E. 96
BUSKOTTE, A. 76

CARMEL, A. 34, 35, 43, 68, 81
CLAASSEN, H. 94, 99, 100

DUENSING, F. 42, 75, 78, 89

ELIAS, N. 142
ENGFER, A. 55, 76
ERNST, A. 76, 77

GALTUNG, J. 55, 59, 107, 118
GELLES, R.J. 101, 102, 108

HERZKA, M.S. 76, 89
HESSE, H. 81, 91
HOLTMANN, E. 54, 59
HONIG, M.-S. 73

JUNNE, G. 22, 133

KELLER, G. 81, 91
KEMPE, R.S. 39, 78
KIRSCH, H. 94, 98, 99, 107

KOERS, A.J. 101, 108

LAUTERBACH, M. 104, 105, 117
LEVETZOW, G. von 42, 75, 79, 89

MANTELL, D.M. 13
MENDE, U. 94, 98, 99, 107
MILLER, A. 81

NARR, W.-D. 54, 55, 59

PETRI, H. 104, 105, 108, 116, 117, 130
POLLOCK, C. 94, 97, 98

RAUCH, U. 94, 99, 100
RAUCHFLEISCH, U. 76
RUSCH, R. 55, 60, 61, 62, 66, 82, 91

SCHILLING, J. 21, 22, 135
SOMMER, B. 12, 14, 29, 43, 44, 69, 70, 71, 87, 92, 114, 128
STAMPFEL, S. 76, 77
STEELE, B. 94, 97, 98
STRAUSS, E. 81, 91

WITTENHAGEN, U. 55, 59, 72, 101, 115, 129
WOLFF, R. 19, 55, 59, 72, 94, 100, 101, 107, 108, 115, 129

ANGABEN ZUM VERFASSER

Bernd Sommer, Dr. phil., Diplom-Pädagoge mit dem Schwerpunkt Heil- und Sonderpädagogik, Mitarbeiter des Sozialpädagogischen Dienstes des Neurologischen Rehabilitationszentrums für hirngeschädigte Kinder, Jugendliche und junge Erwachsene Hegau-Jugendwerk in Gailingen am Hochrhein, Lehrbeauftragter an der Berufsakademie Villingen-Schwenningen, Fachbereiche Sozialwesen und Sozialwirtschaft.

Arbeits- und Forschungsschwerpunkte in sowie Veröffentlichungen aus den Bereichen *Wissenschaftliches Arbeiten, Gewalt gegen Kinder/Kindesmißhandlung, Biographie und Behinderung, Pädagogik und Neurologische Rehabilitation, Didaktik in der außerschulischen Pädagogik.*

Darüber hinaus bemüht er sich um die qualitative Aufwertung didaktischer Frage- und Problemstellungen sowie um die Betonung des Stellenwertes der wissenschaftlichen Ausbildung als zentraler Aufgabenbereich der akademischen Lehre.

Der Verfasser ist dankbar für Rückmeldungen, kritische Anmerkungen und interessierte Anfragen der Leser/innen, die an folgende Anschrift gerichtet werden können:

Dr. Bernd Sommer
Neurologisches Rehabilitationszentrum
für hirngeschädigte Kinder, Jugendliche und junge Erwachsene
Hegau-Jugendwerk GmbH
Sozialpädagogischer Dienst
Kapellenstr. 31
78262 Gailingen/Hochrhein
Tel. 07734/939-0

www.ingramcontent.com/pod-product-compliance
Lightning Source LLC
Chambersburg PA
CBHW020119010526
44115CB00008B/890